TRIENNIAL CATALOGUE

OF

DARTMOUTH COLLEGE.

M DCCC LXXIII.

TRIENNIAL CATALOGUE.

DARTMOUTH COLLEGE.

M DCCC LXXIII.

TRIENNIAL CATALOGUE

OF

DARTMOUTH COLLEGE,

INCLUDING THE

OFFICERS OF GOVERNMENT AND INSTRUCTION,

THE GRADUATES

OF THE SEVERAL DEPARTMENTS,

AND

ALL OTHERS WHO HAVE RECEIVED HONORARY DEGREES.

HANOVER, N. H.
M DCCC LXXIII.

CONTENTS.

	Page.
Presidents, Trustees,	v
Visitors of the Chandler Scientific Department,	viii
Trustees of the N. H. College of Agriculture and the Mechanic Arts,	viii
Overseers of the Thayer School of Civil Engineering,	ix
Treasurers,	ix
Professors,	ix
Associate Professors,	xii
Lecturers,	xii
Tutors,	xiii
Librarians,	xv
Preceptors of Moor's School,	xv
Officers of Government and Instruction, 1873,	1
Alumni,	5
Bachelors of Science, (Chandler Scientific Department,)	59
Bachelors of Science, (N. H. College of Agriculture and the Mechanic Arts,)	62
Civil Engineers,	62
Medical Graduates,	63
Recipients of Honorary Degrees, not including Graduates,	80
Summary,	96
Index,	
Additions and Corrections,	

NOTE.

Italics designate clergymen.
SMALL CAPITALS, holders of high civil and literary offices.
In the Index—alumni are not specially designated.
    m, designates medical graduates.
    s, graduates of the Chandler Scientific Department.
    a, graduates of the N. H. College of Agriculture and the Mechanic Arts.
    e, civil engineers.
    h, those who have received honorary degrees only.

Dartmouth Press.

OFFICERS

OF

GOVERNMENT AND INSTRUCTION.

PRESIDENTS.

Elected.		Died or Resigned.
1769	ELEAZAR WHEELOCK, D.D., Founder	*1779
1779	JOHN WHEELOCK, LL.D.	1815
1815	FRANCIS BROWN, D.D.	*1820
1820	DANIEL DANA, D.D.	1821
1822	BENNETT TYLER, D.D.	1828
1828	NATHAN LORD, D.D., LL.D.	1863
1863	ASA DODGE SMITH, D.D., LL.D.	

TRUSTEES.

1769	Sir John Wentworth, LL.D., Royal Gov. Prov. N. H., *ex officio*	1773
1769	Hon. Theodore Atkinson	*1779
1769	George Jaffrey, Esq.	1780
1769	Hon. Daniel Pierce	*1774
1769	Hon. Peter Gilman	1776
1769	Hon. William Pitkin	1773
1769	Rev. Eleazar Wheelock, D.D., President	*1779
1769	Rev. Benjamin Pomroy, D.D	*1784
1769	Rev. James Lockwood	*1772
1769	Rev. Timothy Pitkin	1773
1769	Rev. John Smalley, D.D.	1774
1769	Rev. William Patten	*1775
1773	John Phillips, Esq.	1793
1773	Prof. Bezaleel Woodward, A.M.	*1804

vi　　　　　　DARTMOUTH TRIENNIAL.　　　　[1873.

Elected,	Died or Resigned.
1773 Rev. Eden Burroughs, D.D.	*1813
1774 John Sherburne, Esq.	1777
1774 Elisha Payne, Esq.	1801
1775 Rev. Sylvanus Ripley	*1787
1776 Hon. Samuel Phillips, LL.D.	1788
1776 His Exc. Meshech Weare, President of N. H., *ex officio*	1785
1777 Rev. David McClure, D.D.	1800
1779 Hon. John Wheelock, LL.D., President	1815
1780 Rev. Joseph Huntington, D.D.	1788
1784 Hon. Simeon Olcott	1793
1784 Rev. Levi Hart, D.D.	1788
1785 His Exc. John Langdon, LL.D., President of N. H., *ex officio*	1786
1786 His Exc. John Sullivan, LL.D., President of N. H., *ex officio*	1788
1788 Rev. Bulkley Olcott	*1792
1788 Rev. Job Swift, D.D.	1791
1788 Prof. John Smith, D.D.	1800
1788 His Exc. John Langdon, LL.D., President of N. H., *ex officio*	1789
1788 Hon. Peter Olcott	*1808
1789 His Exc. John Sullivan, LL.D., President of N. H., *ex officio*	1790
1790 His Exc. Josiah Bartlett, LL.D., Pres. and Gov. of N. H., *ex officio*	1794
1793 Rev. Israel Evans	*1807
1793 Jonathan Freeman, Esq.	*1808
1793 Hon. Nathaniel Niles	1820
1794 His Exc. John Taylor Gilman, LL.D., Gov. of N. H., *ex officio*	1805
1800 Rev. Lyman Potter	1802
1801 Rev. Joseph Bowman	*1806
1801 Hon. Thomas W. Thompson	*1821
1802 Hon. Stephen Jacob	*1817
1804 Hon. Timothy Farrar, LL.D.	1826
1805 His Exc. John Langdon, LL.D., Governor of N. H., *ex officio*	1809
1806 Hon. Elijah Paine, LL.D.	1828
1807 Hon. John Taylor Gilman, LL.D.	1819
1808 Hon. Samuel Bell, LL.D.	1811
1809 His Exc. Jeremiah Smith, LL.D., Governor of N. H., *ex officio*	1810
1809 Hon. Charles Marsh, LL.D.	*1849
1809 Rev. Asa McFarland, D.D.	1822
1810 His Exc. John Langdon, LL.D., Governor of N. H., *ex efficio*	1812
1811 Rev. John Smith, D.D.	1820
1812 His Exc. William Plumer, Governor of N. H., *ex officio*	1813
1813 His Exc. John Taylor Gilman, LL.D., Governor of N. H., *ex officio*	1816
1813 Rev. Seth Payson, D.D.	1820

TRUSTEES.

Elected.		Died or Resigned.
1815	Rev. Francis Brown, D.D., President	*1820
1816	His Exc. William Plumer, Governor of N. H., *ex officio*.	1819
1817	Moses Paul Payson, Esq.	*1828
1819	His Exc. Samuel Bell, LL.D., Governor of N. H., *ex officio*	1823
1819	Ezekiel Webster, Esq.	*1829
1820	Rev. John Hubbard Church, D.D.	*1840
1820	Rev. Israel Warburton Putnam, D.D.	1840
1820	Hon. Samuel Prentiss, LL.D.	1827
1820	Rev. Daniel Dana, D.D., President	1821
1821	Rev. Nathan Lord, D.D., LL.D., President	1863
1821	Hon. Mills Olcott	*1845
1822	Rev. Bennett Tyler, D.D., President	1829
1823	His Exc. Levi Woodbury, LL.D., Governor of N. H., *ex officio*	1824
1824	His Exc. David Lawrence Morril, M.D., LL.D., Gov. of N.H., *ex off*.	1827
1826	Rev. John Wheeler, D.D.	1833
1827	His Exc. Benjamin Pierce, Governor of N. H., *ex officio*	1828
1828	His Exc. John Bell, Governor of N. H., *ex officio*	1829
1828	Edmund Parker, Esq.	1856
1828	Hon. Samuel Hubbard, LL.D.	1848
1829	His Exc. Benjamin Pierce, Governor of N. H., *ex officio*	1830
1829	William Hall, Esq.	1832
1829	Hon. George Sullivan	1834
1830	His Exc. Matthew Harvey, LL.D., Governor of N. H., *ex officio*	1831
1831	His Exc. Samuel Dinsmoor, Governor of N. H., *ex officio*	1834
1832	John Aiken, Esq.	1835
1834	His Exc. William Badger, Governor of N. H., *ex officio*	1836
1834	William Reed, Esq.	1837
1834	Rev. Zedekiah Smith Barstow, D.D.	1871
1834	Rev. Samuel Delano	1866
1835	Samuel Fletcher, Esq.	1858
1836	His Exc. Isaac Hill, Governor of N. H., *ex officio*	1839
1837	George Kent, Esq.	1840
1839	His Exc. John Paige, Governor of N. H., *ex officio*	1842
1840	Rev. Nathaniel Bouton, D.D.	
1840	Rev. Silas Aiken, D.D.,	1862
1842	His Exc. Henry Hubbard, Governor of N. H., *ex officio*	1844
1843	Hon. Joel Parker, LL.D.	1860
1844	His Exc. John H. Steele, Governor of N. H., *ex officio*	1846
1846	His Exc. Anthony Colby, Governor of N. H., *ex officio*	1847
1847	His Exc. Jared Warner Williams, LL.D., Gov. of N. H., *ex off*.	1849
1848	Hon. John Kelley	1857

Elected.		Died or Resigned.
1848	Hon. Richard Fletcher, LL.D.	1857
1850	Hon. Anthony Colby	1870
1849	His Exc. Samuel Dinsmoor, LL.D., Governor of N. H., *ex officio*	1852
1852	His Exc. Noah Martin, M.D., Governor of N. H., *ex officio*	1854
1854	His Exc. Nathaniel B. Baker, Governor of N. H., *ex officio*	1855
1855	His Exc. Ralph Metcalf, Governor of N. H., *ex officio*	1857
1857	His Exc. William Haile, Governor of N. H., *ex officio*	1859
1857	Lyndon Arnold Marsh, Esq.	1870
1857	Hon. Amos Tuck	1966
1858	Hon. George Washington Nesmith, LL.D.	
1859	His Exc. Ichabod Goodwin, Governor of N. H., *ex officio*.	1861
1859	Hon. Ira Allen Eastman, LL.D.	
1861	His Exc. Nathaniel S. Berry, Governor of N. H., *ex officio*	1863
1863	His Exc. Joseph Addison Gilmore, Governor of N. H., *ex off*.	1865
1863	Rev. Pliny Butts Day, D.D.	*1869
1863	Hon. Edward Silas Tobey	1870
1863	Rev. Asa Dodge Smith, D.D., LL.D., President	
1865	His Exc. Frederick Smyth, Governor of N. H., *ex officio*	1867
1865	Hon. Benjamin West Bonney, LL.D.	1868
1866	Edward Spalding, M.D.	
1867	His Exc. Walter Harriman, Governor of N. H., *ex officio*	1869
1869	His Exc. Onslow Stearns, Governor of N. H., *ex officio*	1871
1870	Edmund Randolph Peaslee, M.D., LL.D.	
1870	Rev. Alonzo Hall Quint, D.D.	
1870	Hon. William Pickering Haines	
1870	Hon. George William Burleigh	
1870	Rev. Henry Fairbanks	
1871	Rev. Josiah Gardner Davis, D.D.	
1871	His Exc. James Adams Weston, Governor of N. H., *ex officio*	1872
1872	His Exc. Ezekiel Adams Straw, Governor of N. H., *ex officio*	

VISITORS OF THE CHANDLER SCIENTIFIC DEPARTMENT.

1854	John James Dixwell, Esq.	*1870
1854	Hon. Francis Brown Hayes	
1870	Hon. Charles Francis Choate	

TRUSTEES OF THE N. H. COLLEGE OF AGRICULTURE AND THE MECHANIC ARTS.

1868	Rev. Asa Dodge Smith, D.D., LL.D., President	
1868	Hon. Frederick Smyth	

PROFESSORS.

Elected.		Died or Resigned.
1868	Hon. Anthony Colby	1870
1868	Hon. John D. Lyman	1871
1868	William Plumer Wheeler, Esq., LL.D.	
1868	John Badger Clark, Esq.	1871
1868	Chester Child Hutchins, Esq.	
1868	Edward Spalding, M.D.	
1868	Joseph B. Walker, Esq.	1869
1869	Gen. Natt Head	1871
1870	Hon. George Washington Nesmith, LL.D.	
1871	Hon. John William Sanborn	
1871	Hon. David Morrill Clough	
1871	William Wallace Bailey, Esq.	

OVERSEERS OF THE THAYER SCHOOL OF CIVIL ENGINEERING.

1871	Prof. Oliver Payson Hubbard, LL.D.	
1871	Gen. George Leonard Andrews	
1871	Gen. John Carver Palfrey, A.M.	
1871	Prof. Dennis R. Mahan, LL.D.	*1871
1871	Prof. Peter Smith Michie, A.M.	

TREASURERS.

1773	Rev. Eleazar Wheelock, D.D., President	*1779
1779	Elisha Payne, Esq.	1780
1780	Bezaleel Woodward, Esq.	1803
1803	George Woodward, Esq.	1805
1805	William H. Woodward, Esq.	1816
1816	Hon. Mills Olcott	1822
1822	Hon. Timothy Farrar, LL.D.	1826
1826	Prof. William Chamberlain	*1830
1830	Hon. Ira Perley, LL.D.	1835
1835	Hon. Daniel Blaisdell	

PROFESSORS.

LATIN AND GREEK LANGUAGES.

1778	Rev. John Smith, D.D.	*1809
1809	Ebenezer Adams, A.M.	1810
1811	Rev. Zephaniah Swift Moore, D.D.	1815
1820	William Chamberlain, A.M.	*1830
1831	Rev. Calvin Ellis Stowe, D.D.	1833

Elected.		Died or Resigned.
1833 Alpheus Crosby, A.M.		1837
1835 Edwin David Sanborn, LL.D.		1837

THEOLOGY, PHILLIPS PROFESSORSHIP.

1782 Rev. Sylvanus Ripley		*1787
1804 Rev. Roswell Shurtleff, D.D.		1827
1827 Rev. George Howe, D.D., LL.D.		1830
1850 Rev. Daniel James Noyes, D.D.		1869

HISTORY.

1782 John Wheelock, LL.D., President . . 1815

MATHEMATICS AND NATURAL PHILOSOPHY.

1782 Bezaleel Woodward, A.M		*1804
1804 John Hubbard, A.M.		*1810
1810 Ebenezer Adams, A.M.		1833
1833 Ebenezer Adams, A.M., *Emeritus*		*1841
1833 Ira Young, A.M.		1838

THEORY AND PRACTICE OF MEDICINE.

1798 Nathan Smith, M.D.		1813
1814 Reuben Dimond Mussey, M.D., LL.D.		1820
1820 Daniel Oliver, M.D., LL.D.		1836
1836 John Delamater, M.D., LL.D.		1838

ANATOMY AND SURGERY.

1798 Nathan Smith, M.D.		1810
1810 Cyrus Perkins, M.D.		1819
1820 Usher Parsons, M.D.		1822
1822 Reuben Dimond Mussey, M.D., LL.D.		1838

MATERIA MEDICA AND THERAPEUTICS.

1814 Reuben Dimond Mussey, M.D., LL.D.		1820
1820 Daniel Oliver, M.D., LL.D.		1837

OBSTETRICS.

1814 Reuben Dimond Mussey, M.D., LL.D. . . . 1838

RHETORIC.

1819 Rev. Charles Brickett Haddock, D.D. . . 1838

CHEMISTRY AND MINERALOGY.

1820 James Freeman Dana, M.D.		1826
1827 Rev. Benjamin Hale, M.D., D.D.		1835

| Elected, | | Died or Resigned. |

PROFESSORS.

INTELLECTUAL PHILOSOPHY.

1828 Daniel Oliver, M.D., LL.D. 1837

MORAL PHILOSOPHY AND POLITICAL ECONOMY.

1827 Rev. Roswell Shurtleff, DD. 1838
1838 Rev. Roswell Shurtleff, D.D., *Emeritus* . . . *1861

CHEMISTRY, MINERALOGY AND GEOLOGY.

1836 Oliver Payson Hubbard, M.D., LL.D. 1838

MINERALOGY AND GEOLOGY, HALL PROFESSORSHIP,—AND CHEMISTRY.

1838 Oliver Payson Hubbard, LL.D. 1866

MINERALOGY AND GEOLOGY, HALL PROFESSORSHIP.

1871 Charles Henry Hitchcock, PH.D. . . . .

GREEK LANGUAGE AND LITERATURE.

1837 Alpheus Crosby, A.M. 1849
1849 Alpheus Crosby, A.M., *Emeritus* . . . .
1849 Rev. John Newton Putnam, A.M. *1863
1863 William Alfred Packard, PH.D. 1870
1870 John Carroll Proctor, A.M. . . . .

LATIN LANGUAGE AND LITERATURE.

1837 Edwin David Sanborn, LL.D. 1859
1859 Rev. Charles Augustus Aiken, PH.D., D.D. . . . 1866
1866 Rev. Henry Elijah Parker, A.M. . . . .

INTELLECTUAL PHILOSOPHY AND POLITICAL ECONOMY.

1838 Rev. Charles Brickett Haddock, D.D. . . . 1854
1854 Rev. Clement Long, D.D., LL.D. *1861
1863 Rev. Samuel Gilman Brown, D.D. 1867
1869 Rev. Daniel James Noyes, D.D. 1870

INTELLECTUAL PHILOSOPHY AND POLITICAL ECONOMY, LAWRENCE PROFESSORSHIP.

1870 Rev. Daniel James Noyes, D.D. . . . .

NATURAL PHILOSOPHY AND ASTRONOMY.

1838 Ira Young, A.M. *1858
1866 Charles Augustus Young, PH.D.

xii   DARTMOUTH TRIENNIAL.   [1873.

Elected.   Died or Resigned.
                          MATHEMATICS.

1838 Stephen Chase, A.M.   1851
1851 John Smith Woodman, A. M.   1855
1854 James Willis Patterson, LL.D.   .   .   .   1859
1860 John Riley Varney, A.M.   1863
1866 John Elbridge Sinclair, in the Scientific Department . 1869

                  ORATORY AND BELLES-LETTRES.

1838 Rev. David Peabody, A.M. *1839
1840 Rev. Samuel Gilman Brown, D.D.   .   .   .   1863
1863 Edwin David Sanborn, LL.D.   .   .   .   .

MATERIA MEDICA, OBSTETRICS, AND DISEASES OF WOMEN AND CHILDREN.

1838 John Delamater, M.D., LL.D.   .   .   .   1840

              ANATOMY AND SURGICAL ANATOMY.

1838 Dixi Crosby, M.D., LL.D.   1841

THEORY AND PRACTICE OF MEDICINE AND PATHOLOGICAL ANATOMY.

1838 Elisha Bartlett, M.D.   1840
1841 Joseph Roby, M.D.   1849
1849 Edward Elisha Phelps, M.D., LL.D.   .   .   .
1871 Carlton Pennington Frost, M.D.   .   .   .

                 ANATOMY AND PHYSIOLOGY.

1838 Oliver Wendell Holmes, M.D.   .   .   .   1840
1842 Edmund Randolph Peaslee, M.D., LL.D.   .   . 1869
1869 Lyman Bartlett How, M.D.   .   .   .   .

              HISTORY AND NATIONAL EDUCATION.

1841 Rev. William Cogswell, D.D.   .   .   .   1844

SURGERY, OBSTETRICS, AND DISEASES OF WOMEN AND CHILDREN.

1841 Dixi Crosby, M.D., LL.D.   1868

             MATERIA MEDICA AND THERAPEUTICS.

1842 Edward Elisha Phelps, M.D., LL.D.   .   .   1849
1850 Albert Smith, M.D., LL.D.   1870
1871 Henry Martyn Field, M.D.   .   .   .   .

                  MEDICAL JURISPRUDENCE.

1847 Joel Parker, LL.D.   1857
1857 Isaac Fletcher Redfield, LL.D.   .   .   .   1861

xvi   DARTMOUTH TRIENNIAL.   [1873.

Elected.		Died or Resigned.
1832	Evarts Worcester	1833
1833	Jarvis Gregg	1834
1834	James Frederick Joy	1835
1835	John Hopkins Worcester	1836
1835	Edwin David Sanborn	1835
1836	Daniel James Noyes	1837
1836	Samuel Harvey Taylor	1837
1836	Frederick Augustus Adams	1837
1837	Edmund Randolph Peaslee	1839
1837	James Tomb McCollom	1838
1838	Stephen Chase	1838
1838	Joseph Bartlett	1841
1838	Samuel Colcord Bartlett	1839
1839	Charles Tenney	1840
1840	Abner Hartwell Brown	1842
1841	James Jackson Abbot	1843
1842	Lyman Mason	1844
1843	Henry Elijah Parker	1844
1852	James Willis Patterson	1854
1855	Walbridge Abner Field	1858
1859	Charles Henry Boyd	1860
1860	Samuel Augustus Duncan	1862
1861	Warren Robert Cochrane	*1861
1863	Charles Henry Boyd	1863
1863	George Sylvester Morris	1864
1864	Edward Rush Ruggles,	1866
1868	John Carroll Proctor	1870
1868	Charles Franklin Emerson	1872
1869	John King Lord	1872
1870	Charles Parker Chase	1872
1870	Dwinel French Thompson, in the Scientific Department	1872
1871	Paul Hubert, in the Scientific Department	1872
1871	Benjamin Thomas Blanpied	1873
1872	Francis Brown	
1872	Jean Godeby	1873

LIBRARIANS.

1779	Rev. John Smith, D.D., Professor of Latin, Greek, Hebrew, and other Oriental Languages	1809
1810	Rev. Roswell Shurtleff, D.D., Prof. of Theology, Moral Philosophy and Political Economy	1820

TUTORS.

Elected.		Died or Resigned.
1770	Bezaleel Woodward	1778
1772	John Wheelock	1774
1772	Sylvanus Ripley	1782
1774	John Smith	1778
1787	Calvin Crane	*1787
1788	Moses Fiske	1795
1795	Asa McFarland	1797
1796	Daniel Hardy	1797
1797	John Noyes	1799
1799	Stephen Bemis	1800
1800	Roswell Shurtleff	1804
1803	Thomas Abbott Merrill	1804
1804	Elisha Rockwood	1806
1804	Frederick Hall	1805
1806	Francis Brown	1809
1807	Josiah Noyes	1808
1808	Samuel Ayer	1810
1809	Cyrus Mann	1814
1810	Andrew Mack	1811
1811	John Brown	1813
1813	Thomas Jewett Murdock	1815
1814	Jonathan Curtis	1816
1815	Henry Bond	1817
1816	William White	1817
1817	Rufus William Bailey	1818
1818	James Marsh	1820
1818	Nathan Welby Fiske	1820
1819	Rufus Choate	1820
1820	Weston Bela Adams	1821
1820	John Aiken	1822
1821	Oramel Strong Hinckley	1822
1822	John Dwight Willard	1823
1822	Henry Wood	1823
1823	Ebenezer Carter Tracy	1824
1823	Ira Perley	1825
1824	Adams Moore	1825
1825	Oliver Carlton	1826
1825	Silas Aiken	1828
1828	Alpheus Crosby	1831
1830	Ira Young	1833

xiv   DARTMOUTH TRIENNIAL.   [1873.

Elected.   Died or Resigned.
                    ASSOCIATE PROFESSORS.

1863 Alpheus Benning Crosby, M.D., Surgery   .   .   .   1868
1863 John Elbridge Sinclair, B.S., Mathematics in Scientific Dep't 1866
1866 Lycortas Brewer Hall, B.S., Chemistry, in Scientific Dep't . 1868
1870 Carlton Pennington Frost, M.D., Theory and Practice and
        Pathological Anatomy   .   .   .   .   .
1870 Henry Martyn Field, M.D., Materia Medica and Therapeutics
1871 Frank Asbury Sherman, B.S., Mathematics in Sci. Department
1872 Charles Franklin Emerson, A.M., Natural Philosophy and Math-
        ematics   .   .   .   .
1872 John King Lord, A.M., Latin and Rhetoric   .
1872 Benjamin Thomas Blanpied, B.S., Chemistry and Natural History

                            LECTURERS.

1798 Lyman Spaulding, M.D., Chemistry   .   .   .   1800
1812 Rufus Graves, A.M., Chemistry   .   .   \ .   . 1815
1813 Nathan Noyes, M.D., Theory and Practice   .   .   1814
1815 Daniel Oliver, M.D., LL.D., Chemistry 1816
1816 James Freeman Dana, M.D., Chemistry, .   .   .   1820
1820 Jesse Smith, M.D., Anatomy   1821
1838 Stephen West Williams, M.D., Medical Botany and Medical
        Jurisprudence   1840
1840 Joseph Roby, M.D., Theory and Practice of Medicine, and
        Materia Medica   1841
1841 Edward Elisha Phelps, M.D., LL.D., Materia Medica, Medical
        Botany, and Medical Jurisprudence   .   .   .   1842
1841 Edmund Randolph Peaslee, M.D., LL.D., Anatomy and Physiol. 1842
1842 Edward Elisha Phelps, M.D., LL.D., Medical Botany   .   . 1849
1849 Albert Smith, M.D., Materia Medica and Therapeutics   .   1850
1851 Rev. Clement Long, D.D., LL.D., Intellectual Philosophy and
        Political Economy   1852
1864 John Ordronaux, M.D., LL.D., Medical Jurisprudence .   .
1865 Mark Bailey, A.M., Oratory   .   .   .   .   .
1866 Oliver Payson Hubbard, M.D., LL.D., Chemistry, Mineralogy,
        and Geology   1869
1868 Lyman Bartlett How, M.D., Anatomy and Physiology   .   1869
1869 Oliver Payson Hubbard, M.D., LL.D., Chemistry and Pharmacy
1869 John Lord, LL.D., History   .   .   .   .   .
1871 Rev. Benjamin Labaree, D.D., LL.D., Moral Philosophy and
        International Law   .   .   .   .   .   .
1871 Edward Swift Dunster, M.D., Obstetrics   .   .   .

PROFESSORS.

Elected.		Died or Resigned.

CIVIL ENGINEERING.

1856 John Smith Woodman, A.M., in Scientific Department . 1870
1870 John Smith Woodman, A.M., *Emeritus* . . . *1871

ASTRONOMY AND METEOROLOGY.

1859 James Willis Patterson, LL.D. 1865

NATURAL PHILOSOPHY.

1859 Rev. Henry Fairbanks, A.M. 1865

MODERN LANGUAGES.

1859 William Alfred Packard, PH.D. 1863
1866 Edward Rush Ruggles, A.M., in Scientific Department .

MATHEMATICS AND CIVIL ENGINEERING.

1864 Elihu Thayer Quimby, A.M. . . . . .

NATURAL HISTORY.

1865 Rev. Henry Fairbanks, A.M. 1868

OBSTETRICS AND DISEASES OF WOMEN.

1868 Dixi Crosby, M.D., LL.D. 1870
1870 Edmund Randolph Peaslee, M.D., LL.D. . . .

CHEMISTRY AND NATURAL HISTORY.

1868 Lycortas Brewer Hall, B.S., in the Scientific Department. . 1871

CHEMISTRY.

1868 Ezekiel Webster Dimond, A.M., in the Agricultural Department

LAW.

1869 Joel Parker, LL.D. . . . . . .

SURGERY.

1870 Dixi Crosby, M.D., LL.D., *Emeritus* . . . .
1871 Alpheus Benning Crosby, M.D. . . . .

ANIMAL AND VEGETABLE PHYSIOLOGY.

1870 Thomas Russell Crosby, M.D. *1872

CHEMISTRY AND PHARMACY.

1872 Oliver Payson Hubbard, M.D., LL.D. . . . .

OBSTETRICS.

1872 Edward Swift Dunster, M.D. . . . . .

Elected.		Died or Resigned.
1820	John Aiken	1822
1822	Timothy Farrar	1826
1826	Charles Brickett Haddock, D.D., Professor of Intellectual Philosophy and Political Economy	1851
1851	Oliver Payson Hubbard, M.D., LL.D., Professor of Mineralogy and Geology, and Prof. of Chemistry and Pharmacy	1865
1865	Charles Augustus Aiken, Professor of Latin Language and Literature	1866
1866	Edwin David Sanborn, LL.D., Prof. of Latin Language and Literature, Prof. of Classical Literature and History in Washington University, and Evans Prof. of Oratory and Belles-Lettres.	

PRECEPTORS OF MOOR'S SCHOOL.

1754	Moses Barrett	1757
1757	Chandler Robbins	1758
1758	Ralph Pomeroy	1759
1759	Benjamin Trumbull	1760
1760	Edmund Davis	1761
1761	John Huntington	1762
1762	John Leslie	1764
1764	John Lathrop	1765
1765	Aaron Kinne	1766
1766	Ralph Wheelock	1767
1767	Bezaleel Woodward	1768
1768	Samuel Wales	1769
1769	David McClure	1772
1772	James Dean	1773
1773	John Smith	1774
1774	Jacob Fowler	1775
1775	Sylvanus Ripley	1779
1779	Jacob Wood	1782
1782	Caleb Bingham	1783
1783	Elisha Ticknor	1786
1786	Timothy Dickinson	1787
1787	Baruch Chase	1788
1788	Daniel Dana	1789
1789	Josiah Dunham	1793
1793	Asa McFarland	1795
1795	Judah Dana	1796
1796	Tilton Eastman	1797
1798	Sebastian Cabot	1800

Elected.		Died or Resigned.
1800	Caleb Butler	1801
1801	Thomas Abbott Merrill	1803
1803	Frederick Hall	1805
1805	William Allen Hayes	1806
1806	Edmund Flagg	1807
1807	Samuel Ayer	1808
1808	John Boutell	1810
1810	Joel Mann	1811
1811	Joseph Perry	1818
1818	William Chamberlain	1819
1819	Oramel Strong Hinckley	1820
1820	George Richardson	1821
1821	Archelaus Fuller Putnam	1824
1824	James Lawton Kimball	1825
1825	Thomas Tenney	1826
1826	John S. Emerson	1827
1827	Alpheus Crosby	1828
1828	Osgood Johnson	1829
1837	Benjamin Griswold	1838
1838	Clark Sewall Brown	1840
1840	Loren Thayer	1841
1841	Joseph Leland Lord	1842
1842	William Craige Burke	1844
1844	John Adams Vinton	1845
1846	Asa Weeks	1849

OFFICERS

OF

GOVERNMENT AND INSTRUCTION,

1873.

PRESIDENT.
Rev. Asa Dodge Smith, d.d., ll.d.

CORPORATION.
Rev. Asa Dodge Smith, d.d., ll.d., President.
His Excellency Ezekiel Adams Straw, a.m., *ex-officio*.
Rev. Nathaniel Bouton, d.d.
Hon. Ira Allen Eastman, ll.d.
Edward Spalding, m.d.
Edmund Randolph Peaslee, m.d., ll.d.
Rev. Alonzo Hall Quint, d.d.
Hon. William Pickering Haines, a.m.
Hon. George William Burleigh, a.m.
Rev. Henry Fairbanks, a.m.
Rev. Josiah Gardner Davis, d.d.

TRUSTEES OF THE N. H. COLLEGE OF AGRICULTURE AND THE MECHANIC ARTS.
Rev. Asa Dodge Smith, d.d., ll.d., President.
Hon. Frederick Smyth, a.m., Treasurer.
Hon. George Washington Nesmith, ll.d.
William Plumer Wheeler, ll.d.
Chester Child Hutchins, Esq.
Edward Spalding, m.d.
Hon. John William Sanborn.
Hon. David Morrill Clough.
William Wallace Bailey, Esq.

VISITORS OF THE CHANDLER SCIENTIFIC SCHOOL.

Francis Brown Hayes, A. M.
Charles Francis Choate, A.M.

OVERSEERS OF THE THAYER SCHOOL OF CIVIL ENGINEERING.

Rev. Asa Dodge Smith, D.D., LL.D., President.
Prof. Oliver Payson Hubbard, LL.D.
Gen. George Leonard Andrews.
Gen. John Carver Palfrey, A.M.
Prof. Peter Smith Michie.

TREASURER.

Hon. Daniel Blaisdell, A. M.

PROFESSORS.

Hon. Joel Parker, LL.D.,
    Professor of Law.
Dixi Crosby, M.D., LL.D.,
    Professor Emeritus of Surgery.
Rev. Benjamin Labaree, D.D., LL.D.,
    Lecturer on Moral Philosophy and International Law.
Edward Elisha Phelps, M.D., LL. D.,
    Professor of General Pathology.
Alpheus Crosby, A.M.,
    Professor Emeritus of the Greek Language and Literature.
Oliver Payson Hubbard, M.D., LL.D.,
    Professor of Chemistry and Pharmacy.
Rev. Daniel James Noyes, D.D.,
    Lawrence Professor of Intellectual Philosophy and
        Political Economy.

    Phillips Professor of Theology.
Edwin David Sanborn, LL.D.,
    Evans Professor of Oratory and Belles Lettres.
John Lord, LL.D.,
    Lecturer on History.
Edmund Randolph Peaslee, M.D., LL.D.,
    Professor of the Diseases of Women and of Obstetrics.
Rev. Henry Elijah Parker, A.M.,
    Professor of the Latin Language and Literature.
Jean Godeby, A.M.,
    Instructor in French.
Mark Bailey, A.M.,
    Instructor in Elocution.

John Ordronaux, M.D., LL.D.,
  Lecturer on Medical Jurisprudence.
Elihu Thayer Quimby, A.M.,
  Professor of Mathematics and Civil Engineering.
Carlton Pennington Frost, M.D.,
  Professor of the Theory and Practice of Medicine.
Charles Augustus Young, PH.D.,
  Appleton Professor of Natural Philosophy and
    Professor of Astronomy.
Alpheus Benning Crosby, M.D.,
  Professor of Surgery.
Charles Henry Hitchcock, PH.D.,
  Hall Professor of Mineralogy and Geology.
Edward Rush Ruggles, A.M.,
  Chandler Professor of Modern Languages and
    English Literature.
Lyman Bartlett How, M.D.,
  Professor of Anatomy and Physiology.
Henry Martyn Field, M.D.,
  Professor of Materia Medica and Therapeutics.
Edward Swift Dunster, M.D.,
  Professor of Obstetrics.
John Carroll Proctor, A.M.,
  Professor of the Greek Language and Literature.
Ezekiel Webster Dimond, A.M.,
  Professor of General and Agricultural Chemistry.
Arthur Sherburne Hardy, A.M.,
  Chandler Professor of Civil Engineering.
Robert Fletcher, A.M.,
  Thayer Professor of Civil Engineering.
Charles Franklin Emerson, A.M.,
  Associate Professor of Natural Philosophy and Mathematics.
John King Lord, A.M.,
  Associate Professor of Latin and Rhetoric.
Frank Asbury Sherman, B.S.,
  Chandler Professor of Mathematics.
Francis Brown, A.B.,
  Tutor in Greek.
Benjamin Thomas Blanpied, B.S.,
  Associate Professor of Chemistry and
    Instructor in Natural History.
Edwin David Sanborn, LL.D.,
  Librarian.

CATALOGUE OF GRADUATES.

1771.

	Died.	Age.
*Levi Frisbie, A.M.	1806	57
*Samuel Gray, A.M., do. Yale 1775	1836	85
*Sylvanus Ripley, A.M., Tutor, Phillips Prof. Theol., Trustee	1787	37
*John Wheelock, A.M., LL.D. 1789, Tutor, Prof. Hist., Trustee, Pres., Memb. N. H. Hist. S., do. N. Y. Hist. S.,	1817	63

4—*4

1772.

*Ebenezer Gurley, A.M.	1776	30
*Augustine Hibbard, A.M.	1831	83

2—*2

1773.

*Stephen Davis, A.M.		
*James Dean, A.M.	1823	75
*Emerson Foster, A.M.	1814	67
*Joseph Grover	1826	84
*David Huntington, A.B. Yale 1773	1812	66
*John Smith, A.M., do. Yale 1777, do. Harv. 1780, D.D. Brown 1803, Tutor, Libr., Prof. Lat., Gr., Heb. and Orient. Lang., Trustee	1809	56

6—*6

1774.

*Thomas Kendall, A.M.	1836	91
*David McGregore, A.M.	1827	
*Joseph McKeen, A.M., D.D. 1803, Pres. Bowd. Coll., F. Am. Acad.	1807	49
*James Miltimore, A.M.	1836	81
*Elisha Porter	1825	78
*Eleazar Sweetland	1787	36
*Samuel Taggart, A.M., M.C.	1825	71
*Cornelius Waters, A.M., do. Harv. 1788	1824	76

8—*8

1775.

	Died.	Age.
*Nathaniel Adams, A.M., do. Harv. 1790	1829	73
*Samuel Collins	1807	60
*Sylvester Gilbert, A.M., do. Yale 1878, M.C.	1846	90
*Elisha Hutchinson, A.M.	1833	83
*Jacob Hutchinson	1778	26
*Andrew Judson, A.M.	1804	55
*David Kellogg, A.M., do. Yale 1778, D.D. 1824	1843	87
*William May, A.M.		
*Benjamin Osborn	1818	66
*Davenport Phelps, A.M.	1813	58
*Samuel Stebbins, A.M., do. Yale 1778	1821	69

11—*11

1776.

*Abel Curtis, A.M.	1783	28
*Experience Estabrook, A.M.	1799	44
*Caleb Jewett, A.M.	1802	49
*Silas Little, A.M.	1845	91
*Stephen March, A.M.	1818	62
*Ebenezer Mattoon, A.M., M.C.	1843	88
*John Samuel Sherburne, A.B. Harv. 1776, A.M., M.C., Judge U. S. Dist. C. N. H.	1830	73
*Jonathan Sherburne	1847	89
*Eleazar Wheelock, A.M.	1811	55
*James Wheelock, A. M.	1835	75
*Levi Willard	1839	80
*Solomon Wolcott		

12—*12

1777.

*Asa Burton, A.M., D.D. Midd. 1804	1836	84
*Zaccheus Colby, A.M.	1822	73
*Gamaliel Ewer		

	Died.	Age.		Died.	Age.
*Daniel Foster, A.M.,			*Abiel Pearson, A.M.	1827	70
do. Harv. 1785, do. Brown 1787	1795	44	*Elisha Smith	1835	89
*Joel Foster, A.M.	1812	57	*Jonathan Wilkins, A.M.	1830	74
*David Goodall, A.M.	1830	80	*Samuel Wood, A.M.,		
*Ebenezer Haseltine	1813	58	D.D. 1820	1836	84
*Solomon Howe	1835	85	17—*17		
*Walter Lyon, A.M.,			**1780.**		
do. Yale 1782	1826	68	*Amos Chase, A.M.,		
*Winslow Packard, A.M.	1784	33	do. Yale 1795	1849	92
*Daniel Simons, A.M.			*Edward Longfellow, A.M.	1794	36
*George Trimble	1797	36	*Noah Miles, A.M.	1831	79
12—*12			*William Patten, A.M.		
			do. Yale 1785, do. Brown 1787,		
1778.			D.D. 1807	1839	76
			*George Peirce, A.M.	1788	28
*Laban Ainsworth, A.M.	1858	100	*Absalom Peters, A.M.	1840	86
*Eli Brigham, A.M.			*Peter Pohquonnoppeet		
*Elijah Brigham, A.M.,			*John Rolphe	1819	66
do. Yale 1792, do. Harv. 1794,			*Joseph Steward, A. M.	1822	69
M.C.	1816	64	*Daniel Story, A. M.,		
*Moses Brigham, A.M.	1814	61	do. Yale 1797	1804	48
*Ebenezer Brown	1830	80	10—*10		
*Benjamin Burt					
*Nehemiah Finn			**1781.**		
*David Foot, A.M.	1793	32	*John Bruce, A.M.	1800	51
*Ebenezer Johnson			*Zachariah Green, A.B.		
*Abraham Jones	1790	29	1800	1858	98
*Josiah Kilburn, A.M.	1781	28	*Jasper Murdock, A.M.	1803	43
*Joseph Mottey, A.M.	1821	65	*James Barnet Porter	1788	23
*Salmon Richardson, A.M.			*Louis Vincent	1825	65
*Nathaniel Smith			5—*5		
*Joseph Vaill	1838	88	**1782.**		
*John Webster, A.M.	1838	83	*Caleb Bingham, A.M.	1817	59
*Jacob Wood, A.M.,			*Jacob Cram, A.M.	1833	71
do. Yale 1783	1790	62	*Hugh Holmes		
17—*17			*Timothy Reed, A.B.		
			Yale 1782, A.M.	1813	57
1779.			4—*4		
*Jeremiah Bradford, A.B.			**1783.**		
Yale 1779, A.M.	1835	77	*Thomas Archibald		
*Samuel Brigham, A.M.	1830	73	*Isaac Babbitt	1833	76
*Jedediah Parker Bucking-			*Joseph Blodgett	1833	76
ham, A.M. do. Midd. 1807	1840	82	*Asa Day, A.M.	1819	54
*Sewall Chapin	1787	32	*Elijah Dunbar, A.M.	1847	88
*Ezekiel Colburn, A.M.			*John Foster, A.M.,		
*William Deming	1833	78	do. Harv. 1787, D.D. Harv. 1815	1829	66
*Elijah Dewey	1792	39	*Tilly Howe	1830	80
*Ashur Hatch, A.M.	1826	73	*Henry Huntington, A.M.	1846	80
*Abraham Holland, A.M.	1847	96	*Calvin Knowlton, A.M.	1800	39
*John Jones			*Joseph Langdon	1824	66
*Nathaniel Mann, A.M.	1797	40	*Samuel Sargeant, A.M.	1818	62
*Isaac Osborn, A.M.	1826	82	*Peleg Sprague, A.M.,		
*Jeremiah Osborn, A.M.	1829	88	do. Harv. 1796, M.C.	1800	43

GRADUATES.

Name	Died	Age
*Elisha Ticknor, A.M.	1821	64
*Hercules Weston	1811	
14—*14		

1784.

Name	Died	Age
*Solomon Aiken, A.M.	1833	75
*Benjamin Chapman, A.M.	1804	46
*Nathan Church, A.M.	1836	82
*Rufus Fairbanks	1842	83
*Thomas Gross, A.M.	1843	84
*William Montague	1833	76
*Ethan Osborn	1858	99
*Jacob Osborn, A.M.	1821	62
*Christopher Paige, A.M.	1822	59
*Elisha Payne, A.M.	1808	45
*Ambrose Porter, A.M.	1832	64
*David Porter, D.D. W'ms 1811	1851	89
*William Frederick Rowland, A.M., do. Yale 1787	1843	82
*Nahum Sargeant, A.M.	1792	34
*David Searl		
*John Wilder, A.M.	1836	77
*Gilbert Tennant Williams	1823	62
17—*17		

1785.

Name	Died	Age
*Moses Bradford, A.M.	1838	72
*Elijah Brainerd, A.M.	1828	70
*Salmon Chase, A.M.	1806	47
*Joseph Clark	1828	69
*Luke Coffeen	1816	
*Calvin Crane, Tutor	1787	23
*Timothy Dickinson, A.M.	1818	52
*John Hubbard, A.M., Prof. Math. and Nat. Phil.	1810	51
*Alfred Johnson, A.M.	1837	70
*Elijah Kellogg, A.M.	1842	80
*Daniel Oliver, A.M.	1840	87
*Elijah Parish, A.M. D.D. 1807, F. Am. S. A.	1825	62
*Henry Augustus Rowland, A.M.	1835	71
*John Sawyer, A.M., D.D. 1857	1858	103
*Mase Shepard, A.M.	1821	61
*Ozias Silsby	1833	72
*Solomon Spalding, A.M.	1816	55
*Calvin Waldo	1815	56
*Chapman Whitcomb	1833	70
*Simon Finley Williams	1800	35
20—*20		

1786.

Name	Died	Age
*William Brewster	1789	24
*John Calef	1841	77
*Baruch Chase, A.M.	1841	76
*Erastus Clark, A.M.	1825	57
*William Danielson	1788	21
*Elkana Day	1808	
*Gordon Dorrance, A.M.	1846	80
*Moses Fiske, A.M. do. Yale 1793, Tutor, Memb. N. H. Hist. S.	1843	83
*Stephen Fuller, A.M.	1816	59
*Calvin Goddard, A.M., M.C., Judge Sup. C. Ct.	1842	73
*Daniel Gordon, A.M.		
*Stephen Grover, A.M.	1836	77
*William Sherman Hart, A.M., do. Yale 1790	1834	66
*Asahel Huntington, A.M.	1813	52
*Charles Marsh, A.M., LL.D. 1828, M.C., Trustee	1849	83
*Nathan Muzzey		
*Reed Paige, A.M.	1816	51
*Peter Sanborn, A.M.	1857	90
*Jonathan Fifield Sleeper, A.M.	1804	36
*Jonathan Strong, A.M., do. Brown 1808, D.D. Brown 1814	1814	50
*Samuel Sumner, A.M., do. Harv. 1792	1837	71
*Lathrop Thompson, A.M.	1843	82
*George Tiffany, A.M.	1842	76
*Oliver Tiffany, A.M.	1835	71
*Azel Washburne, A.M.	1841	77
25—*25		

1787.

Name	Died	Age
*Abishai Alden, A.M.	1833	68
*Samuel Armor	1831	64
*Jonathan Atkinson, A.M.	1836	79
*Simon Backus	1788	22
*Silas Betton, A.M., M.C.	1822	58
*Ebenezer Brown, A.M.	1822	59
*Jonathan Calef, A.M.	1845	83
*Josiah Carpenter, A.M.	1851	88
*Oliver Gallup, A.M.	1818	55
*Daniel Ordway Gillett, A.M., do. W'ms 1797	1823	63
*William Gregg, A.M.	1856	92
*Jonathan Grout, A.M.	1820	59
*Walter Harris, A.M. D.D. 1826	1843	82
*Jonas Hartwell, A.M.	1810	49

	Died.	Age.		Died.	Age.
*David Hazeltine	1790	25	*MARTIN CHITTENDEN,		
*Daniel Jacobs, A.M.	1815	51	M.C., Chief Jus. and Gov. Vt.	1840	71
*Jehiel Judd, A.M.,			*John Williamson Cox	1803	
do. Yale 1816	1826	63	*SAMUEL DINSMOOR, A.M.,		
*Aaron Kinsman, A.M.	1808	41	M.C., Gov. N. H., Trustee,		
*Elijah Lyman, A.M.	1828	64	Memb. N. H. Hist. S.	1835	86
*Asa Miles, A.M.	1805	42	*Josiah Dunham, A.M.,		
*Thomas Moore, A.M.,			do. Trans. 1823	1844	75
do. Yale 1792	1840	78	*John Griswold, A.M.	1852	87
*Caleb Morse	1844	78	*James Kasson Guarnsey	1841	71
*James Orton, A.M.			*Daniel Hardy, A.M.		
*Elihu Palmer	1806	42	Tutor	1833	61
*Hiram Payne, A.M.	1845	82	*Daniel Merrill, A.M.	1833	68
*John Porter, A.M.			*Abraham Moore, A.M.	1801	32
*Pierson Thurston, A.M.	1819	55	*Moulton Morey, A.M.	1854	88
27*27			*Jonathan Nash, A.M.	1834	73
1788.			*Roswell Olcott, A.M.	1841	73
			*Lathrop Rockwell, A.M.	1828	59
*Josiah Lyndon Arnold, A.M.,			*Peter Philanthropos Roots,		
do. Yale 1791, do. Brown 1791,			A.M.	1828	63
Tutor Brown Univ.	1796	28	*Josiah Smith,		
*Oliver Ayres, A.M.			A.M. Univ. Vt. 1807	1810	45
W'ms 1796	1832	67	*John Warriner Thompson,		
*Joseph Backus	1858	73	A.M., do. W'ms 1795	1800	35
*Sylvanus Backus, M.C.	1817	48	*Charles Watrous	1798	29
*Thomas Brooks			*Joel West	1826	60
*Daniel Chipman, A.M.			*Jotham Wheelock, A.M.	1831	67
Midd. 1808, LL.D. Midd. 1849,			*SAMUEL SUMNER WILDE, A.M.,		
Prof. Law Midd. Coll., M.C.,			do. Harv. 1810, LL.D. 1849, do.		
F. Am. Acad.	1850	84	Bowd. 1817, do. Harv. 1841,		
*Benjamin Chapman Curtis			Judge Sup. C. Ms., F. Am. Acad.	1855	84
*DANIEL DANA, A.M.,			24—*24		
D.D. 1814, Trustee, Pres.	1859	88	**1790.**		
*Joseph Dana, A.M.,					
Prof. Lang. Univ. Ohio	1849	80	*Titus Theodore Barton, A.M.	1827	61
*Elias Dudley, A.M.	1808	46	*Stephen Burton	1812	43
*Jonathan Huse, A.M.	1853	86	*Timothy Call, A.M.	1804	41
*Alvan Hyde, A.M., D.D.			*Uriel Chapin		
1812	1833	66	*Elihu Dwight, A.M.	1854	90
*Abiel Jones, A.M.	1829	68	*William Eaton, A.M.,		
*Joseph Montague	1849	86	U. S. Consul Tunis	1811	47
*Ariel Parish, A.M.	1794	29	*Richard Clair Everett, A.M.	1815	51
*Cephas Smith, A.M.,			*Holloway Fish, A.M.	1824	62
do. Midd. 1803	1815	54	*David Forbes	1814	52
*William Storrs, A.M.,			*Nathaniel Hall, A.M.	1820	50
do. Yale 1810	1824	64	*Perley Howe, A.M.	1840	78
*Royal Tyler, A.M.,			*Charles Ingalls, A.M.	1812	49
do. Yale 1792	1826	64	*William Jackson, A.M.,		
*Ezra Woodworth	1836	71	D.D. Midd. 1839	1842	73
19—*19			*Elnathan Keyes	1853	83
1789.			*Nathan Lakeman	1807	40
*Solomon Bingham	1839	71	*Joseph Lamson	1831	60
*Ebenezer Brackett, A.M.	1794	21	*Asa Lyon, M.C.	1841	77
*Jonathan Brown, A.M	1838	79	*Ichabod Marshall, A.M.	1849	80
*John Bush	1818	55			

GRADUATES.

	Died.	Age.
*Samuel Moody, A.M.	1832	67
*Simon Griffin Morrison		
*Elisha Mosely, A.M.	1826	60
*Jeremiah Nelson, A.M., M.C.	1838	69
*Mills Olcott, A.M., Sec., Treas., Trustee	1845	71
*Stephen Patten	1855	89
*Zenas Payne	1859	92
*Samuel Porter, A.M.	1810	46
*Gideon Ryther	1839	70
*Naphtali Shaw, A.M.	1853	89
*Ethan Smith	1849	86
*Jacob Smith, A.M.	1814	44
*William Porter White, A.M.	1842	72

31—*31

1791.

	Died.	Age.
*Ebenezer Adams, A.M., do. Brown 1799, Prof. Lat., Gr. and Heb., Prof. Math. and Nat. Philos., do. *Emeritus*, F. R. S. Nor. Ant. the Hague, F. Am. Acad., F. Am. S. A., Memb. N. H. Hist. S.	1841	75
*John Waldo Ames		
*Rufus Anderson	1814	48
*Joseph Appleton	1791	27
*Moses Appleton, A.M.	1849	76
*Thomas Ashley	1822	56
*John Baldwin, A.M,	1826	56
*Heman Ball, A.M., do. Yale 1794, D.D. Union 1816	1821	57
*Nathan Bradstreet, A.M.	1827	57
*Calvin Chaddock, A.M., do. Brown 1801	1822	57
*Joel Chapin	1845	84
*Dudley Chase, A.M., Chief Just. Sup. C. Vt., U. S. Sen.	1846	74
*Heber Chase, A.M., M.B. Harv. 1794	1797	27
*Timothy Clark, A.M.	1841	78
*John Coffin, A.M., do. Coll. N. J. 1795,do.Yale 1798	1852	88
*John Cook, A.M.	1824	58
*Otis Crosby	1795	29
*Timothy Allen Cushman	1792	24
*Silas Dinsmore, A.M., F. Am. S. A.	1847	80
*John Fiske, A.M., D.D. Amh. 1844	1855	84
*Samuel Fuller, A.M., do. W'ms 1805	1842	74
*Eliphalet Gillett, A.M., D.D. Univ. Vt. 1824	1848	79

	Died.	Age.
*Allen Gilman, A.M.	1846	72
*Joseph Goffe, A.M.	1846	79
*Rufus Graves, A.M., Lect. Chem.	1845	86
*William Green, A.B. Yale 1791	1801	30
*David Hale, A.M.	1837	72
*Samuel Hidden, A.M.	1837	77
*John Kelley, A.M.	1848	55
*Reuben Kidder	1823	55
*Sheldon Logan	1801	31
*Thomas Odiorne, A.M.	1851	82
*John Park, A.M.	1852	77
*John Usher Parsons, A.M.	1825	54
*Humphrey Clark Perley, A.M.	1838	76
*Nathaniel Perley, A.M.	1824	61
*Bezaleel Pinneo, A.M., do. Yale 1798	1849	80
*John Preston	1828	58
*Joseph Proctor	1822	56
*John Phillips Ripley	1816	41
*Daniel Shepard	1819	48
*Thomas Stearns Sparhawk, A.M.	1807	37
*Silas Stickney, A.M.	1847	83
*Serenus Swift, A.M.	1865	90
*John Walbridge, A.M.		
*Hugh Wallis, A.M.	1843	81
*Seth Williston, A.M., D.D. Ham. 1838	1851	80
*Elijah Woollage, A.M.	1847	78
*Ebenezer Woodward, A.M.	1820	50

49—*49

1792.

	Died.	Age.
*Jesse Appleton, A.M., D.D. 1810, do. Harv. 1810, Pres. Bowd. Coll., F. Am. Acad., F. Am. S. A.	1819	46
*Joel Baker, A.M.	1833	65
*Benjamin Brewster	1801	28
*Erasmus Butterfield	1828	59
*Rufus Cowles	1837	72
*Samuel Crossett		
*Joseph Field, A.M. Yale 1795	1866	94
*Samuel Bartlett Goodhue,	1846	76
*Calvin Ingalls, A.M.	1830	69
*John Jackson	1844	72
*George Whitefield Kirkland, A.M.	1810	39
*Michael Little, A.M.	1830	59
*John Wentworth Murray	1798	

10   DARTMOUTH TRIENNIAL.   [1873.

	Died.	Age.
*EBENEZER PORTER, A.M., do. Yale 1795, D.D. 1814, Prof. Sac. Rhet. and Pres. And. Theol. Sem.	1834	61
*Erastus Sargent, A.M. W'ms 1795	1832	60
*Joseph Sears	1828	57
*Zephaniah Swift, A.M. W'ms 1795	1848	77
*Samuel Temple, A.M.	1816	45
*Alexander Thomas, A.M.	1809	34
*William Thurston, A.M.	1822	49
*William Ward, A.M.	1827	60
*Jonathan Ward, A.M.	1860	90
*Samuel Warner	1796	26
*Silas Waterman	1853	79
*John Webber	1852	90
*Joseph Woodbridge	1829	75
*William H. Woodward, A.M., Chief Just. C. C. P. N. H., Secr., Treas.	1818	44

27—*27

1793.

*Kiah Bailey, A.M.	1857	87
*SAMUEL BELL, A.M., LL.D. Bowd. 1821, Judge Sup. Jud.C. N. H., Gov. N. H., U. S. Sen., Trustee	1850	80
*John Bellows	1797	24
*Benjamin Bissell	1835	63
*Asa Bullard, A.M., do. Harv. 1809, M.D. Harv. 1811	1836	61
*David Hall Chase	1794	20
*Jonathan Davis		
*Christian DeWint, A.B. 1795, A. M.	1803	32
*Edmund Eastman	1812	40
*Samuel Gerrish, A.M.	1809	36
*John Gove	1802	31
*Paul Grout	1802	33
*Jacob Bailey Gurley, A.M.	1856	85
*Ira Hall	1816	43
*Martin Harman	1798	24
*David Heald	1841	72
*Asa McFarland, A.M., D.D. Yale 1812, Tutor, Trustee	1827	57
*William Mattocks	1842	69
*Joseph Moffat		
*Henry Moor, A.M.	1798	34
*ZEPHANIAH SWIFT MOORE, A.M., D.D. 1816, Prof. Lat., Gr. and Heb. W'ms Coll., Prof. Theol., Mor. Phil. and Met. Amh. Coll., Pres. Amh. Coll.	1823	52

	Died.	Age.
*Richard English Newcomb, A.M.	1849	78
*Mark Newman, A.M.	1859	86
*Levi Noyes	1816	48
*Silas Paul		
*Moses Paul Payson, A.M., Trustee	1828	57
*Jonathan Powers	1807	45
*Ebenezer Price, A.M.	1864	92
*William Riddel, A.M.	1849	81
*Nathan Robinson	1812	40
*Warner Rogiers, A.M.		
*ERASTUS ROOT, A.M. Union 1823, M.C., Lt. Gov. N. Y., Pres. C. App. and Err. N. Y., Memb. N. Y. Hist. S.	1846	73
*Enos Smith	1856	86
*Oliver Stearns Sparhawk	1824	53
*Hiram Storrs, A.M.	1821	52
*Isaac Hall Tiffany, Judge C. C. P. N. Y.	1859	80
*Isaiah Waters	1851	78
*Benjamin Wood	1849	76
*Thaddeus Mead Wood	1836	63
*George Woodward, A.M., Treas.	1836	60

40—*40

1794.

*Andrew Ainsworth	1796	30
*Samuel Clesson Allen, A.M., M.C., Lect. Pub. Econ.Amh.Coll.	1842	70
*Charles Barrett, A.M.	1836	62
*NICHOLAS BAYLIES, A.M., Judge Sup. C. Vt.	1847	75
*Bezaleel Bliss	1832	
*James Brown	1795	25
*Elijah Brush		
*Philip Carrigain, A.M., Memb. N. H. Hist. S.	1842	70
*Nathaniel Cogswell, A.M.	1813	40
*John Conway		
*Noah Cushman		
*William Dana, A.M.	1844	72
*Joshua Darling, A.M., do. Harv. 1822, Judge C. C. P. N. H.	1842	67
*Eldad Dewey	1839	64
*Jacob Dunham	1794	18
*Daniel Meserve Durell, M.C.	1841	70
*Paul Eager	1854	81
*Moses Eastman, A.M., Memb. N. H. Hist. S.	1848	78
*Jesse Edson, A.M.	1805	32

GRADUATES.

	Died.	Age.
*Pascal Paoli Enos	1832	62
*Humphrey Farrar	1840	66
*Joseph Farrar	1851	76
*Ashbel Fenton		
*Gershom Galusha	1806	33
*William Adams Griswold	1846	70
*Royal Gurley	1824	48
*Aaron Hardy, A.M.	1816	41
*Joseph Harvey, A.M.	1827	60
*Thomas Heald, A.M.	1821	53
*James Hobart, A.M.	1862	96
*William Howe, A.M., do. Yale 1799	1828	54
*Jedediah Lane	1849	79
*William Langdon	1817	48
*Jabez Munsell, A.M., do. Yale 1799	1832	60
*Ralph Phelps, A.M.		
*William Pidgin, A.M.	1848	76
*Joseph Rowell, A.M.	1842	75
*Caleb Shattuck	1811	41
*Darius Shaw, A.M.		
*John Smith, A.M., do. Yale 1797, D.D. 1828, Trustee, Prof. Theol. Bang. Theol. Sem.	1831	65
*John Smith,	1858	90
*James Temple, A.M.	1803	36
*Lovell Walker	1840	72
*Abijah Wines, A.M., Prof. Theol. Bang. Theol. Sem.	1833	66
*Jeremiah Hall Woodman, A.M.	1854	79

45—*45

1795.

	Died.	Age.
*Samuel Alden, A.M.	1842	74
*HEMAN ALLEN, LL.D., M.C., U. S. Min. Chili	1852	73
*Abijah Bigelow, A.M.,M.C., F. Am. S. A.	1860	84
*Joseph Bridgman, A.M., do. W'ms 1800	1836	63
*Samuel Burnham, A.M.	1834	67
*Asa Carpenter	1825	55
*Alpheus Cheney,		
*JUDAH DANA, A.M., Judge C. C. P. Me., U. S. Sen.	1845	74
*Samuel Fowler Dickinson, A.M.	1838	63
*John Eastman	1834	67
*NICHOLAS EMERY, A.M., Judge Sup. C. Me.	1861	85
*Eli Emmons	1837	64
*David Everett	1813	44

	Died.	Age.
*Bohan Prentice Field	1843	70
*George Grout	1807	32
*John Haskell, A.M.	1819	52
*Joshua Haywood	1814	53
*Luther Jewett, M.B. 1810, M.C.,	1860	87
*Nathan Moody, A.M.	1846	77
*John Noyes, A.M., Tutor, M.C.	1841	77
*Nathan Parks		
*Benjamin Franklin Pierce	1797	23
*Josiah Prentice, A.M.	1855	83
*George Washington Prescott, A.M., Judge C. C. P. N. H.	1817	42
*Thomas Snell, D.D. Amh. 1828	1862	87
*David Storrs, A.M.	1804	27
*Dudley Todd, A.M.	1835	60
*John Vose, A.M.	1840	73
*Holland Weeks, A.M., do. Yale 1800	1843	75
*Nathaniel Wells, A.M.	1858	84
*Benjamin Ruggles Woodbridge, A.M.	1844	70
*Samuel Worcester, A.M., D.D. Coll. N. J. 1811	1821	51

32—*32

1796.

	Died.	Age.
*Isaac Adams	1834	60
*Foster Alexander, A.M.	1841	66
*Josiah Batchelder, M.D. Harv. 1811	1857	81
*Ebenezer Green Bradford	1836	59
*William Bradley	1820	48
*Richard Burroughs	1865	89
*Abraham Butterfield	1857	88
*PHILANDER CHASE, D.D. Columb. 1819, Pres. Keny. Theol. Sem., Founder and Pres. Keny. Coll., Bp. Ohio and Ill.	1852	76
*Abner Cheney	1797	32
*Benjamin Church	1809	33
*Seth Currier	1842	76
*Moses Dow, A.M.	1837	66
*Tilton Eastman, A.M.	1842	68
*Thomas Green Fessenden, A.M.	1837	66
*Peter Lawrence Folsom, A.M.	1842	70
*Peyton Randolph Freeman, A.M.	1868	92
*Walter Fullerton, A.M.	1815	41
*Daniel Gilbert, A.M.	1851	77
*John Taylor Gilman, A.M.	1808	29

	Died.	Age.
*Samuel Hale, A.M.	1822	49
*William Niles	1848	72
*Nathan Noyes, A.M., M.B. 1799, M.D. 1812, Lect. Theor. and Pract. Med.	1842	65
*Parker Noyes, A.M., Memb. N. H. Hist. S.	1852	75
*Theophilus Packard, A.M., D.D. 1824	1855	86
*Proctor Pierce, A.M., do. Harv. 1814	1821	53
*Barrett Potter	1865	88
*Lincoln Ripley	1858	96
*John Stearns Sparhawk	1799	20
*Nathaniel Storrs	1851	77
*Benjamin Stowell	1834	58
*John Morris Tillotson, A.M.	1822	50
*Caleb Thompson	1797	21
*Henry True	1857	87
*Levi White	1836	65
*Tower Whitton	1850	80

35—*35

1797.

	Died.	Age.
*Daniel Adams, A.M., M.B. 1799, M.D. 1822, Memb. N.H. Hist. S., Pres. N. H. Med. S.	1864	90
*William Bostwick Bannister, A.M.	1853	79
*Walter Brewster	1845	80
*Sebastian Cabot, A.M.	1853	84
*Ezra Carter, A.M.	1811	38
*Moses Chase, A.M.	1861	88
*Daniel Church	1832	59
*Samuel Dakin, A.M.	1844	73
*John Dickinson	1815	33
*Daniel Dwight, A.M.	1851	76
*William Ferson, A.M.	1853	79
*James Otis Freeman, A.M.	1815	41
*Joseph Gerrish	1839	64
*John Ham, A.M.	1837	62
*Thomas Jameson, A.M.	1813	42
*James Flavel Jennison	1803	34
*Ephraim Kingsbury, A.M.	1855	79
*Daniel Lewis	1827	52
*Edward Little	1849	76
*Joseph Locke, A.M., Just. C. C. P. Ms.	1853	81
*Jacob McGaw, A.M.	1867	88
*John March, A.M., M.B. 1801	1834	60
*David Palmer, A.M.	1849	79
*George Reid, A.M.	1848	74
*Matthew Thornton	1804	33

	Died.	Age.
*John Phillips Thurston, A.M. Bowd. 1809	1832	51
*Broughton White	1861	88
*Phineas White, A.M., M.C.	1847	76
*John Whitney		
*William Wilson, M.C., Judge C. C. P. Ohio	1817	54

30—*30

1798.

	Died.	Age.
*Stephen Moody Bailey	1799	27
*Charles Baker	1839	62
*Ezekiel Lysander Bascom, A.M.	1841	61
*Stephen Bean	1825	53
*Stephen Bemis, A.M., Tutor	1828	54
*Abijah Bisco	1801	31
*Archibald Burnet, A.M. Midd. 1803		
*Peter Cochran, A.M.	1806	33
*Ranna Cossit		
*William Craig		
*Nathan Cutler, A.M., Gov. Me.	1861	86
*James Davis, A.M., do. Brown 1806	1821	48
*Pliny Dickinson, A.M.	1834	57
*Reuben Emerson, A.M.	1860	88
*Abel Farley, A.M.	1817	43
*John Boyle Fisk, A.M.	1805	27
*Ebenezer Flint, A.M.	1811	42
*Alvan Foot, A.M.	1856	80
*Samuel Gage	1800	24
*Horace Hall, A.M.	1861	83
*Aaron Hovey	1843	69
*Phineas Howe, A.M.		
*William Lambert, A.M.	1824	52
*David Long, A.M.	1850	78
*William Miltimore, A.M., do. Harv. 1815	1848	80
*William Moody		
*John Cox Morris, A.M., Judge Co. C. N. Y.	1849	67
*Benjamin Orr, M.C.	1828	55
*Levi Pillsbury, A.M.	1819	48
*Joseph Pope	1852	73
*Moses Porter	1819	38
*Thomas Pratt		
*Robinson Smiley, A.M., do. Univ. Vt. 1812	1856	85
*Nathaniel Sparhawk	1802	21
*David Starrett, A.M.	1819	45
*Solon Stevens, A.M.	1809	30

GRADUATES.

	Died.	Age.
*Jeremiah Stinson	1809	36
*_Josiah Webster_, A.M.	1837	65
*John Williams	1806	28
*_James Wheelock Woodward_, A.M., do. W'ms 1798	1847	66

40—*40

1799.

	Died.	Age.
*William Adams		
*Joseph Aiken, A.M.	1803	29
*Samuel Ayer Bradley, A.M., do. Harv. 1804, Corr. Memb. N. H. Hist. S.	1844	69
*William Briggs, A.M.	1847	73
*Charles Coffin, A.M.	1851	72
*Nathaniel Coffin, A.M.	1864	82
*John Huntington Crane, A.M.,	1822	43
*Joseph Emerson Dow	1857	79
*Alexander Dustin, A.M.	1837	60
*Luther Emerson		
*Jacob Fenton	1842	68
*Lorenzo Foot	1805	25
*Levi Jackson, A.M.	1821	49
*Kendall Johnson, A.M.	1821	49
*Thomas Jones	1860	80
*Nathan Kinsman, A.M.	1829	51
*_John Lord_, A.M.	1839	66
*_David McGregore_, A.M.	1845	74
*Elisha Morrill	1853	78
*Abner Morton	1863	89
*_Jeremiah Noyes_, A.M.	1807	28
*Daniel Osgood, A.M., M.B. 1802, M.D. Harv. 1820	1852	76
*Jacob Patch	1846	73
*_Warren Pierce_, A.M., do. Harv. 1811	1822	46
*John Dennie Porter	1802	
*Lyman Potter	1831	53
*Perley Pritchard		
*_Thomas Rich_, A.M., do. Yale 1803	1836	61
*Thomas Weeks Rich	1826	52
*Elijah Richards	1814	
*_William Rolfe_, A.M.	1837	63
*_Moses Sawyer_, A.M.	1847	71
*_Roswell Shurtleff_, A.M., D. D. Univ. Vt. 1834, Tutor, Libr., Phillips Prof. Theol., Prof. Mor. and Pol. Econ., do. Emeritus, F. Am. S. A., Memb. N. H. Hist. S.	1861	87
*William Stark, A.M.	1808	33
*Samuel Whiting, A.M.	1806	28

35—*35

1800.

	Died.	Age.
*_Mighill Blood_	1852	74
*Joseph Warren Brackett, A.M.	1826	51
*Alexander Bush	1802	24
*Caleb Butler, A.M.	1854	78
*John Flavel Carey	1828	51
*Benjamin Clark, A.M.,	1840	65
*_Alexander Conkey_		
*David Curtis	1835	54
*_John Dane_		
*James Dean, A.M., LL.D. Univ. Vt. 1847, Tutor and Prof. Math. and Nat. Phil. Univ. Vt., F. Am. Acad.	1849	72
*John Dutch	1836	53
*George Farrar, A.M., M.B. 1803, M.D, 1816	1858	79
*Tristram Gilman, A.M.	1828	48
*Stephen Grant	1845	70
*George Herbert	1820	41
*Abraham Hilliard, A.M.	1855	76
*Estes Howe	1826	45
*Frederick Hunt	1805	25
*Timothy Hutchinson	1857	80
*Washington Keyes	1814	36
*Theophilus Olcott, A.M.	1816	34
*Nathaniel Peabody, A.M.	1855	80
*Joseph Peck	1801	26
*Cyrus Perkins, A.M., do. Harv. 1823, M.B. 1802, M.D. 1810, do. Harv. 1826, Prof. Anat. and Surg., Hon. Memb. Ms. Med. S., Memb. N. Y. Hist. S., Memb. Phila. Acad. Nat. Sc., Memb. and Pres. N. H. Med. S.	1849	70
*Eleazar Wheelock Ripley, M.C.	1839	56
Samuel Swift, A.M., do. Midd. 1803, LL.D. Midd. 1860, Judge Prob. Vt., Judge Co. C. Vt., Tutor Midd. Coll.		
*_William Warren_	1836	60
*Benjamin White	1813	44

28—*27

1801.

	Died.	Age.
*Alpheus Baker	1857	76
*James Hervey Bingham, A.M.	1859	78
*_Lemuel Bliss_, A.M.	1814	38
*_Daniel Campbell_, A.M.	1849	67
*_John Dutton_	1848	71
*William Farrar	1850	69
*Henry Weld Fuller, A.M., Judge Prob. Me.	1841	57
*Charles Gilbert	1805	27

	Died.	Age.		Died.	Age.
*Elisha Hotchkiss	1858	79	*Jacob Gillett, A.M.	1866	86
*Abner Howe, A.M.,			*Elisha Hammond, A.M.	1829	54
M.B. 1803	1826	47	*Nathaniel Huse, A.M.		
*Ebenezer Janes	1850	71	*Josiah Moulton, A.M.	1827	52
*David Jewett	1841	68	*Joseph Mullikin, A.M.,		
*Joseph Kimball	1810		M.D. Brown 1817	1818	44
*Sanford Kingsbury, A.M.,			*Joseph Paine, A.M.	1811	30
Judge C. C. P. Ct.	1849	66	*Elderkin Potter, A.B.		
*Aaron Loveland,			1806	1845	63
Judge C. C. P. Vt.	1870	86	*Joseph Richardson, A.M.,		
*Simeon Lyman,			do. Brown 1817, M.C.	1871	94
A.M. Yale 1802	1832	54	*Elisha Rockwood, A.M.,		
*Thomas Abbott Merrill, A.M.,			D.D. 1855, Tutor	1858	80
do. Midd. 1805, D.D. Midd. 1837,			*Luther Stone		
Tutor, Tutor and Treas. Midd.			*Amos Twitchell, A.M.,		
Coll.	1855	75	M.B. 1805, M.D. 1811, Memb. and		
*Josiah Noyes, A.M.,			Pres. N. H. Med. S., F. Phila.		
M.B. 1866, M.D., Tutor, Prof.			Med. Coll., Hon. Memb. Ms.		
Chem. and Min. Ham. Coll.,			Med. S., Memb. N. H. Hist. S.	1850	69
Prof. Chem. and Pharm. Fairf.			*Samuel Walker	1826	47
Med. Coll.	1853	77	*Samuel Whitmore	1808	28
*John Nye	1826	46	*Roswell Willard	1815	35
*Daniel Parker, A.M.,			*Nathan Wood		
do. Harv. 1809	1846	64	23—*21		
*Nathaniel Shattuck	1864	90			
*Ephraim Simonds	1801	26	**1803.**		
*Elihu Smith, A.M.,			*Samuel Bascom, A.M.	1837	60
do. Midd. 1804	1857	80	*Jesse Leeds Billings	1847	66
*William Coit Smith	1860	82	*Luther Chapman	1856	77
*Asahel Stone, A.M.,			*Jonathan Bradley Eastman,		
do. Midd. 1811			A.M.	1827	47
*Matthew Taylor	1835	65	*John Minot Fosdick	1856	74
*Caleb Jewett Tenney, A.M.,			*Isaac Garvin, A.M.	1848	74
D.D. Yale 1829	1847	67	*Samuel Haines, A.M.	1825	45
*Samuel Upham	1861	83	*Frederick Hall, A.M.,		
*Daniel Webster, A.M.,			do. Midd. 1806, do. Harv. 1810,		
do. Harv. 1804, LL.D. 1823, do.			M.D. Castl. 1827, LL.D. 1841, F.		
Coll. N. J. 1818, do. Harv. 1824,			Am. Acad., Tutor, do. Midd.		
do. Columb. 1824, F. Am. Acad.,			Coll., Prof. Math. and Nat.		
F. Am. S. A., Memb. Ms. Hist.			Phil. Midd. Coll., Prof. Chem.		
S., Corr. Memb. N. H. Hist. S.,			and Min. Trin. Coll., Prof.		
F. Athen. Archæol. S., M.C., U.			Chem. and Pharm. Columb'n		
S. Sen., Sec. State U. S.	1852	70	Coll., Pres. Mt. Hope Coll.	1843	64
*Jabez Bradford Whitaker	1816	37	*Nehemiah Hardy	1839	58
30—*30			*Jacob Holt	1847	66
			*Henry Hubbard, A.M.,		
1802.			Memb. N. H. Hist. S., Speaker		
*Augustus Alden	1850	70	Ho. Rep. N. H., M.C., Judge		
*Amos Jones Cook, A.M.	1836	57	Prob. N. H., U. S. Sen., Gov. N.		
*John Ruggles Cutting			H., Trustee	1857	73
*Nathaniel Dutton	1852	73	*Nehemiah Huntington	1855	78
Samuel Eastman			*John Keyes, A.M.	1867	88
*Brown Emerson, A.M.,			*Benjamin Kimball	1830	52
D.D. 1835	1872	94	*Vryling Lovell	1858	77
*Moses Madison Fisk	1804	24	*Elihu Lyman	1826	43
*John Frink	1807	22	*Joseph Adams Marshall	1805	23

1873.] GRADUATES. 15

Noah Dickinson Mattoon
*Azor Moody 1854 75
*Ebenezer Belknap Morse 1824 40
*Reuben Dimond Mussey,
  M.B. 1806, A.M., do. Harv. 1809,
  M.D. 1812, do. Univ. Pa. 1809,
  LL.D. 1854, Memb. and Pres.
  N. H. Med. S., Hon. Memb. Ms.
  Med. S., F. Am. Acad., Memb.
  N. H. Hist. S., Prof. Theor.
  and Pract. Med., Prof. Mat.
  Med. and Therap., Prof.
  Obstet. Prof. Anat. and Surg.,
  Prof. Surg. and Obstet. Fairf.
  Med. Coll., Prof. Surg. Cincin.
  Med. Coll. 1866 86
*John Nelson, A. M. 1838 60
*Salmon Nye 1823 45
**Thaddeus Osgood*, A. M. 1862 76
*Edmund Parker, A.M.
  Speaker Ho. Rep. N. H., Trustee,
  Judge Prob. N. H. 1856 73
*Hutchins Patten 1810 33
*Augustus Peabody, A.M.,
  do. Harvard 1809 1851 72
*Samuel Peabody 1859 84
*Samuel Atkinson Pearson,A.M.1840 56
*Jeremiah Perley, A.M. 1834 50
*Samuel Ward Phelps 1826 44
*John Pike 1816 33
**Experience Porter*,
  A.B. Midd. 1804, A.M., do. Midd.
  1806, Tutor Midd. Coll. 1828 46
*John Porter, A.M. 1857 81
*Silas Hutchins Sabin, A.M. 1850 73
*Calvin Selden, A.M.,
  Judge Co. C. Me. 1859 80
*George Cheyne Shattuck,A.M.
  do. Harv. 1807, M.B. 1806, M.D.
  1812, do. Univ. Penn. 1807, do.
  Bowd. 1851, LL.D. 1853, Hon.
  Memb. N. H. Med. S., F. Phila.
  Med. Coll., F. Am. Acad. 1854 70
*Jonathan Bailey Storey 1805 26
*Luther Storrs 1804 20
*Paul Tenney, A.M. 1844 63
*Enoch Eric Tilton, A.M.
*Nathan Weston, A.M.,
  do. Bowd. 1807, LL.D. 1831, do.
  Wat. 1831,do. Bowd. 1843,Chief
  Just. C. C. P. Ms., Chief Just.
  Sup. C. Me. 1872 95
*Luke Wood,
  A.B. Yale 1808, A.M. 1851 74
**Jabez Woodman*, A.M. 1843 67
        44—*43

1804.

*Aaron Bean 1820 41
*Joshua Bean 1833 57
**Abraham Burnham*, A.M.,
  D.D. 1850 1852 76
**George Thomas Chapman*,
  A.B. Yale 1805, D.D. Trans.
  Univ. 1824, Prof. Hist. Trans.
  Univ. 1872 86
*Stephen Farley, A.M. 1851 71
*Ebenezer Osgood Fifield 1859 78
*Elias Gallup, A.M.,
  do. Yale 1807 1829 50
**Samuel Gile*, A.M.,
  D.D. Univ. Vt. 1836 1836 56
**Allen Greely*, A.M.,
  do. Midd. 1807,Tutor Midd. Coll. 1866 85
*Joel Harris, A.M. 1817 39
*Alexander Holton 1823 44
*Otis Hutchins, A.M. 1866 85
*Henry Hutchinson, A.M. 1838 55
*Anson Jones 1834
*John Kelley, A.M.,
  Trustee, Memb. N. H. Hist. S. 1860 74
*Samuel Lorenzo Knapp, A.M.,
  LL.D. Paris, F. Am. S. A. 1838 53
*Enos Lewis, A.M.,
  M.B. 1810 1823 39
*Job Lyman, A.M. 1870 89
*Jacob Miller 1813 34
*William Willard Moore, A.M. 1813 21
*Hubbard Newton, A.M. 1847 67
*Thomas Hale Pettengill, A.M. 1856 75
  Israel Putnam Richardson,
  A.M. Univ. Vt. 1812, Judge Co.
  C. Vt.
**William Ritchie* 1842 60
*Aaron Flint Sawyer 1847 66
*Josiah Willis Seaver, A.M. 1848 70
*John Wheelock Smith,
  A.M. Yale 1805 1814 28
*Boswell Stevens, A.M.,
  Judge Prob. N. H. 1836 53
**David Thurston*, A.M.,
  D.D. 1853 1865 86
  Horatio Utley, A.M.
*James Walker, A.M. 1855 70
*Ezekiel Webster, A.M.,
  Trustee 1829 49
*Uriah Wilcox,
  A.B. Midd. 1804 1838 59
**Avery Williams*, A.M. 1816 34
        34—*32

DARTMOUTH TRIENNIAL. [1873.

1805.

	Died.	Age.
Isaac Bartholomew Barber		
*Asa Bean	1811	32
*James Brackett, A.M.	1852	70
*FRANCIS BROWN, A.M., D.D. W'ms 1819, do. Ham. 1819, F. Am. S. A., Tutor, Trustee, Pres.	1820	36
*Samuel McGregor Burnside, A.M. Harv. 1817	1850	67
*Joshua Stanton Camp	1808	22
*John Chandler	1859	78
*Henry Colman, A.B. Harv. 1806, Hon. Memb. R. Agr. S. Gt. Brit.	1849	63
*William Pope Cutter	1814	29
*Samuel Cutting	1828	46
*Benjamin Dudley Emerson	1872	91
*Abner Emerson	1836	51
*Alpheus Harding		
*William Allen Hayes, A.M., Judge Prob. Me.	1851	67
*John Holton	1815	33
*George Leonard, A.M., do. Yale 1808	1834	51
*Joseph Stebbins Lyman, M.C.	1821	36
*Jedediah Miller	1864	78
*Samuel Osgood, A.M., D.D. Coll. N. J. 1827	1862	78
*Phineas Parkhurst, A.M.	1819	34
*Nathaniel Sawyer, A.M., do. Yale 1848.	1853	69
*Thomas Sawyer	1826	44
*Samuel Selden, A.M.	1868	
*Edward Augustus Selfridge	1806	20
*Denison Smith	1836	52
*James Thom, A.M.	1852	67
*David Thompson, A.M.	1822	44
*Francis Lane Whiting, A.M.	1863	86

28—*27

1806.

	Died.	Age.
*Humphrey Atherton	1849	67
*Daniel Clark Atkinson, Judge Prob. N. H.	1842	56
*William Barrows, A.M.	1821	37
*Asa Bucknam, A.M., do. Harv. 1811	1827	48
Nathan Kimball Clough		
*David Cummins, A.M., Judge C. C. P. Ms.	1855	69
*Joshua Dodge, A.M.	1861	81
*Samuel Fessenden, A.M., LL.D. Bowd. 1846	1869	85
*Edmund Flagg	1815	28
*RICHARD FLETCHER, A.M., do. Brown 1839, LL.D. 1846, do. Harv. 1849, M.C., Judge Sup. C. Ms., Trustee, Corr. Memb. N. H. Hist. S.	1869	81
*Sewall Goodrich	1831	51
*Ethan Allen Greenwood, A.M.	1856	76
*Cyrus Hartwell, A.M., M.B. 1810	1816	32
*MATTHEW HARVEY, A.M., LL.D. 1855, do. Aug. Coll., Pres. Sen. N. H., M.C. Gov. N. H., Judge U. S. Dist. C. N. H., Trustee, Memb. N. H. Hist. S.	1866	84
*Abiathar Hopkins	1821	40
James Hutchinson, A.M.		
*Samuel Ayer Kimball, A.M.,	1858	76
*Joseph Kittredge, A.M.	1847	63
*Cyrus Mann, A.M., Tutor	1859	73
*Jesse Merrill, A.M.	1854	75
*Joseph Merrill	1848	70
*William Fullerton Morrison	1831	45
*Elijah Parker, A.M.	1858	82
*ALBION KEITH PARRIS, A.B. Bowd. 1806, Judge Prob. Me., M.C., Judge U. S. Dist. C. Me., Gov. Me., Judge Sup. C. Me., U. S. Sen., Pres. Me. Hist. S.	1857	69
*John Potter	1865	78
*Asa Rand	1871	88
*David Sloan, A.M.	1860	80
Horace Wood Taft, A.B. 1809		
*Samuel Howe Tolman, A.M., M.D.	1856	75
*John True	1815	31
*Levi Walbridge	1828	
*William Weeks	1810	23
*John Weston, A.M., M.B.1809, M.D. Univ. Vt. 1826	1832	51
*William White	1831	48

34—*31

1807.

	Died.	Age.
*Jonathan Aiken	1829	55
Booz Moore Atherton, A.M.		
*Samuel Ayer, A.M., Tutor, M.B. 1810, M.D. Univ. Pa. 1811	1832	46
*Zedekiah Belknap, A.M.	1858	77

GRADUATES.

	Died.	Age.
*Joseph Bell, LL.D. 1837	1851	64
*Abijah Blanchard, A.M., do. Midd. 1822, do. Harv. 1820, D.D. Allegh. 1842	1852	71
*Micah Bradley	1815	33
*Moses Hazen Bradley, A.M.	1834	52
Joseph Buffum, A.M., M.C.		
Jacob Burbank		
*John Burnham, A.M.	1826	45
Josiah Parsons Cooke, A.M., do. Harv. 1810		
William Crawford, A.M.		
*Hercules Cushman, A.M.	1832	46
Timothy Farrar, A.M., LL.D. 1867, Judge C. C. P. N.H., Sec., Libr., Treas.		
Luther Fitch, A.M., Judge Mun. C. Me.		
*Josiah Forsaith	1846	65
*Abraham Seaver Fox	1810	24
*Oliver Greene	1810	28
Thomas Hardy, A.M.		
*Austin Hazen, A.M.	1854	68
*Amos Holbrook	1849	73
*Jonathan Hunt, A.M., M.C.	1832	45
*Joseph Hall Jackson	1856	68
*John Wilson Kimball, M.D. 1816	1868	82
*Amzi Lewis, A.M.	1817	35
*James Lewis	1845	60
*Isaac McGaw, A.M.	1863	78
*Henry Stearns Newcomb, A. B. Harv. 1808	1825	37
*Rejoice Newton, F. Am. S. A.	1868	85
*William Nutting	1863	84
*Edward Lutwyche Parker	1850	65
*Jabez Peck	1807	20
*Benjamin Ladd Prince, A.M.	1815	33
*Alpheus Roberts	1809	23
*Constant Storrs, A.M., do. Midd. 1810		
*SYLVANUS THAYER, A.M., do. Harv. 1825, LL.D. 1846, do. Harv. 1851, do. St. John's 1846, do. Keny. 1846, Sup't U. S. M. A., F. Am.Acad., Memb. Am. Phil. S.	1872	87
*Arad Thompson, M.D.,	1843	56
*George Ticknor, A.M., do. Harv. 1814, LL.D. 1858, do. Harv. 1850, do. Brown 1850, Prof. French and Span. Lang.		

	Died.	Age.
and Lit., and Bell. Lettr. Harv., F. Am. Acad., Memb. Am. Phil. S., do. Ms. Hist. S., F. S. A., Corr. Memb.R. Hist.S. Spain, Hon. Mem. Braz. Hist. and Geog. Inst.	1871	79
George Wheeler		
*Jacob Ripley Wheelock, A.M.	1841	51
*Benjamin White, A.M.	1814	32
	42—*33	

1808.

	Died.	Age.
*Amos Allen	1860	79
*Edmund Bailey	1836	48
*Ichabod Bartlett, A.M., M.C., Speaker Ho. Rep. N. H, Memb. N. H. Hist. S.	1853	67
*Jesse Bliss	1853	66
*John Boutwell, A.M.	1853	70
*Ichabod Rollins Chadbourne, A.M.	1855	68
*William Claggett, A.M.	1870	80
*Samuel Wood Colburn	1854	73
*Solomon Cummings, A.M., M. D. 1816	1866	79
Oliver Dustin		
*Moses Elliot	1849	74
*Stephen Emery	1864	77
*Warren Asa Field	1856	74
*Isaac Fletcher, A.M. Univ. Vt. 1825, M.C.	1842	57
George Grennell, A.M., LL.D. Amh. 1859, M.C., Judge Prob. Ms.		
*Nathaniel Kimball Hardy	1819	42
*Levi Heywood	1832	48
*Nathaniel Huntoon	1816	31
*Lawson Kingsbury, A.M.	1857	67
Andrew Mack, A.M., Tutor		
*Elihu Mason	1849	67
*Royal Augustus Merriam, M.B. 1811, M.D. 1820	1864	78
*Caleb Merrill, A.M.	1841	58
*James Morrison	1831	42
*George Newton	1817	32
*Samuel Osgood, A.M.	1832	42
*Leonard Moody Parker, A.M.	1854	65
Beaumont Parks, A.M. Midd. 1811, Prof. Lat. and Gr. Lang. Univ. Ind.		
Stephen Porter		
*Alexander Read, M.B. 1811, M.D. Yale 1816	1849	63
*Benjamin Sawyer	1871	89

	Died.	Age.
*Charles Smith, do. Harv. 1808	1830	42
*Nathaniel Ruggles Smith, A.B. Harv. 1808	1859	77
*Amos Spaulding	1864	76
*Ruggles Sylvester, A.M., M.B. 1811	1834	57
*William Tenney	1838	53
*John Walker, A.M.	1868	83
*John Wallace	1826	35
*Reuben Washburn, A.M., do. Harv. 1816	1860	78
*Samuel Cummings Webster, A.M.	1825	47

40—*35

1809.

	Died.	Age.
*Hastings R. Bender	1856	75
*William Bradbury	1859	75
*John Brown, A.M., D.D. Union 1827, Tutor	1839	52
*Horatio Buell	1833	46
*John Francis, A.M.	1843	58
*James Hadley, A.M., M.D. Fairf. Med. Coll. 1818, Prof. Chem. and Mat. Med. Fairf. Med. Coll., Prof. Chem. Min. and Geol. Ham., Prof. Chem. and Pharm. Genev., do. Emeritus	1869	84
*Jonathan Hartwell, A.M.	1857	73
*John Keyes, A.M.	1844	57
*George Kimball	1858	
*William Lomax	1834	52
*Stephen Harriman Long, A.M., Memb. Am. Phil. S., do. Phila. Acad. Nat. Sc., do. Phila. Lyc. Nat. Hist., F. Md. Acad. Sc. and Lit.	1864	79
Nathaniel Low, A.M., M.D. 1813		
*Rufus McIntire, M.C.	1866	82
*Nathaniel Merrill	1839	56
*David Mighill, A.M., M.D. 1850	1851	64
Ira Allen Partridge		
*Joseph Prentiss		
*Israel Warburton Putnam, A.M., D.D. 1853, Trustee	1868	81
*John Richards	1830	42
*Franklin Ripley, A.M. Amh. 1833, Judge Prob. Ms.	1860	71
John Smith Sage		
*Eli Smith	1839	52
*Alphonso Converse Stuart	1819	

	Died.	Age.
*Charles Jesse Stuart	1837	48
*Joseph Jacob Sylvester	1837	51
Oliver Swaine Taylor, A.M., M.D. 1813		
*Henry Thorndike	1831	50
*Barna Tisdale	1860	72
*Elias Weld	1813	
*Asa Waldo Wildes, A.M.	1857	71
*David Willard	1855	66
*Levi Woodbury, A.M., LL.D. 1823, do. Wesl. 1843, Judge Sup. C. N. H., Speaker Ho. Rep. N. H., Gov. N. H., U. S. Sen., Sec. Treas. U. S., Sec. Navy U. S., Assoc. Just. Sup. C. U.S., Trustee, Memb. N. H. Hist. S.	1851	61
*George Talcott Wright	1859	64
*Joel Wright	1859	75

34—*30

1810.

	Died.	Age.
*Charles Goldthwait Adams, A.M., do. Harv. 1816, M.D. Harv. 1816	1859	63
*Seth Cogswell Baldwin, Judge C. C. P. N. Y.	1848	55
Joshua Barrett		
*David Chassell, A.M., D.D. Union 1847	1870	82
*Daniel Chute	1859	72
*Henry Crosby		
*Joseph Fairbanks	1814	26
*Samuel Fletcher, A.M., Trustee, Memb. N. H. Hist. S.	1858	73
*Asa Freeman, A.M., Memb. N. H. Hist. S.	1867	79
*Jacob Hawkes, A.M.	1828	51
*Russell Jarvis	1853	63
*Leonard Jewett	1862	74
Asa Keyes, A.M.		
*Richard Kimball, A.M.	1842	53
*John Flint Livermore	1812	25
*Theodore Lyman	1812	22
*James Lynde	1834	43
Joel Mann, A.M., do. Brown 1816		
*Moses Merrill, A.M., do. Bowd. 1815		
*Moses Moody	1862	
*Ebenezer Morse, A.M., M.D. 1813	1863	78
*Levi Newcomb	1810	20
*Grant Powers, A.M.	1841	56
*John Scott	1825	36

GRADUATES.

	Died.	Age.
*Moses Stevens, A.M.	1841	50
*Willard Thayer	1832	46
*Daniel Wells, A.M., LL.D. W'ms 1845, Chief Just. C. C. P. Ms.	1854	63
*John Wilde	1832	42

28—*26

1811.

	Died.	Age.
*William Ainsworth, A.M.	1842	49
*Jacob Allen, A.M.	1856	74
*Abraham Andrews, A.M.	1869	82
*Lemuel Hastings Arnold, A.M., M.C., Gov. R. I.	1852	60
*Joseph Bailey	1843	59
*Israel Balch	1858	69
*James Bradford	1858	72
*Alexander Stearns Campbell, A.B. 1812, Judge Prob. Vt.	1867	77
*Nathaniel Hazeltine Carter, A.M., Corr. Memb. N. H. Hist. S.	1830	42
*Caleb Chase, A.M.	1850	67
*Nomlas Cobb, A.M.	1838	48
*Francis Cogswell	1812	25
*William Cogswell, A.M., do. Harv. 1816, do. Brown 1816, D.D. W'ms 1833, Prof. Hist. and Nat. Edu., Prof. Theol. and Pres. Gilm. Theol. Sem., Corr. Memb. N. Y. Hist. S., F. Am. S. A., Memb. N. H. Hist. S.	1850	62
*Joshua Converse, A.B. 1812	1833	47
*Amasa Copp	1871	83
*Robert Crowell, D.D. 1850	1855	67
*Jonathan Curtis, A.M., Tutor	1861	74
*Joseph Wait Curtis	1857	66
*Bezaleel Cushman, A.B. Bowd. 1812, A.M.	1859	71
*Jonas Cutter, A.M., M.D. Yale 1814	1820	29
Josiah Danforth, A.M.		
*Benjamin Darling	1824	36
*Jonathan Fowle, A.M.	1829	38
*Thomas Champney Gardner	1819	30
*Dominicus Goodwin, A.M.	1814	23
James Scammon Goodwin, A.M., M.D. 1814		
*William Gordon, A.M.	1835	52
*Charles Green, Judge Prob. Ms.	1852	56
*David Aiken Gregg	1866	78

	Died.	Age.
*Luke Howe, A.M., M.D. 1818, Memb. and Pres. N. H. Med. S.	1841	54
*Amos Kendall, LL.D. 1849, Post-M. Gen. U. S.	1869	80
*Charles Lewis, A.M.	1865	80
*Valentine Little	1852	62
Stephen Webster Marston, A.M., Just. Pol. C. Ms.		
*Samuel Morse, A.M.	1865	80
*Benjamin Niles, A.M. Yale 1815	1828	40
Joel Parker, A.M., LL.D. 1837, do. Harv. 1848, Judge and Chief Just. Sup. C. N. H., Prof. Med. Jurisp., Prof. Law, Trustee, Royall Prof. Law Harv. Coll., Prof. Med. Jurisp. N. Y. Med. Coll., Memb. N. H. Hist. S., F. Am. Acad.		
*Joseph Perry, A.M.	1865	76
David Pierce, A.M.		
*Moses Pillsbury	1832	43
*Daniel Poor, A.M., D.D. 1835, Pres. Batticotta Coll. Ceylon	1855	65
*Daniel Rockwood	1821	33
Ether Shepley, A.M., LL.D. 1845, do. Wat. 1842, U. S. Sen., Chief Just. Sup. C. Me.		
*John Hancock Slack, A.M.	1857	68
*Weare Tappan, A.M.	1868	77
*Calvin Waite, A.M., do. Yale 1816		
Elisha Fuller Wallace, A.B. Yale 1812		
*Edmund Wellington	1860	77
*Hosea Wheeler, A.M.	1823	31
*Solomon Smith Whipple, A.M.	1840	50
*Justice Willard	1864	74
*Theophilus Wilson, A.M., M.D. 1813	1815	30
*Samuel Woodbury, A.M.	1819	34
Nathaniel Wright, A.M., LL.D. 1857		
*William Ziegler, A.M.	1819	28

55—*47

1812.

	Died.	Age.
*James Bartlett, A.M., Memb. N. H. Hist. S.	1837	44
*Abishai Benson	1826	39
*John Bixby	1865	75
*John Blanchard, M.C.	1849	61

20   DARTMOUTH TRIENNIAL.   [1873.

	Died.	Age.
*Samuel Blood	1860	
*DANIEL BRECK, A.M., LL.D. Univ. Trans. 1843, Judge Sup. C. Ky., M.C.	1871	
*Samuel Clark	1859	68
*Lucas Eastman	1847	56
*Thomas Fessenden, Memb. N. Y. Hist. S.	1856	66
*Benjamin Frederick French, A.M.	1853	61
*Noah Hardy	1850	65
*Thomas Hardy	1864	79
*Asa Hazen, A.M.	1866	73
*Benjamin Franklin Heywood, M.D. Yale 1815	1869	75
*Daniel Hough	1869	82
*Isaac McConihe, A.M., LL.D. Racine Coll. 1859, Judge C. C. N. Y., Memb. N. Y. Hist. S.	1867	80
*James Merrill	1841	51
*Thomas Jewett Murdock, A.M., Tutor	1826	36
*Henry Hervey Orne	1861	75
Isaac Patterson		
Edward Cambridge Reed, M.C.		
Jabez Sargent, A.M.		
*Thomas Coleman Searle	1821	34
*Henry Slade	1854	67
Jason Steele, A.M.		
*Augustus Storrs	1850	59
*Hart Talcott, A.M. Yale 1817	1836	48
*John Whipple, A.M.	1857	68
*Edwin Atlee White	1818	24
*Samuel White, A.M.	1864	72
*James McKeen Wilkins, A.M.	1855	70
Henry Jonathan Williams, Memb. Am. Phil. S.		
	32—*27	

1813.

	Died.	Age.
*James Adams	1817	31
Daniel Austin, A.M., do. Harv. 1827		
*RUFUS WILLIAM BAILEY, A.M., Tutor, D.D. Hamp. Syd. 1859, Prof. Lat. and Gr. Lang. Aust. Coll. Tex., Prof. Int. and Mor. Phil., and Pres. Aust. Coll. Tex.	1863	70
*Henry Bond, A.M., M.D. 1817, F. Phila. Med. Coll., F. Phila. Acad. Nat. Sc., F. Am. S. A., Memb. Ms. Hist. S., do. N. Y. Hist. S., do. Wisc. Hist. S., do. Md. Hist. S., Tutor	1859	69
*James Burnside	1814	20
*Abiel Carter, A.M.	1827	36
*James Chute	1835	47
*Augustus Cooledge	1821	32
*Daniel Cram	1814	20
*Frederick Cushing, M.D. Harv. 1817	1847	55
*Austin Dickinson, A.M. Union 1826	1849	58
*James Dinsmore	1872	82
Thomas Mackay Edwards, A.M., M.C.		
*Daniel Elliot, A.M.	1868	75
Ebenezer Everett, A.M.		
*BENJAMIN FRANKLIN FARNSWORTH, A.M., D.D., Pres. Georg. Coll. Ky., do. Union Univ. Tenn., do. Louisv. Coll. Inst., do. Memph. Univ.	1851	57
*Samuel Farnsworth, A.M. M.D. 1816	1842	50
*Joseph Barlow Felt, A.M., LL.D. 1856, Libr. Mass. Hist. S., Memb. and Corr. Memb. N. H. Hist. S., do. N. Y. Hist. S., do. Ms. Hist. S., F. Am. S. A.	1869	79
*Charles Fox, A.M., do. Harv. 1825, M.D.	1864	70
*Augustus Greele, A.M.	1843	35
*Benjamin Greenleaf, A.M.	1864	78
*Hutchins Hapgood	1828	35
*Levi Hartshorn	1819	30
*Charles Johnston	1866	77
*Ebenezer Smith Kelley	1829	35
*Jonathan Kittredge, LL.D. 1858	1864	70
Allen Latham		
*Benjamin Green Leonard	1845	51
*Alexander Lovell, A.M.	1855	68
*Charles Marsh, A.M.	1817	26
*John Nichols	1824	34
*Timothy Parkhurst	1868	75
Elisha Backus Perkins		
*Peter Robinson	1841	50
David Smith, Judge C. C. P. Ohio		
*Samuel Mason Smith	1813	18
*Experience Porter Storrs	1829	25
*Joseph Wardwell	1814	35
*Samuel Wells, A.M., Yale 1820	1864	71

GRADUATES.

	Died.	Age
*William White, A.M., Tutor	1826	38
*Frederick Wood	1864	72
*Charles Woodman, Speaker Ho. Rep. N. H.	1822	30

42—*36

1814.

	Died.	Age
Thomas Adams, D.D. 1872		
*Joseph Priestly Allen, A.M. W'ms 1822	1838	43
*John Anderson	1818	29
Edmund Westroop Armstrong, M.D. 1818		
*Ninian Clark Betton	1856	68
Silas Biglow		
*Charles Henry Bruce, A.B. Harv. 1815	1817	25
*Ebenezer Bowditch Caldwell, A.M.	1819	27
*Thomas Fuller Chapman	1826	32
*Alexander Ralston Chase	1847	52
Horace Chase, Judge Prob. N. H.		
*Warren Day	1864	74
*Samuel Dinsmoor, A.M., LL.D. 1851. Gov. N. H., Trustee	1869	69
*Samuel Emerson	1872	80
Allen Fisk, A.M.		
Oliver Fletcher, A.M.		
*Moses Hall	1840	47
Horace Hatch, A.M., M.D. 1817		
*Humphrey Hobson, do. Harv. 1814	1849	59
*Joshua Holt	1848	60
*John Williams Hubbard	1825	31
George Kent, A.M., Memb. N. H. Hist. S., Trustee		
*Charles Johnson Leverett	1815	22
*Jonathan Mason	1850	63
*Joseph Merrill	1856	68
*Joseph Myrick	1848	61
Rufus Nutting, A.M., Prof. Lat. and Gr. Lang. W. Res. Coll.		
*Ebenezer Perkins, A.M.	1861	67
*Jonathan Silsby, M.D. 1815	1831	43
*Jesse Smith, A.M. M.D., do. Harv. 1819, Lect. Anat., Prof. Anat. and Surg. Med. Coll. Ohio.	1833	49

	Died.	Age
*Thaddeus Stevens, LL.D. Jeff. Coll. 1849, do. Univ. Vt. 1867, M.C.	1868	75
Joseph Tracy, A.M., D.D. Univ. Vt. 1859		
*Samuel Israel Wells, A.M.		

33—*23

1815.

	Died.	Age
Leonard Adams, A.M. Union 1818		
David Agry, Judge Co. C. Wisc.		
*Richard Bartlett	1837	43
*Dan Blodgett	1855	67
*Elderkin Jedediah Boardman, A.M.	1864	73
*Amos Wood Burnham, D.D. 1858	1871	80
*William Burton, A.M.	1858	68
Maurice Carey, A.M.		
Daniel Miltimore Christie A.M., LL.D. 1857		
*Abel Conant	1836	43
*John Davis	1830	44
*Joseph Estabrook, A.M. W'ms 1829, Prof. Lat. and Gr. Lang. Amh. Coll., Pres. E. Tenn. Coll.	1855	61
*Alfred Finney, A.M.	1829	39
*John Fletcher	1862	71
*Elisha Glidden	1835	45
*James Heard Harris	1816	21
*Caleb Hobart, A.M.	1859	65
*Elisha Huntington, M.D. Yale 1823, Lt. Gov. Ms.	1865	69
*John Saunders Lang, A.M.	1839	46
Enos Wood Newton		
*William Orr, A.M. Yale 1818	1828	38
*Alfred Washington Pike	1860	69
*Joseph Searle	1841	52
Levi Spaulding, A.M., D.D. 1864		
*Thomas Sparhawk	1839	47
David Steele		
Richard Steele, A.M., M.D. 1825		
*Otis Crosby Whiton, A.M.	1845	51
*Thomas Williams, M.D. 1818	1859	71
*Amos Wood	1865	72
*Henry Woodward	1834	37

31—*23

1816.

	Died.	Age.
Lawson Carter, A.M.		
*Samuel Cartland, A.M., Pres. Sen. N. H., Judge Prob. N. H.	1852	58
*Mellen Chamberlain	1839	43
*William Arms Chapin	1850	59
Elijah Demond		
Benjamin Emerson		
*Epaphras Goodman, A.M. Yale 1819	1862	72
*CHARLES BRICKET HADDOCK, A.M., LL.D. Bowd. 1843, Prof. Rhet., Prof. Int. Phil. and Pol. Econ., Libr., U. S. Min. Portugal, Memb. N. H. Hist. S.	1861	64
*JOHN HUBBARD, M.D. Univ. Penn. 1822, LL.D. Wat. 1851, Gov. Me.	1869	75
*Stephen Moody	1823	29
*David Lowell Nichols	1829	35
*Absalom Peters, A.M., D.D. Midd. 1833, Prof. Sac. Rhet. Union, Theol. Sem. N.Y., F. R. S. Nor. Ant. the Hague	1869	75
John Powers Richardson		
*John Rogers, A.M., M.D. 1819	1830	42
*Nathaniel Peabody Rogers, A.M.	1846	52
*Addison Searle, A.B. Harv. 1818, A.M. Harv. 1820	1850	58
*George Abel Simmons, A.M., LL.D. 1852, M.C.	1857	66
Francis Peter Smith		
*Zebina Smith	1831	39
*JOSEPH TORREY, A.M., D.D. Harv. 1850, Prof. Lat. and Gr. Lang. Univ. Vt., Prof. Int. and Moral Phil. and Pres. Univ. Vt., F. Am. Acad.	1867	70
*JOHN WHEELER, A.M., D.D. Union 1834, Trustee, Pres. Univ. Vt.	1862	64
Allen White		
*Charles White	1817	
John Wilcox		

24—*17

1817.

John Frink Adams, A.M.		
*Silas Blaisdale	1861	71
*John Boardman	1841	46

	Died.	Age.
Martin Brainerd		
*Abel Caldwell	1861	66
*Carlton Chase, A.M., D.D. Univ. Vt. 1839, Bp. N. H., Corr. Memb. N. H. Hist. S.	1870	76
*Elias Cobb	1848	57
*Joshua Coffin, 1823, A.M.	1864	71
*JONATHAN PETER CUSHING, A.M., Prof. Chem. and Nat. Phil. and Pres. Hamp. Syd. Coll., Memb. Am. Phil. S.	1835	42
*Henry Weld Fuller Davis	1822	21
*Benjamin Dorr, A.M., D.D. Univ. Pa. 1838	1869	73
Thomas Wilson Duncan		
*John Dunklee	1869	76
Amasa Edes, A.M.		
*Jeremiah Elkins, A.M., do. Bowd. 1820, Memb. N. H. Hist. S.	1854	58
*Nathan Welby Fiske, A.M., Tutor, Prof. Lat. and Gr. Lang. Amh. Coll., Prof. Gr. Lang. and Bell. Lettr. and Prof. Mor. Phil. and Met. Amh. Coll.	1847	49
*Horace Fletcher, A.M., D.D. Mad. Univ. 1860	1871	75
*William Goodell, A.M., D.D. Ham. 1854, do. Rutg. 1854	1867	75
*Adam Gordon, A.M., LL.B. Harv. 1825	1861	68
*Charles Frederick Gove, LL.B. Harv. 1820, Pres. Sen. N. H., Judge C. C. P. N. H.	1856	63
*Jacob Howe, A.M.	1840	43
*Benjamin Huntoon, A.M.	1864	71
*JAMES MARSH, A.M., D.D. Columb. 1830, do. Amh. 1833, Tutor, Prof. Lang. Hamp. Syd. Coll., Prof. Mor. and Ment. Phil. and Pres. Univ. Vt.	1842	47
*David Page	1855	65
Truman Perrin, A.M.		
Henry Safford		
*Ichabod Sargent, M.D. Med. Coll. Ohio	1850	
*Michael Bartlett Sargent, A.M.	1830	33
Jacob Scales, A.M.		
*Marshall Shedd, A.M.	1872	85
*Henry Smith	1860	69
John Worthington Smith		
*Lemuel Smith, A.M.	1830	34

	Died.	Age.
*Lyndon Arnold Smith, A.M., do. Coll. N. J. 1842, M.D. 1823, do. W'ms 1824, Memb. and Pres. N. J. Med. S.	1865	70
*Daniel Temple Zebina Thayer	1851	61
*Francis Vose, A.M.	1851	62
*Artemas Wheeler, A.M.	1822	26
*Moses Whitney	1860	70
*Leonard Wilcox, Judge Sup. C. N. H., Just. C. C. P. N. H., U. S. Sen.	1850	51
*Benjamin Woodbury, A.M.	1845	53
*Ebenezer Woodward, A.M., M.D. Harv. 1823	1869	71

42—*33

1818.

	Died.	Age.
*Weston Bela Adams, A.M., Tutor	1841	46
*Samuel Haraden Archer, A.M.	1838	40
Elijah Boardman, M.D. 1831		
*Samuel Cleaveland Bradford	1869	73
*George Bush, A.M., do. Coll. N.J. 1823, Tutor Coll. N. J., Prof. Heb. and Orient. Lit. Univ. N. Y.	1859	63
*William Chamberlain, A.M., Prof. Lat. and Gr. Lang. and Lit., Treas.	1830	33
*Amos Currier, M.D. Harv. 1823	1824	30
*David Woodburn Dickey, A.M.	1837	44
*Daniel Fitz, D.D. 1862	1869	74
*Joseph Fox	1820	23
Cyrus Pitt Grosvenor, A.M., LL.D. Cent. Free Coll. 1867, Pres. Cent. Free Coll.		
Joseph Haynes		
*George Stillman Hill, A.B. Harv. 1818	1858	64
*Carlton Hurd, D.D. 1855	1855	59
Thomas Jameson		
*Asa Mead, A.M.	1831	39
*Francis Norwood, A.M. Henry Kemble Oliver, A.B. Harv. 1818, A.M. Harv. 1862	1871	84
*Thomas Peverly	1829	32
*Ebenezer Poor	1868	72
*Urias Powers,	1870	78
*David Choate Proctor, A.M.	1865	71

	Died.	Age.
*James Shirley	1863	69
*Noah Smith	1830	36
*Thomas Cogswell Upham, A.M., D.D. Wesl. 1843, LL.D. Rutg. N. Y. 1870, Prof. Int. and Mor. Phil. and Heb. Bowd. Coll., Corr. Memb. N. H. Hist. S.	1872	73
*James White, A.M.	1870	78
*Saneca White	1865	69
*Silas Wilder, A.M.	1865	77

28—*23

1819.

	Died.	Age.
*John Aiken, A.M., Tutor, Libr., Trustee Wyatt Clark Boyden, M.D. 1826	1867	70
*Stephen Ingalls Bradstreet, A.M.	1837	42
*David Brunson, A.M., M.C.	1863	64
*Rufus Choate, A.M., Tutor, LL.D. 1845, do. Harv. 1845, do. Yale 1844, do. Amh. 1848, M.C., U. S. Sen., Memb. N. H. Hist. S., F. Am. Acad. Nathaniel Cogswell, A.M.	1859	60
*Jacob Cummings, A.M.	1866	73
*Calvin Cutler, A.M.	1844	52
*Hope Lathrop Dana, M.D. Univ. Vt. 1829	1841	46
*Francis Danforth, A.M.	1854	60
*Elijah Darling, M.D. 1825	1855	60
*Moses Frederick Davis	1822	19
Benjamin Waterman Dewey, A.M. Midd. 1822, do. M.D. Midd. 1822		
*William Townshend Heydock, A.M.	1835	37
*Orramel Strong Hinkley, A.M., Tutor, Prof. Lang. Greenv. Coll. Tenn., Prof. Lang. Oakl. Coll. Miss.	1837	39
*Henry True Kelley, A.M.	1840	46
*Jesse Kimball. M.D.	1835	41
*Lyndon Arnold Marsh, A.M., Trustee	1872	73
*Archelaus Fuller Putnam, A.M., M.D. 1822	1859	67
John Adams Richardson, A.M.		
*William Shedd, A.M.	1830	33
*Barnabas Gibson Tenney	1841	46
*Josiah Tracy Tilden	1820	25
*Ebenezer Carter Tracy, A.M., Tutor	1862	65

	Died.	Age.
*John Dwight Willard, A.M., LL.D. 1860, do. La Grange Univ. Ky. 1862, Tutor, Judge C. C. P.	1864	64

25—*21

1820.

	Died.	Age.
John Ball, A.M.		
*Thornton Betton	1841	41
Moses Chase, A.M. Midd. 1826		
Nathan Crosby, A.M., Judge. Pol. C. Ms.		
*Charles Lane Folsom	1829	30
David Goodwillie		
*Thomas Goodwillie, D.D. Westmin. 1865	1867	66
*Jacob Cram Goss	1860	66
*Nathan Hoskins	1869	76
*Thornton McGaw	1859	60
*Christopher Marsh, A.M.	1859	64
GEORGE PERKINS MARSH, A.M., LL.D. 1860, do. Newark Coll., do. Harv. 1859, F. R. S. Nor. Ant. the Hague, M.C., U. S. Min. Turkey, do. Greece, do. Italy, Memb. N. H. Hist. S., F. Am. Acad., Memb. Am. Phil. S., F. Nat. Acad. Sc.		
GEORGE WASHINGTON NESMITH, LL.D. 1871, Judge Sup. Jud. C. N. H., Trustee		
*Jasper Newton	1821	23
*William Watson Niles, A.M.	1854	57
*James Underwood Parker, A.M., Pres. Sen. N. H.	1871	74
*Joseph Porter	1829	33
*George Richardson	1829	33
*William Sargent Rogers	1823	25
*Marshall Southard, A.M.	1857	61
William Coombs Thompson		
*NATHANIEL GOOKIN UPHAM, A.M., LL.D. 1862, Just. Sup. Jud. C. N. H., Memb. N. H. Hist. S.	1869	68
*Hezekiah Williams, A.M., M.C.	1856	58
*Luke Woodbury, A.M., Judge Prob. N. H.	1851	55

24—*16

1821.

	Died.	Age.
*Henry Adams	1854	57
*Zachariah Batchelder	1869	75
Caleb Burbank		
*Thomas Gilman Buswell, A.M.	1827	27
*William Chamberlain Carter	1828	25

	Died.	Age.
*Eber Child	1847	49
*Zenas Clapp	1837	41
*Abijah Cross	1856	62
*Joseph Bartlett Eastman, A.M. Univ. Vt. 1837	1864	60
Abner Flint		
*STEPHEN FOSTER, Prof., Lat. and Gr. Lang. and Pres. Coll. E. Tenn.	1835	36
*Thomas Sterne Fullerton	1868	66
*John Jameson	1870	72
*John Hazen Kimball	1858	62
Daniel Lancaster, A.M., Memb. N. H. Hist. S.		
*William McQuesten	1844	52
Samuel Marsh, A.M		
*David Merrill	1850	51
*William Jackson Moody	1856	60
*Stephen Morse	1855	61
*Samuel Russell	1835	36
*Levi Smith	1823	32
*William Lovell Walker	1869	70
*Joseph Storrs Washburn	1836	32
*CHARLES WHITE, A.M., D.D. Union 1841, Prof. Int. and Mor. Phil. and Pres. Wabash Coll.	1861	65
John Kimball Young, A.M., D.D. 1859		

26—*20

1822.

	Died.	Age.
Nathaniel Barker, A.M.		
*Samuel Barrett	1833	35
*James Bates	1866	66
*Benjamin Hatch Bridgman, M.D. 1826	1863	63
Edmund Carlton, A.M.		
William Clarke, D.D. 1871		
Francis Cogswell, A.M.		
*Amasa Converse, A.M., D.D. Miss. Coll. 1846	1872	76
Silas Durkee, M.D. Bowd. 1826, F. Am. Acad., Hon. Memb. N. Y. Med. S., do. Harv. S. Nat. Hist.		
*John Millot Ellis, A.M.	1855	62
*Seth Farnsworth, A.M.	1837	41
*Joseph Root Field	1828	33
*George Fitz, A.M.	1826	25
*Aaron Foster, A.M.	1870	76
Amos Foster, A.M.		
Asa Emerson Foster, A.M.		

1873.] GRADUATES. **25**

	Died. Age
George Freeman, A.M.	
Wakefield Gale, A. M.	
Charles Bishop Goodrich, A.M., LD.D. 1872	
Moses Gill Grosvenor	
*Aaron Hardy, A.M.	1826 30
Aaron Beede Hoyt	
*SAMUEL HURD, A.M., Pres. N. Miss. Coll.	1846 42
*Haynes Johnson, A.M.	1856 55
Albert Livingston Kelley	
John Kimball	
*Henry Willis Kinsman, A.M.	1859 56
*Samuel Salisbury Leverett, A.M.	1826 22
Jacob Little, A.M., D.D. Mariet. Coll. 1855	
Michael Lovell	
*Adams Moore, A.M., M.D. 1827, Tutor	1863 64
George Nelson, M.D. 1828	
IRA PERLEY, A.M., LL.D. 1852, Tutor, Treas., Judge and Chief Just. Sup. C. N. H.	
*George King Pomroy	1826 23
*Timothy Olcott Porter, M.D. 1832	1852 48
Isaac Rogers, A.M.	1872 77
John Sessions, A.M. Ham. 1826, .D.	
*Simeon Smith	1872 74
Cyrus Stone, A.M.	1867 74
Jeremiah Stow, A.M.	1832 36
Roswell Tenney, A.M.	
*Jonathan Ward	1826 25
*William Gordon Webster, A.M.	1839 38
Isaac Willey	
Henry Wood, A.M., D.D. Hamp. Syd. 1867, Prof. Lat. and Gr. Hamp. Syd. Coll., Memb. Hist. S. Jerusalem	
	45—*23

1823.

*Stephen Colby Badger, A.M.	1872 76
Simeon S. Bicknell, A.B. 1825, A.M. Univ. Vt. 1829	
*George Boardman	1825 25
*Abraham Brown, A.M.	1840 46
*John Chamberlain, A.M., Judge Prob. N. Y.	1866 63
*Samuel Wallace Clark	1847 51

	Died. Age
*Henry Clough	1824 23
*Sylvester Cochran, A.B. 1835	1860 63
Paul Couch	
JONAS CUTTING, A.M., LL.D. 1858, Judge Sup. C. Me.	
Samuel Delano, A.M., Trustee	
*Abiel Foster	1869 70
*Charles Gustavus Green, A.M., M.D. Yale 1826	1866 63
*Henry Greenleaf, A.M.	1832 35
*Thomas Hall, A.M. Univ. Vt. 1837	1859 61
*Bushrod Washington Hinckley	1870 67
*John Ingalls	1827 27
Merrick Augustus Jewett, D.D.	
*John Stocker Coffin Knowlton	1872 72
*Jonathan Knight Little	1825 27
*James Frisbie McEwen	1850 56
*RALPH METCALF, Gov. N. H., Trustee	1858 59
*Horace Bassett Morse	1825 21
*Charles Gustavus Murdock Osgood, A.M., M.D. 1826	1836 35
Jonathan Walter Dandolo Harlin Pillsbury, A.M., M.D. 1826	
*David Page Smith	1850 55
*Edwin Baxter Stevens	1825 24
William Wier Stickney, A.M., Judge Prob. N. H.	
Samuel Gilman Tenney	
*Orlando Gould Thatcher	1837 42
*Charles Walker, A.M.	1847 51
Cornelius Walker, A.M.	
*James Whittle, A.M.	1837 37
*Joseph Wheeler Woods	1827 27
	35—*25

1824.

Darwin Adams, A.M.	
*William Stickney Allen	1868 63
Richard Beebe, A.M.	
Jonathan Bliss	
*BENJAMIN WEST BONNEY, LL. D.1859, Judge Sup. C. N. Y., Trustee	1868 66
*Jonathan Burnet	1868 68
Oliver Carlton, A.M., Tutor	

26 DARTMOUTH TRIENNIAL. [1873.

	Died.	Age.
George Bowen Chandler, Judge Prob. Vt.		
Ephraim Weston Clark, A.M.		
Joel Eastman, A. M., Judge Prob. N. H., U. S. Dist. Att. N. H.		
Edwin Edgerton		
*Thomas Gilman Fletcher,	1839	39
*Ebenezer French	1868	67
Daniel Hopkins Gregg, A.M. Amh. 1827, M.D. Jeff. Med. Coll. 1828		
James Lawton Kimball, A.M.	1833	34
*Samuel Long, A.M., M.D. 1829	1857	54
Joseph Marsh		
*Charles Lee Martin	1868	66
*Cyrus Parker	1825	25
*Gilman Parker	1846	45
*Charles Hazen Peaslee, A.M., M.C., Memb. N. H. Hist. S.	1866	62
David Perry		
*Horace Hall Rolfe	1831	30
Cyrus Porter Smith		
*John Tenney	1853	52
*Chauncey Langdon Throop	1824	24
ABEL UNDERWOOD, Judge Sup. C. Vt.		
**Cranmore Wallace*	1860	57

28—*15

1825.

	Died.	Age.
*Silas Aiken, A.M., D.D. Univ. Vt. 1852, Trustee	1869	69
*George Chadwick, A.M., M.D. 1828	1843	41
*John Philbrick Doe	1829	23
John Franklin Emerson, A.M.		
Josiah W. Fairfield		
Mark Wentworth Fletcher		
*ROBERT REED HEATH, LL.D. 1870, Judge Sup. C. N. C.	1871	65
Caleb Sprague Henry, D.D. Genev., Prof. Int. Phil. Brist. Coll., Prof. Int .Phil. and Hist. and Bell. Lettr. Univ. N.Y.		
*Hale Atkinson Johnston, A.M.	1831	29
*Webster Kelley	1855	53
*Roger Newton Lambert, A.M., M.D. Harv. 1829	1836	37
**George Barney Manser*, A.M., D.D. Norw. Univ. 1853	1862	59
Abraham Marsh, A.M.		
*Edward Rufus Olcott, A.M.	1869	64
*John Kerr Patterson	1841	36

	Died.	Age.
**Josiah Pebaody*	1870	71
*Charles Pierce, A.M.	1852	47
ISAAC FLETCHER REDFIELD, A.M., do. Univ. Vt. 1835, LL.D. 1855, do. Trin. Coll. 1849, Prof. Med. Jurisp., Judge and Chief Just. Sup. C. Vt.		
*Joseph Robinson, A.M.	1873	75
Albert Smith, M.D. 1833, LL.D. 1870, Lect. and Prof. Mat. Med. and Therap., Memb. and Pres. N. H. Med. S.		
Bezaleel Smith, A.M.		
Horace Utley Soper		
Thomas Tenney, A.M.		
Milton Ward, A.M., M.D. 1829		
*ANDREW SALTER WOODS, LL.D. 1852, Judge and Chief Just. Sup. Jud. C. N. H., Memb. N. H. Hist. S.	1863	60
*Leonard Worcester, A.M.	1835	36

26—*15

1826.

	Died.	Age.
*Edward Parker Alden	1833	28
*EBENEZER ALLEN, Att. Gen. Repub. Texas	1863	67
Constantine Blodgett, A.M., D.D. 1860		
*Isaac Boyd, M.D. Bowd. 1829	1844	43
Samuel Adams Burns		
*Samuel Augustus Chandler	1855	49
*SALMON PORTLAND CHASE, LL.D. 1855, Gov. Ohio, U. S. Sen., Sec. Treas. U. S., Chief Just. Sup. C. U. S.	1873	65
Horatio Gates Cilley, A.M.		
**William Claggett*	1870	74
Rufus Claggett, A.M. Brown 1829		
Ansel Russell Clark		
*Francis Cogswell, A.M., M.D.	1861	58
William Elliott		
Charles Milton Emerson		
**John S. Emerson*, M.D. 1860	1867	67
Allen Gannett		
*Edward Pratt Harris, A.M.	1868	65
**William Heath*, A.M.	1869	70
Solyman Heath		
**Osgood Herrick*	1837	37
Isaac Hosford		
Spofford Dodge Jewett, A.M.		

GRADUATES.

	Died.	Age.
John Kendrick, A.M., LL.D. 1870, Prof. Int. and Mor. Phil. and Prof. Rhet. Gr. and Log. Keny. Coll., Prof. Lat. Pol. Econ. and Engl. Lit. Mariett. Coll.		
Caleb Kimball		
*Moses Kimball	1868	69
Henry Little, D.D. Wabash 1867		
Cutting Marsh		
George Punchard, A.M., Memb. N. H. Hist. S.		
*Jeremiah Russell	1860	60
Charles Shedd, A.M.		
Henry Shedd		
Frederick Smith		
*James Wilson Ward, A.M.	1873	69
*Thomas Broadhead Waterman	1842	33
*William Pickering Weeks, Pres. Sen. N. H., Memb. N. H. Hist. S.	1870	67
*James Wheelock Woodward	1864	58

36—*17

1827.

	Died.	Age.
*James Church Alvord, A.M., M.C.	1839	31
Benjamin Gordon Baldwin		
Levi Bartlett, M.D. 1837		
*John Batchelder	1867	65
Thomas Bellows		
*Abner Pride Bigelow	1842	47
Daniel Blaisdell, A.M., Treas.		
*William Boyden	1833	25
*James Morris Chase, A.M., Prof. Lat. and Gr. Lang. Mc Donough Coll.	1865	64
*Charles Dexter Cleaveland, A.B. Harv. 1827, A.M., LL.D. Univ. Ingh. 1861, do. Univ. N. Y. 1866, Prof. Lat. and Gr. Lang. and Lit. Dick. Coll., Prof. Lat. Lang. and Lit. Univ. N. Y.	1869	66
John Kendrick Converse, A.M.		
Alpheus Crosby, A.M., Tutor, Prof. Lat. and Gr. Lang. and Lit., Prof. Gr. Lang. and Lit., do. Emeritus		
Joseph Addison Eastman		
*Eli French, A.B. 1828, A.M.	1868	67

	Died.	Age.
*Thomas Child Hale	1842	40
*Charles Hopkins, A.M,	1864	58
Samuel Hopkins, A.M.		
*Hamilton Hutchins, A.M.	1851	45
Elisha Jenney		
Edwin Jennison, A.M.		
Adams Jewett, A.M., M.D. 1856, do. Paris		
Alfred Kittredge		
*Charles Herbert Little	1836	31
*Leonard Marsh, A.M. Univ. Vt. 1847, M.D. 1852, Prof. Lat. and Gr. and Prof. Nat. Hist. and Phys. Univ. Vt.	1870	70
*William Olcott	1851	44
*George Paine	1836	29
*William Parker, A.M. Union 1841	1865	62
*Abel Patten	1864	58
*Eliphalet Pearson, A.M.	1870	67
*David Pillsbury	1862	60
Lyman Lewis Rix		
*Charles Gilman Safford, M.D. 1840	1847	42
Forrest Shepherd, A.B. Yale 1827, A. M. W.;Res., Prof. Geol. and Agr. Chem. W. Res. Coll., F.[Ct. Acad.		
*Samuel Smith	1837	30
*Stephen Stark	1855	52
Sewall Tenney, A.M., D.D. Bowd. 1861		
*Jonathan Reynolds Thompson, M. D. 1832	1869	70
Erastus Chase Torrey, M.D. Bowd. 1830		
*David Everett Wheeler,	1870	65
*Jonathan Fox Worcester, A.M., M.D. Harv. 1832	1869	63

40—*23

1828.

William Bement, A.M.
Daniel Cole Blood
William Thurston Boutwell
Oliver Phelps Chandler
* Charles Backus Dana, A.M., D.D. Mt. Hope Coll., Prof. Rhet. Mt. Hope Coll. — 1873 67
William Coombs Dana, A.M, D.D. Charlest. 1870
*Nathan Thompson Dow, A.M.
Nathaniel Smith Folsom, Prof. Sac. Lit. W. Res. Coll., Prof. Bibl. Lit. and Herm. Meadv. Theol. Sem.

	Died.	Age.
Isaac Foster, A.M.		
*George Gordon Gallup	1862	56
Edmund Garland		
Elbridge Flagg Greenough		
*Jeremiah Jay Greenough, A.M.	1860	52
Jarvis Gregg, A.M., Tutor, Prof. Math. and Phys. and Prof. Hom. and Past. Theol. W. Res. Coll.	1836	27
Sherman Hall		
George Wallis Haven		
Robert Hogge		
Edmund Otis Hovey, A.M., D.D. 1869, Prof. Rhet. and Prof Chem. and Geol. Wab. Coll.		
MILO PARKER JEWETT, A.M., LL.D. Univ. Roch. 1861, Prof. Rhet. and Pol. Econ. Mariett. Coll., Pres. Vass. Coll.		
*Osgood Johnson, A.M.	1837	33
Charles Baker Kittredge		
BENJAMIN LABAREE, A.M., D.D. Univ. Vt. 1841, LL.D. 1864, Prof. Anc. Lang. and Pres. Jacks. Coll., Pres. Midd. Coll.		
Clemens Long, A.M., D.D. 1849, LL.D. W. Res. 1860, Lect. and Prof. Int. Phil. and Pol. Econ., Prof. Int. and Mor. Phil. and Prof. Theol. W. Res. Coll., Prof. Theol. Aub. Theol. Sem.	1861	54
*Charles Chapman Marsh		
Caleb Mills, A.M., LL.D. Frankl., Prof. Gr. Wab. Coll.		
*George Minot	1861	54
Edward Mitchell		
*Moses Norris, Speaker Ho. Rep. N. H., M.C., U. S. Sen.	1855	55
*Frederick Parker	1834	34
David Peabody, A.M., Prof. Orat. and Bell. Lettr.	1839	34
Daniel Perley, M.D 1831		
John Bronson Richardson		
Charles Sabin		
Thomas Sparhawk, M.D. Harv. 1833		
Samuel Swasey, Speaker Ho. Rep. N. H.		
Charles Edward Thompson		
John Adams Vinton, A.M.		
*Morris Edward White	1861	58

	Died.	Age.
WILLIAM GUSTAVUS WOODWARD, Judge Sup. C. Ia.		
*Ira Young, A.M., Tutor, Prof. Math. and Nat. Phil., Prof. Nat. Phil. and Astron.	1858	57

40—*13

1829.

	Died.	Age.
Diarca Howe Allen, A.M., D.D. Mariett. 1848, Prof. Math. and Prof. Nat. Phil. and Prof. Rhet. and Pol. Econ. Mariett. Coll., Prof. Sac. Rhet. and Theol. Lane Theol. Sem.	1870	65
*Alonzo Andrews, A.M.	1859	57
*George Washington Brown	1863	55
*Charles Guilford Burnham, A.M.	1866	62
Moody Chase, A.M.		
*Peter Clark	1841	41
IRA ALLEN EASTMAN, LL.D. 1858, M.C., Speaker Ho. Rep. N.H., Just. C. C. P. N. H., Judge Sup. Jud. C. N. H., Trustee		
Albert Mirabeau Edgerton	1839	32
Charles Franklin Elliot, A.M., M.D. 1834		
*James Morris Evarts	1845	34
*Joseph Mills Glidden	1865	57
*Moses Greenleaf Hazeltine, M.D.	1863	55
*Albert Gallatin Hoit, A.M.	1856	47
ROGER STRONG HOWARD, A.M., D.D. 1868, Pres. Norw. Univ.		
Charles Currier Ingalls, M.D. Harv. 1833		
*Haven Ladd	1829	20
Arthur Livermore, A.M.		
Royal Mann		
Kendrick Metcalf, D.D. Columb. 1850, Prof. Gr. and Lat. Lang. and Lit. Hobart Free Coll.	1872	67
Calvin Morrill		
*Charles Grandison Parsons, A.M., M.D. Columb. 1832	1844	36
*Moses Paul Payson	1854	47
*Jacob Hooke Quimby, Prof. Lat. and Gr. St. Mary's Coll. Md.	1838	31
Hamilton Smith		
*Hannibal Stone	1832	28
Moses Stone		
*David Stowell	1854	49

1873.]   GRADUATES.   29

	Died.Age.
Moses McCure Strong	
James Sullivan	
Ira Tracy, A.M.	
*Silas Call Walker	1858
Nathaniel Wilson	
Charles William Woodman,	
Judge C. C. P. N. H.	
	33--*18

1830.

	Died.Age.
David Aiken,	
Judge C. C. P. Ms.	
Jacob Batchelder	
John R. Bridgman	
*William Chadwick	1843 36
Loammi Sewall Coburn,	
Prof. Lat. and Gr. Norw. Univ.	
*Freeman Converse, A.M.	1847
William Henry Duncan, A.M.	
Daniel Hopkins Emerson,	
D.D. 1869	
James Woodward Emery	
Warren Demman Gookin	
William Henry Green	
Joseph Denison Hatch	
Erastus Hopkins, A.M.	1872 62
Lewis Flanders Laine	
George Livermore	
Stephen Noyes Manning, A.M.	
Gouverneur Morris	
Peabody Atkinson Morse	
JOHN BARRON NILES,	
Judge Cir. C. Ind., Prof. Chem.	
La Porte Univ.	
Gilman Noyes, A.M.	
John Humphrey Noyes	
Charles Lewis Putnam	
*William Richmond, A.M.	1838 34
Asa Dodge Smith, A.M.,	
D.D. W'ms 1849, LL.D. Univ.	
N. Y. 1864, Trustee, Pres.	
*Oliver Marsh Smith	1842 38
Samuel Hubbard Stevens	
John Henderson Symmes, A.M.	
Charles Cotesworth Webster, A.M.	
Charles March Weeks, A.M.,	
M.D. Bowd. 1833	
Evarts Worcester, A.M.,	
Tutor	1836 29
Austin Hazen Wright, A.M.,	
M.D. Univ. Va.	1865 53
	31--*7

1831.

	Died.Age.
*Ebenezer Adams, A.M.	1837 24
Seth Lathrop Andrews, M.D.	
Frederick Augustus Barton, A.M.	
Samuel Gilman Brown, A.M., D.D. Columb. 1853, LL.D. 1868, Memb. N.H. Hist. S., F. Am. Acad., Prof. Orat. and Bell. Lettr., Prof. Int. Phil. and Pol. Econ., Pres. Ham. Coll.	
John Langdon Carlton	
Sullivan Caverno,	
Just. Pol. C. N. Y.	
*Horatio Gates Ford Corliss	1870 64
Benjamin Ela	
Moses Hall Fitts	
Walter Powers Flanders	
*Charles James Fox, Memb. N. H. Hist. S.	1846 35
William Pickering Haines, Trustee	
John Lord Hayes, A.M.	
William Henry Hoyt, A.M.	
*Elbridge Hosmer, A.M.	1852 45
William Chamberlain Jackson	
Jesse Page, A.M.	
*Benjamin Rush Palmer, M.D. Midd. 1834, do. W'ms 1843, Prof. Anat.and Phys.and Pres. Vt. Med. Coll., Prof. Anat. and Phys. Berks. Med. Int., do. Louisv. Med. Coll.	1865 52
*George Porter, A.M.	1849 35
*Chandler Eastman Potter, Memb. and Pres. N. H. Hist. S., Judge Pol. C. N. H.	1868 61
Daniel Ford Richardson, A.M., Prof. Lat. and Gr. Wake For. Coll.	
*Alfred Rundlett	1851 42
John Ellery Tyler	
*Moses Webster Walker	1848 28
John Hammond Webster	
William Chaplin Willard	
George Henry Woodward, A.M. Coll. N. J. 1840	
George Wheelock Woodward	
	28--*8

1832.

	Died.Age.
*John Vose Bean, A.M.	1861 53
*John George Britton, A.M.	1854 38

DARTMOUTH TRIENNIAL. [1873.

	Died.	Age.
Amos Brown, A.M. LL.D. Hob. Free Coll. 1858		
*Stephen Chase, A.M., Tutor, Prof. Math.	1851	37
Richard Manning Chipman		
*Daniel Atkinson Clark	1839	26
* William Cushman Clark, A.M., Tutor W. Res. Coll.	1870	61
*John Lewis Clark	1854	42
*William Cogswell Clarke, A.M., Judge Prob. N.H., Att. Gen. N.H.	1872	62
GEORGE COOKE, A.M., Pres. Univ. E. Tenn.		
William Augustus Dunklee		
*Frederick Augustus Eldridge	1836	25
Edward Brown Emerson		
*Charles Howe Greenleaf	1838	31
*Nathaniel Grover, A.M.	1863	57
*Silas Holman Hill, A.M.	1860	52
*Josiah Howe, LL.B. Harv. 1836	1858	46
Caleb Seaver Hunt		
* William Henry Lord, A.M.	1866	54
*Lewis Mann	1834	23
*George Anson Merrill	1835	22
Daniel James Noyes, A.M., D.D. Univ. Vt. 1854, Tutor, Phillips Prof. Theol., Prof. Int. Phil. and Pol. Econ.		
Sherburne Blake Piper		
Charles William Prentiss		
Edwin David Sanborn, A.M., LL.D. Univ. Vt. 1859, Memb. and Pres. N.H. Hist. S., Tutor, Libr., Prof. Lat. and Gr., Prof. Lat. Lang. and Lit., Prof. Orat. and Bell. Lettr., Prof. Class. Lit. and Hist. Wash. Univ.		
Reuben Spalding, A.M. Midd. 1835, M.D. Harv. 1836		
William Taggart		
*SAMUEL HARVEY TAYLOR, A.M., LL.D. Brown 1854, Tutor	1871	63
Calvin Tracy, Prof. Math. Mich. Agr. Coll.		
John Calvin Webster, A.M., Prof. Log. and Rhet. Wheat. Coll.		
Joseph Dana Webster, A.M.		
Charles Wingate		
George Warren Wood, DD. Ham. 1859		

33—*13

1833.

Charles Abbott, M.D.

	Died.	Age.
Frederick Augustus Adams, A.M., Ph.D. Coll. N.J. 1869, Tutor		
Joseph Conner Bodwell, A.M., D.D. 1864, Prof Theol. Theol. Inst. Ct., Prof. Hom. and Past. Theol. Hartf. Theol. Sem.		
William Craige Burke, M.D.		
David Crosby, A.M.		
Daniel Bateman Cutter, A.M., M.D. Yale 1835		
*Thomas Davis	1834	25
James Madison Dodge		
Joseph Dow, A.M., Memb. N. H. Hist. S.		
*Ephraim Eaton	1863	54
ASA FOWLER, Speaker Ho. Rep. N. H., Judge Sup. Jud. C. N. H.		
James Gale, Judge Circ. Court Ill.		
*Hugh Horatio Henry	1869	65
* Charles Davis Jackson, D.D. Univ. Norw. 1859	1871	60
James Frederick Joy, A.M., Tutor, LL.B. Harv. 1836, LL.D. 1867, do. Iowa 1869		
*Thomas Kittredge, M.D. Jeff. Med. Coll. 1837	1845	33
*Alexander Hamilton Lawrence	1857	44
Edward Livermore		
John Lord, A.M., LL.D. Univ. N. Y. 1864, Lect. Hist.		
Jesse Eaton Pilllsbury		
Willard Presbury, A.M.		
Samuel Locke Sawyer		
*Benjamin Franklin Shepard	1835	27
Edward Spaulding, M.D. Harv. 1837, Trustee		
*Kaled Ellis Sumner	1840	26
EDMUND QUINCY SHEAFE WALDRON, Prof. Rhet. and Bell. Lettr. Univ. St. Louis, Pres. Borromeo Coll.		
*Benjamin West, LL. B. Harv. 1836	1847	35
Samuel West		
Jonas Whitney		
John Hopkins Worcester, A.M., DD. Univ. Vt. 1866, Tutor		

30—*8

1834.

Caleb Robinson Ayer

1873.] GRADUATES. 31

	Died.	Age.
*Albert Baker	1841	31
Joel Blackmer,		
A.M. Univ. Vt. 1837		
Gardner Shepard Browne,		
A.M., M.D. Univ. N. Y. 1847		
Calvin Butler, A.M.		
Albert Carrington		
*Benjamin Clark	1836	33
Daniel Clark,		
LL.D. 1866, U. S. Sen., Judge		
U. S. Dist. C. N. H.		
*James Clark, A.M.	1837	
Moses Tenney Clough		
William Symmes Coggin, A.M.		
Moody Currier,		
Pres. Sen. N. H.		
*James Greenleaf	1865	51
Horace Herrick		
*Moses Johnson	1872	58
John Jones		
Richard Burleigh Kimball, A.M.		
Charles Kittredge		
Edward Alexander Lawrence, A.M., D.D. 1858, Prof. Eccl. Hist. and Past. Duty Theol. Inst. Ct.		
Newton Epaphroditus Marble, A.M., DD. Univ. Norw. 1854		
Samuel Holmes Mather		
*George Pickering Mathes	1836	25
James Hervey Merrill, A.M.		
Charles Edmund Parker, A.M., M.D. Yale 1837.		
John Raymond		
Nathaniel Sumner		
*Homer Taylor	1838	29
*Levi Nelson Tracy	1846	39
Alphonso Wood, A.M., Prof. Ohio Fem. Coll.		

29—*7

1835.

	Died.	Age.
*Charles Porter Ames	1842	26
Frederic Bartlett, A.M.		
Joseph Bartlett, A.M., Tutor		
Breed Batcheller, A.M.	1856	49
*George Onslow Betton	1864	57
*Linsley Keyes Brown	1860	44
Benjamin Burge, A.M.	1848	36
Jacob Chapman, A.M., Prof. Math. Frankl. Coll.		
Henry Bright Chase, A.M.		
*David Haynes Collins, A.M.	1843	31

	Died.	Age.
*Phineas Sanborn Conner, M.D. Jeff. Med. Coll. 1837	1854	41
David Dickey, A.M.		
Stephen Fowler		
Daniel Goodwin		
Stephen Sewall Norton Greely		
Ezekiel James Madison Hale		
William Hazeltine		
John Plummer Healy, A.M., LL.D. 1871		
*Henry Hibbard, A.B. 1843, A.M., Speaker Ho. Rep. N. H., Speaker Sen. N.H., M. C.	1872	56
Moses French Hoit, A.M.		
*Artemas Lawrence Holmes	1871	59
Horace Greene Hutchins, A.M.		
Gideon Southward Johnson		
Henry Jones		
* Willard Jones	1861	52
Nathaniel Abbot Keyes	857	48
John Savillian Ladd, A.M.		
James Tomb McCollom, A.M., Tutor		
*Nathaniel Marsh	1864	48
*David Morgan	1872	62
*Samuel Morrill	1837	28
Samuel Pierce, A.M.,	1844	27
James Madison Putney, A.M.	1841	32
*Charles Reed, A.M., LL.B. Harv. 1839	1872	58
Cyrus Smith Richards, A.M., LL.D. 1865		
*Charles Ripley	1867	49
Nathaniel Foster Safford		
Nathaniel Tracy Sheafe		
*James Smith	1835	20
Bradford Newcomb Stevens		
Charles Emery Stevens		
Henry Washington Sweetser	1849	40
Charles Tenney, A.M., Tutor		
Benjamin Kimball True		
Amos Tuck, A.M., M.C., Trustee		
Ed Richard Tucker	1866	50
William Warren Tucker, A.M., do. Harv. 1861		
*Peter Thacher Washburn, A.M., Gov. Vt.	1870	55
Josiah Winchester		
Theodore Chase Woodman		

50—*21

1836.

	Died.	Age
*Ezra Eastman Adams, A.M., D.D. 1864, Corr. Memb. N. H. Hist. S., Prof. Sac. Rhet. Linc. Univ.	1871	58
Samuel Colcord Bartlett, A.M., D.D. 1861, Tutor, Prof. Rhet. and Int. Phil. W. Res. Coll., Prof. Sac. Lit. Chicago Theol. Sem.		
*Samuel Beane, A.M.	1865	53
*James Boutwell	1865	50
Alpheus Robert Brown, A.M.		
*John Sumner Brown	1842	25
Charles Burnham, A.M.		
*Horace Butler, Judge Prob. Ill.		
William Butterfield		
*Henry Harrison Carroll	1846	32
*John Orr Chandler	1839	23
Frederick William Choate, A.M.		
*David Joseph Clark	1866	53
*Nehemiah Cogswell Coffin, A.M.	1868	52
*David Coggin, A.M.	1852	35
Daniel Everett Colby, A.M.		
*Stoddard Benham Colby, A.M., do. Midd. 1840, LL.D. Univ. Norw. 1867	1867	51
*Henry Hubbard Cooke	1838	29
Benjamin White Curtis, A.M., M.D. Univ. Pa. 1843		
George Burder Eastman		
Stephen Moody Emery, M.D. 1842		
*Augustus Everett, A.M., Prof. Engl. Jeff. Coll. La.	1843	30
Erastus Everett, A.M., Prof. Engl. Lang. and Hist. Baton R. Coll.		
*Henry French	1840	25
*James Wilson Grimes, LL.D. 1865, do. Ia. 1865, Gov. Ia., U. S. Sen.	1872	55
Robert Henry Hall		
Ephraim Nelson Hidden		
William Harris Latham, M.D.		
Solomon Laws, A.M.		
*John King Lord, A.M.	1849	30
*Henry Lorenzo Low, A.M., Tutor and Prof. Lat. and Gr. Hobart Coll.	1852	34
*George Washington Makepeace	1838	28

	Died.	Aged.
Daniel Ford Merrill, A.M.		
Edward Pinkerton Parker, A.M.		
Josiah Peabody		
Edmund Randolph Peaslee, A.M., LL.D. 1859, M.D. Yale 1840, Tutor, Memb. N. H. Hist. S., Lect. and Prof. Anat. and Phys., Prof. Dis. Wom. and Obs., do. Alb. Med. Coll., Lect. and Prof. Anat. and Surg. Bowd. Coll., Prof. Phys. and Path. N. Y. Med. Coll., Trustee		
John Francis Pingry, A.M., Ph.D. Coll. N. J. 1868		
Timothy Parker Redfield, A.M. Midd. 1840, Judge Sup.C.Vt.		
*Jonas De Forest Richards, A.M., Tutor Mariett. Coll., Prof. Astron. and Act. Pres. Univ. Ala.	1872	63
John Rodman Rollins, A.B. 1837, A.M.		
*David Scott Sloan	1841	26
John Bolton Smith		
Frederick Hubbard Stone		
Henry Davis Towne, A.M.		
Claudius Buchanan Webster, A.M., M.D. Coll.P. and S. N. Y. 1844		
John Wentworth, A.M., LL.D. 1867, M.C.		
*Zenas Payne Wentworth, A.M.	1864	55

47--*21

1837.

	Died	Aged
Thomas Burns Avery		
Nathan Ballard, A.M.		
*Cyrus Parker Bradley	1838	19
Porter Sayward Burbank, A.M.		
*Charles Hutchins Butters	1860	42
*William Rogers Chapman	1855	43
Jeremiah Clark		
Charles Smith Dana, A.M., Judge Prob. Vt.		
*Nathaniel Wright Dewey	1839	29
*William Low Eaton, A.M., Prof. Math. and Nat. Phil. Acad. and Theol. Inst. New Hampt.	1853	59
Luther Farnham, A.M.		
Charles Darwin Fitch, A.M.		
Eden Burroughs Foster, D.D. W'ms 1861		
James Washington Goodman		
*Benjamin Griswold	1844	32

1873.] GRADUATES. 33

	Died.	Age
James Clay Houghton, A.M. Amh. 1840		
Alexander George Johnson		
Amasa Kinne, M.D. 1841		
*Isaac Kinsman, A.M.	1843	31
Alfred Leavitt Lawrence		
Gilman Marston, M.C.		
Josiah Minot, Judge C. C. P. N. H.		
William Davis Moore		
*Horace Mower	1860	42
John Mussey		
*Henry Miller Nichols	1842	29
Amos Richardson, A.M.		
Joseph Munroe Rockwood, A.M.		
Lucius Leslie Scammel, A.M. Brown 1841, M.D. Harv. 1842		
Benjamin Franklin Shaw, A.M.		
GEORGE FOSTER SHEPLEY, Judge U. S. Circ. C.		
*Loren Spencer	1847	35
Benjamin Trow		
*Edward Dwyer Very	1852	38
Aldace Walker, D.D. Midd. 1867		
*Royal Nathaniel Wright	1849	37

1838.
36—*12

	Died.	Age
Charles Aiken		
*Moses Little Atkinson, M.D. Harv. 1844	1852	37
JAMES BARRETT, A.M., LL.D. Midd. 1865, Just. Sup. C. Vt.		
*Christopher Sargent Bell	1839	20
William Breck		
*Clark Sewall Brown	1855	40
*Abel Benjamin Burke	1847	30
Nelson Clark, A.M., Tutor W. Res. Coll.		
Elliot Colby Cogswell		
*James Kelsey Colby	1866	54
*George Atherton Davis	1846	33
JASON DOWNER, LL.D. Bel. 1870, Chief Just. Sup. C. Wisc.		
*Daniel Campbell Dunbar	1842	24
Benjamin Franklin Cunningham Emerson, Judge Prob. Ind.		
Enoch Webster Evans		
*John Fellows, M.D.	1873	57
Hewitt Chandler Fessenden, M.D. Bowd. 1841		
*Oliver Griswold Fessenden	1851	32

	Died.	Age
Stephen Symonds Foster		
Franklin George, A.M., M.D.		
*John George	1847	30
*David Gibbs	1848	33
Joseph Jones Gilman		
Charles Augustus Harper		
James Holmes		
*Benjamin Franklin Hosford	1864	46
*William Alonzo Howe	1838	26
Charles Eliphalet Lord		
*Burton Onesiphorus Marble	1845	33
William Wallace Morland, A.M., do. Trin. 1860, M.D. Harv. 1841, Corr. Memb. Glasg. S. P. and S.		
George Washington Niles, A.M.		
*William Thornton Parker, A.M. M.D. Harv. 1841	1855	37
Abner Jones Phipps, Ph. D. 1872		
Caleb Ward Piper, A.M.		
Charles Israel Putnam, A.M., M.D. 1843		
Amasa Roberts		
*Thomas Souther	1856	43
Benjamin Hastings Taylor		
Simon Towle		
*John Hancock Wakefield, A.M. Rutg. 1841	1860	45
William Prentice Webster		
Henry Batchelder Wiggin		

42—*17

1839.

	Died.	Age
Jacob Jackson Abbott, A.M., Tutor		
Ephraim Adams		
James Aiken		
Isaac Ames, Judge Prob. Ms.		
Joseph Badger, A.M.		
Cyrus Baldwin, A.M.		
George Bancroft		
*Ezekiel Hale Barstow, A.M.	1862	48
*Charles Thomas Berry, M.D. Columb'n Med. Coll. 1843	1855	35
Nehemiah Chase Berry		
*James Carpenter Billings, M.D. Genev. 1842	1849	30
*Abner Hartwell Brown, A.M., Tutor, M.D. Yale 1844, do. Berks. 1847, Prof. Chem. Willoughb. Univ., Prof. Mat. Med. and Med. Jurisp. Berks. Med. Coll.	1851	34

	Died. Age.
Ralph Butterfield, A.M., M.D. Univ. Penn. 1843	
*Philander Isaiah Carpenter	1841 27
Charles Chauncey Chase	
OREN BURBANK CHENEY, A.M., D.D. Wesl. 1863, Pres. Bates Coll.	
Daniel Clark	
Jonas Bowen Clark	
Cyrus Cummings	
Sylvester Dana	
Pol. Just. Concord, N. H.	
Joseph Frederick Dearborn	
*Elbridge Gerry Dudley	1867 56
George Nehemiah Eastman	
Horace Eaton, D.D. 1869	
*Abraham Franklin Edwards	1871 54
GEORGE GILMAN FOGG, U. S. Min. Switz., U. S. Sen.	
John Deming Ford, A.M., M.D. Univ. Pa. 1844	
*Warren Augustus Giles	1839 19
*Timothy Ayer Goodhue	1850 38
William Govan, A.M., M.D. Univ. N. Y.	
*Horace Hall	1842 22
*Alonzo Hayes	1858 47
*Henry Hubbard Hazeltine	1852 45
William Pickering Hill, A.M.	
John Pinkerton Humphrey	
*Dudley Leavitt	1842
Allen Lincoln	
Joseph Leland Lord,, A.M.	
Lyman Mason, A.M., Tutor, do. W. Res. Coll.	
Abel Merrill, LL.B. Harv. 1842	
*James Alfred Emery Merrill	1846 26
Fitch Edward Oliver, A.M., do. Trin. 1860, M.D. Harv. 1843. Corr. Memb. Glasg. S. P. and S., Prof. Mat. Med. Berks. Med. Sch.	
Charles Peabody	
Lewis Potter	
William Read, A.M., M.D. Harv. 1842	
*Lubim Burton Rockwood	1872 55
George Shattuck Sawyer	
*David Cochran Scobey, A.M.	1850 35
George Shedd, M.D.	
Alfred Stevens	
Peter LeBreton Stickney, M.D. Phila. Med. Coll.	

	Died. Age
*Samuel Mellen Stone	1853 41
*Walter Harris Tenney	1844 26
George Sullivan Towle	
*Luther Townsend	1862 43
Jeremiah Whipple Walcott, A.M.	
Moses Hemmenway Wells, A.M.	
*Charles Whiting	1855 41
*Peter Trask Woodbury	1862 41
John Woods	
David Youngman, M.D. 1846	
	61—*21

1840.

	Died. Age
*James Alexander Abbott, LL.B. Harv. 1843	1859 36
Frederick Smith Ainsworth, M.D. Harv. 1844, Prof. Phys. and Path. Berks. Med. Coll.	
Nathaniel Hopkins Arey	
*Samuel Badger, A.M., M.D. Univ. Va.	1848 34
*Selwyn Bapson Bowman	1843 23
Henry Brickett, A.M.	
Jeremiah Brown	
Sylvanus Bunton, A.M., M.D. Wash. Univ.	
*John Parker Conner, A.M., M.D. Univ. N. Y. 1845	1848 28
John Thompson Dame	
*Charles Foster	1864 44
*Frederick Foster	1865 51
John Fullonton, A.M., D.D. 1862, Prof. Sac. Lit. and Past. Theol. New Hampt. Bibl. and Lit. Inst.	
George Plummer Hadley	
*Norman Hazen	1852 37
Austin Carpenter Heaton, A.M.	
Henry Clinton Hutchins	
Edward Carleton Johnson	
*John Lewis	1860 43
Abner Holden Merriam	
*Nathaniel White Merriam	1848 26
George Lewis Merrill	
Horatio Merrill	
Thomas Gilmore Mitchell	
Francis Brown Mussey, M.D. Ohio Med. Coll.	
Timothy Osgood Norris, A.M.	
*Francis Clarke Noyes	1840 27

GRADUATES.

	Died.	Age
Henry W. Palmer		
Aurin Moody Payson, A.M.		
*John Boutelle Perkins	1861	
Maris Bryant Pierce		
Josiah Webster Pillsbury		
*Solomon Morrill Pingree	1840	20
Daniel Thurston Plumer, A.M., M.D. Harv. 1843		
*Horace Plumer, A.M. Jacks. Coll.	1860	38
William Porter		
*Edward Warren Putnam, A.M.		
*Elihu Thayer Rowe	1867	53
JONATHAN EVERETT SARGENT, A.M., LL.D. 1869, Speaker Ho. Rep. N.H., Pres. Sen. N.H., Just. C. C. P. N. H., Just. and Chief. Just. Sup. Jud. C. N. H.		
William Lovell Sartwell, A.M.		
*Cortland Wilkins Shattuck, A.M.	1847	37
*Henry Augustus Shute	1841	21
Edmund Farwell Slafter A.M.		
*William Ballard Smith, Judge Circ. C. Ind.	1866	47
Horatio Southgate Smith, M.D. Bowd. 1843		
Alden Southworth, A.M.		
*John Edward Stanyan	1870	53
Josiah Howe Stearns, A.M.		
Charles Godfrey Stevens		
Leonard Tenney		
*Loren Thayer	1869	54
Alexander Strong Wheeler		
BENJAMIN FRANKLIN WHIDDEN, A.M., U. S. Consul-Gen. Hayti	53	*20

1841.

	Died.	Age
John Bachelder, A.M.		
Jesse Parker Bancroft, M.D. 1845		
*George Washington Benson, A.M.	1859	43
*Asher Bixby	1852	38
*Joel Henry Brown	1865	49
*Malachi Bullard	1849	31
William Burns		
John Sabin Carter, M.D. Harv. 1845		
George Clement Chase, A.M., M.D. 1847		
*Salmon Clapp	1852	34

	Died.	Age
Timothy Farrar Clary		
Orrel Cook, A.M., M.D.		
Henry Grout Cooke		
Samuel Bartlett Gerrish Corser		
*Thomas Russell Crosby, A.M., M.D. 1841, Prof. Anim. and Veg. Physiol. Agr. Dept., Prof. Anat. Physiol. and Nat. Hist. Norw. Univ.	1872	55
David Cross, Judge Prob. N. H.		
James Davis		
*Frederick William Dickinson	1860	39
James Dinsmoor		
Samuel Flagg, M.D. Univ. Pa. 1844		
*Daniel Foster, A.B. 1845	1864	47
William Cowper Foster, A.M.		
Moses Foster		
Francis Atkinson Freeman		
Samuel Prescott French, M.D. Berks. Med. Coll.		
*Daniel Gile, M.D. 1845	1872	56
*George Franklin Goodhue,	1865	44
Nathaniel Gordon, Pres. Sen. N. H.		
James Adams De Witt Gregg, M.D. Univ. N. Y. 1845		
Otis Freeman Hill, M.D. 1846		
Nathaniel Hills		
*Joseph Edward Hood	1871	56
John Church Cushing Hoskins, A.M.		
Gardiner Green Hubbard		
*John Hubbard	1849	34
*James Jackson	1845	30
John Wyman Jones, A.M.		
Luther Jones, M.D. 1846		
*Stephen Lorenzo Kelley	1843	24
*Charles Edward Kendrick	1860	35
*Alexander Hamilton Kent	1844	22
Walter Henry Kimball, A.M., M.D. 1844		
Philip Coombs Knapp		
*James Batchelder Lane	1867	49
*Richard Emerson Lane	1842	27
*Henry Clay Long	1871	47
John Jacob Marsh		
David Haven Mason, U. S. Dist. Att. Ms.		

| | Died. Age. | | Died. Age. |

Josiah Merrill
Curtis Coe Meserve
*George Washington Moor, A.M.,
  M.D. Univ. Pa. 1843   1866 46
Henry Elijah Parker, A.M.,
  Tutor, Prof. Lat. Lang. and Lit.
Thomas Paul
Benjamin Hanaford Pearson
Gilbert Pillsbury
David Pinkerton
Joshua Mackrice Pitman
*Hannibal Porter, A.M.   1864 44
*Edward Hartshorn Pratt, A.M.,
  M.D. Bowd. 1847   1867 52
Edward Reed
Horace Richardson
Moses Charles Richardson,
  M.D. N. Y. 1845
Ira Russell,
  M.D. N. Y. 1844
*William Sloan   1855 36
Jacob Shedd Spaulding, A.M.,
  LL.D. Midd. 1868
Leonard Swain, A.M.,
  D.D. Brown 1857   1869 49
Daniel Tenney
David Turner, A.M.
*Lewis Franklin Verback   1843 22
*William Frederick Wallis   1842 24
*Edward Webster,   1847 28
Francis Brown Webster
John Webster,
  A.M. Brown 1846
Bartholomew Wood
Franklin Wood, A.M.,
  Judge Prob. Minn.
Benjamin Punchard Worcester
                    76—*26

1842.

Amos Tappan Akerman,
  U. S. Dist. Att. Geo., Att. Gen. U. S.
John Prescott Averill
George Bradley Barrows
*John Stuart Barrows,
  M.D. Bowd. 1845   1849 24
Simon Barrows, A.M.
William Barstow, A.M.,
  M.D. Harv. 1848
Silas Morrison Blanchard, A.M.
Hamilton Boyd Bradshaw

James Breck
Lincoln Flagg Brigham, A.M.,
  LL.B. Harv. 1844, Judge Sup. C. Ms.
Henry Lewis Bullen,
  Prof. Math. and Nat. Phil. Ia. Coll.
Benjamin Butler
William Clark
Ranslure Weld Clark
*Jeremiah Hall Woodman Colby   1853 32
George Philander Comings,
  A.M., Prof. Math. and Anc. Lang. Jubilee Coll.
Charles Cummings
Charles Cutter
Hosea Davis
*Aaron Day   1855 35
Charles Ebenezer Dearborn
Augustus Lawson Dibble
David Dimond, A.M.,
  D.D. 1870, Prof. Lat. and Gr. Webst. Coll.
David Fogg Drew, A.M.,
  M.D. Alb. Med. Coll. 1846
William Plumer Eastman
Caleb Emery, A.M.
Daniel Webster Fessenden
BENJAMIN FRANKLIN FLANDERS, 1857, M.C., Gov. La.
Lyman Thomas Flint, A.M.
John Giles
Robert Geddes Graydon,
  M.D. Univ. Pa. 1845
Rufus Chandler Hardy
Allen Hazen, A.M.
*Joel Willard Hemmenway   1850 30
Timothy Hill
Harrison Carroll Hobart
*Albert Elisha Hodgdon   1847 25
*Dexter Everett Hoskins   1869 49
Amos White Hovey
James Lewis Hunt,
  M.D. Ohio Med. Coll. 1851
Jeremiah Pingree Jones
Frederick Richardson Lord, A.M.
Charles French Low
Francis Horace Muzzy
Stephen Gordon Nash,
  Judge Super. C. Ms.
Hiram Orcutt, A.M.
Moses Parker, A.M.
  M.D. 1846

GRADUATES.

Royal Parkinson, A.M.
*Owen Glendour Peabody,
  LL.B. Harv. 1844 — Died 1862, Age 40
William Gilman Perry,
  M.D. Coll. Phys. and Surg. N. Y. 1847
John Philander Perry, A.M.
John Dudley Philbrick,
  A.B. 1843, A.M., LL.D. Bates 1872
Lafayette Ranney,
  M.D. 1846
*Truman Rickard, A.M.,
  M.D. 1847 — Died 1861, Age 47
*Edward Rogers — Died 1856, Age 34
John Sewall Sanborn, A.M.,
  M.P. Canada, Sen. Dom. Canada, Judge Super. C. Dist. St. Francis, P. Q.
*Winthrop Sargent,
  M.D. Univ. Pa. 1847 — Died 1870, Age 45
Jonathan Chamberlain Shattuck, M.D., Prof. Surg. N. Y. Med. Coll.
John Gile Sherburne
*Socrates Smith — Died 1869, Age 55
*Samuel Souther — Died 1864, Age 45
Samuel Jones Spalding,
  D.D. 1872, do. Univ. Ingh. 1861
Ivan Stevens
Samuel Josiah Stevens
Joseph Wallace Tarleton
Titus Woodward Tilden
Paul Porter Todd, A.M.
*Samuel Burge Twitchell,
  M.D. Genev. Coll. — Died 1855, Age 30
Benjamin Hurd Twombly
John Eugene Tyler,
  M.D. 1846, do. Univ. P. 1846, F. Am. Acad.
Jabez Baxter Upham, A.M.,
  M.D. Harv. 1847, F. Am. Acad.
Clement Adams Walker,
  M.D. Harv. 1850
George Walker, A.M.,
  LL.B. Harv. 1845
Abner Spicer Warner,
  M.D. 1848
Sylvanus Warren
*Charles Powers Washburn — Died 1853, Age 31
Reuben Hubbard Washburn, A.M.
Milton Wason,
  Judge Co. C. Cal.
Jacob Chase Weston, A.M.,
  M.D. 1844

Moses Hazen White
Otis Caleb Wight, A.M.
*Alanson Wilkins — Died 1863, Age 41
William Wood, A.M.
*John Smith Woodman, A.M., Prof. Math., Chandl. Prof. Civ. Eng., do. Emeritus, — Died 1871, Age 51
Jonathan Wyman, A.M. 85—*15

1843.

James Osgood Adams
George Henry Atkinson,
  D.D. 1865
James Monroe Bailey
Pliny Fisk Barnard
Henry Bingham
*Cyrus Lewis Blanchard — Died 1866, Age 48
*Andrew Jewett Blood — Died 1850, Age 28
Francis Battie Brewer,
  M.D. 1846
Augustus Olcott Brewster
*Levi Brigham — Died 1843, Age 21
Robert Ingalls Burbank, A.M.
*John Lee Caverly — Died 1844, Age 25
*Francis Baruch Chase — Died 1844, Age 25
Bradbury Poor Cilley
*Francis Brown Clark,
  M.D. Bowd. 1847 — Died 1864, Age 43
John Badger Clarke, A.M., Trustee Agr. Coll.
Lorenzo Clay
*Nathan Cleaves — Died 1849, Age 30
George Danforth Colony,
  M.D. Univ. Pa. 1846
*Phineas Cooke — Died 1849, Age 29
*Timothy Copp — Died 1845, Age 24
William Dickinson,
  M.D. Harv. 1851
*Caleb Ellis Farley — Died 1853, Age 34
Francis Skinner Fisk,
  LL.B. Harv. 1846
James Fletcher
Thomas William Freelon, A.M., Prof. Engl. Lit. and Mod. Lang. Norw. Univ., Judge Co. C. Cal.
Edward Freeman
Samuel Huntington Freeman, A.M., M.D. Alb. 1846
Leonard French,
  M.D. 1846
Daniel Little Furber
Ezra White Gale, A.M.

DARTMOUTH TRIENNIAL. [1873.

Daniel Wheelwright Gooch, M.C.
Joshua James Guppey,
  A.B. 1857
*John Cotton Haskell   1846 22
*George Benjamin Hemmenway   1844 22
Edwin Ruthven Hodgman, A.M.
John¦Edward Bullard Jewett
Edward Addison Lawrence
Edward Stephen Leavitt
*Daniel Littlefield   1856 41
Amasa Converse Lord
William Hayes Lord, A.M., D.D. 1867
Henry Clark Lord, A.M.
*Samuel Augustus Lord, A.M., M.D. 1847   1862 40
Amos D. Lufkin
Jeremiah Marston
*Dana Miller   1851 33
*Robert Thomas Murdough   1843 25
Charles Newhall
Ezra Newton
Henry Swain¦Parker, A.M.
John Henry Parnell
William Aaron Patten, A.M.
Daniel Chesley Pinkham
John Newton Putnam, A.M., Prof. Gr. Lang. and Lit.
John Wason Ray
Emore Daily Richardson
Jonathan Smith Ross, M.D. Univ. Pa. 1846
*Enoch Putney Rowell   1843 25
*Edward Erasmus Sargent   1858 37
*Edward Fay Sherman   1872 51
*Lemuel Chandler Spofford   1869 51
Lyman Dewey Stevens
Robert Stuart
Joseph Emerson Swallow
Levi Benjamin Taft
Jonathan Tenney, A.M.
*Eben Franklin Tucke   1857 35
John Riley Varney, A.M., Prof. Math.
Thomas Lafayette Wakefield, A.M.
*Daniel Smith Wheeler   1843 26
Charles Williams
Luther Orval Winslow
Abel Wood, A.M.

*William Riddle Woodbury   1860 38
  75—*24

1844.

*Harrison Andrews   1845 25
*Andrew Jackson Baker, M.D. Jeff. Med. Coll. 1847   1849 30
Charles Henry Bell, Speaker Ho. Rep. N. H., Pres. Sen. N. H.
*Joseph Mills Bell   1868 44
William Bird, A.B. Yale 1844, A.M. Yale 1856
Adino Nye Brackett
Joseph Hildreth Bradley
Rufus Ellis Buffum, A.M.
Mellen Chamberlain, LL.B. Harv. 1848, Judge Mun. C. Ms.
Albert Chase, M.D. 1847
Samuel Blanchard Chase
Edward Warren Clark, A.M.
*Seneca Cummings   1856 39
Thomas W. Thompson Curtis, A.M.
Edward Stearns Cutter
Hiram Clark Daniels
*William Pitt Denton   1855 32
Albert Dodge
Joseph William Drew
Daniel Augustus Drown
Samuel Hart Edes
William Harrison Farrar
Lucian Gale
Amphion Gates
John Abel Gilfillan
Samuel Hutchins Goodall
JOHN NOBLE GOODWIN, M.C., Gov. Ariz. Ter.
Charles Haddock, A.M., M.D. 1847
Amos Hadley
Jacob Augustus Hood, A.M.
Alvah Hovey, D.D. Brown 1856, Prof. Eccl. Hist. and Theol. Newton Theol. Sem.
James Corbin Jackson, M.D. Jeff. Med. Coll. 1847
Harvey Jewell
Amos Jones
Samuel John Mills Lord

GRADUATES.

	Died.	Age.

*Joshua Rich Lothrop,
M.D. Harv. 1852, Lect. Mat.
Med. and Med. Jurisp. Buffalo
Med. Coll. — 1869 46
*Joseph McGaffey
William Andrew Mack,
M.D. 1847
Rufus Nichols Meriam, A.M.
Silas Merriam, A.M.
John Morse Ordway, A.M.,
Prof. Chem. and Metal. Ms.
Inst. Tech.
Horatio George Parker, A.M.,
Judge Prob. Ms.
*Charles Edward Partridge 1847 25
Ambrose Arnold Ranney
*Alfred Reynolds 1861 49
Samuel Green Sewall
Thomas Burns Shepard
*Denison Kimball Smith 1860 37
*John McClary Steele, A.M. 1857 34
William Alanson Stone
Seth Tracy Thatcher
William Cleaves Todd
Noah Torrey,
M.D. Jeff. Med. Coll. 1847
William Webster,
A.B. 1855
Humphrey Webster
*Albert Gallatin Weeks,
M.D. Harv. 1850 1853 34
Edward Barker West
*George Canning Williams, A.M. 1865 35
Thomas Wilson
Harvey Colcord Wood,
A.M. Wesl. 1847
60—*13

1845.

*James Bowdoin Allen, A.M.,
LL.B. Harv. 1847 1853 29
Eli Mosely Barnum
*Henry Snow Bartlett,
A.B. 1849, A.M.
George Henry Bissell, A.M.,
LL.B. Jeff. Coll., Prof. Lang.
Norw. Univ.
Amos Adams Blanchard, A.M.
Eli Everett Boynton
*William Chamberlain Bradlee 1850 27
Charles Henry Branscomb
John Brazer
Joseph Brownlee Brown
*William Wirt Cahoon 1848 23

William Mellen Chamberlain, A.M., M.D. 1853, Lect. N.Y.
Med. Coll.
*Noah Addison Chapin,
M.D. Univ. N. Y. 1849 1852 33
Rufus Dudley Chase
Charles Henry Churchill,
A.M. Oberl. 1856, Prof. Gr.
and Heb. Mich. Central Coll.,
Prof. Math. and Nat. Phil.
Oberlin Coll.
*Ichabod Bartlett Claggett 1861 39
Robert Colby
Samuel Edward Comings
Judah Dana,
A.B. 1848, A.M.
*Charles Augustus Davis,
M.D. Harv. 1848 1863 40
Benjamin Franklin Denison
Mark Durant,
A.B. 1858, A.M.
Edward Dickinson Frost
Quincy Adams Gilmore
Amos Bailey Goodhue, A.M.,
Prof. Math. Howard Coll.
Edward Hanford Greeley, A.M.
*Admatha Grout 1855 38
Broughton Davis Harris
*Frederick Heywood,
M.D. Univ. Pa. 1848 1855 30
Sylvanus Converse Huntington, Judge C. C. P. N. Y.
*William Wallace Hutchins 1857 33
*William Arnold Hutchinson 1851 28
Cyrus Keniston
Charles William Kimball
*James Lane 1867 43
Witter Smith McCurdy
*Moses Chandler Marsh, A.M. 1871 49
Caleb Webber Matthews
Verranus Morse,
M.D. Univ. N. Y.
William Watson Niles
Arthur Fitzroy Livermore
Livingston Norris
George Harrison Palmer, A.M.
*Clark Gilman Pease, A.M.,
M.D. Castlet. 1864 43
Epaminondas James Pierce
Edwin Thomas Rice
George Hodgdon Ricker, A.M.
*Nathan Burnham Rogers 1849 28
James Wingate Rollins
*Henry Edwin Ruggles 1856 34

	Died.	Age.
Simeon Nickerson Small		
*Ambrose Smith	1862	42
William Henry Leland Smith, LL.B. Harv. 1848		
*George Henry Steele	1846	22
Reuben Henry Stephenson		
*James Wright Stone, A.M.	1854	38
William Chamberlain Strong		
Mark True		
George William Tuxbury		
David Sands Vittum		
*Franklin Webster, LL.B. Harv. 1854	1865	40
Joseph Thomas Odiorne West, M.D. Harv. 1848		
Samuel Hopkins Willey, A.M., V.-Pres. Coll. Cal.		

62—*20

1846.

CHARLES AUGUSTUS AIKEN, A.M., Ph. D. Coll. N. J. 1866, D.D. Coll. N. J. 1869, Memb. N. H. Hist. S., Prof. Lat. Lang. and Lit., Libr., Prof. Lat. Lang.and Lit. and Prof. Scien. Lang. Coll. N. J., Pres. Union Coll., Prof. Christ. Ethics and Apol. Princeton Theol. Sem.
Luther Wilson Anderson
George Thorndike Angell, A.M.
Benjamin Franklin Ayer, A.M.
John Gillespie Baker
Josiah Whitney Barstow, M. D. 1852
Joshua James Blaisdell, A.M., Prof. Rhet. and Engl. Lit. and Prof. Int. and Mor. Phil. Beloit Coll.
John Henry Butler, A.B. 1864
Joseph Mills Cavis, Judge Dist. C. Cal.
*Benjamin Chapman Chase 1868 49
George Augustus Gordon, A.M.
Daniel Stickney Hough, A.M.
*William Clarke Hurd 1867 40
*Milon Craig McClure, A.M. 1860 41
*George Whitfield McKeen 1850 23
Arthur Ward Marshall
Edward Hazen Parker, A.M., do. Trin. 1859, M.D. Jeff. Coll. 1848, Memb. and Pres. N. Y. Med. S., Lect. Anat. Bowd. Coll., Prof. Physiol. and Path. N. Y. Med. Coll.

	Died.	Age.
*Edward Altamont Partridge	1855	29
Alonzo Hall Quint, A.M., D.D. 1866, Memb. N. H. Hist. S., do. N. Y., do. Ms., Trustee		
Samuel Winkley Rollins		
Roger Moses Sargent, A.M.		
Horace Silsby		
Isaac William Smith, A.M., Judge Pol. C. N. H., Memb. N. H. Hist. S.		
Moody Baily Smith, A.B. 1870		
John Merchant Sturtevant		
*John Langdon Wadleigh Tilton	1850	35
Edward Jenner Warren, A.B. 1870		
Asa Weeks, A.M.		
Joshua Wyman Wellman, A.M., D.D. 1870, do. Oliv. 1868		
Lyman White, A.M.		

30—*6

1847.

Hazen Worcester Adams
*WILLIAM HENRY BARTLETT, Judge Sup. Jud. C. N.H. 1867 40
Samuel Newell Bell, A.M., M.C.
*Abner Blaisdell Bennett M.D. 1850 1867 44
Edmund Blanchard
Samuel Towle Brooks, M.D. McGill Univ.
*Charles Marshall Carpenter 1851 27
Barton Walker Chase, M.D. Woodst. Med. Coll. 1840
Charles Carrol Colby, M.P. Dom. Canada
McLaurin Furber Cooke, M.D. Harv. 1855
*Lyman Cutler 1855 28
John Clark Dore
Mark Fisher Duncklee
Francis Flint Forsaith
Benjamin Ela Gallup
Richard Hall
Hiram Houston
*George Asa Hoyt, A.M., M.D. Harv. 1851 1857 32
Horace Hunt
Peter Thatcher Hunt
*Luther Johnson, M.D. Phila. 1850 1862 38
James Spencer Kimball, A.M.

1873.] GRADUATES. 41

	Died.	Age
*Rufus Jay Kittredge, M.D. Jeff. Med. Coll.	1850	22

Alpha Child May,
 Judge Prob. Wis., Judge Circ. C. Wis.
David Lawrence Morrill
Benjamin Franklin Moses
Henry Thayer Niles,
 Prof. Gr. and Engl. Lit. Urbana Univ.
George Barrett Nutting
Daniel Humphreys Parker 1848 20
John Paul
Ozias Cornwall Pitkin
ARTEMAS WYMAN SAWYER,
 D.D. Colb. Univ. 1867, Prof. Anc. Lang. and Pres. Acadia Coll. N. S.
Charles Seccombe
Charles Payson Smith, A.M.
*Justin White Spaulding 1865 42
Thomas Little Steele
Stephen Gale Taylor
George Tenney
*George Ticknor 1866 44
*George Richard Underhill,
 LL.B. Harv. 1850 1855 28
Gilbert Wadleigh
John Ward
Lafayette Gilbert Motier Ward
George Washington Webster 1872 48
Samuel Morey Wilcox
William Potter Wilson
Joshua Henry Woodward
  47—*12

1848.

Austin Adams, A.M.
William Badger, A.M.
Stratford Canning Harvey Bailey
*Peyton Randolph Baker,
 M.D. Coll. P. and S. N. Y. 1853 1873 48
Levi Winter Barton
James Chaplain Beecher
Lemon Bennett, A.M.
Benjamin Bridges
John George Brooks, A.M.,
 M.D. Jeff. Med. Coll. 1851
John Sullivan Brown, A.M.
Justin Edwards Burbank
*Simeon Coffin Sargent Burnham 1858 32

	Died.	Age

Wentworth Sanborn Butler
Dudley Tappan Chase,
 A.B. 1857, A.M.
*Charles Gilman Cheney 1862 30
*Sawyer Bullock Clark 1850 26
*Isaac Lewis Clarke, A.M. 1863 39
John Phillips Clement,
 M.D. Vt. Med. Coll.
*William Strong Cogswell 1848 20
Albert Harrison Crosby, A.M.,
 M.D. 1860
Theodore Stebbins Dame
George Jackson Davis
*Benjamin Willey Dean, A.M. 1863 37
Stephen Folsom Drew
*Ira Freeman Folsom 1859 38
Joseph Addison Goodhue, A.M.
*John Waldron Hurd, A.M.,
 LL.B. Harv. 1855 1860 31
Charles Hutchinson, A.M.
John Furness Jarvis,
 M.D. Harv. 1853
*Charles French Latham 1870 46
William Hieronymus Loveland
Anson Southard Marshall,
 U. S. Dist. Att. N. H.
OLIVER MILLER, A.M.,
 Judge and Chief Just. Sup. C. Md.
Charles Humphrey Mooar,
 Judge Co. C. Cal.
Joseph Bartlett Morse, A.M.
Charles Frederick Mussey, A.M.
George Washington Patterson, A.M.
JAMES WILLIS PATTERSON,
 A.M., LL.D. Ia. 1868, Tutor, Prof. Math. and Prof. Astron. and Meteor., M.C., U. S. Sen.
Dean Peabody
Benjamin Conant Perkins
Thomas Weston Ritchie, A.M.
Henry Pearson Rolfe,
 U. S. Dist. Att. N. H.
Jabez Augustus Sawyer
Oramel Stevens Senter
John Mills Stebbins
Stephen Bean Stinson
Samuel Howe Tolman, A.M.
*Thomas Woodworth Wadsworth, A.M.,
 M.D. 1851 1854 35
Granville Wardwell, A.M. 1858 38

42   DARTMOUTH TRIENNIAL.   [1873.

Died.Age.
Edward Webster
Daniel Bartlett Whittier, A.M.
Edwin Ruthven Wiggin
     52—*11

1849.

Henry Allen
*Henry Jackson Arnold 1849 23
Mark Bailey, A.M.,
 Lect. Orat., do. Yale, do.
📨 Union Theol. Sem. N. Y.
Isaac Baldwin
*Thomas Porter Baldwin, M.D. 1852 28
Jasper Newton Ball   1870 44
*Joseph Goodhue Bartlett 1852 35
John Bell Bouton,
 A.B. 1864, A.M.
Joseph Pearl Brooks
Joseph Warren Pickering
 Carter
Samuel Perrin Coburn, A.M.
Charles Henry Crane
Stephen Moody Crosby
Henry Swan Dana, A.M.
CHARLES DOE,
 Judge Sup. Jud. C. N. H.
Moses Franklin Dow
Gideon Draper,
 Prof. Mod. Lang. and Lit.
 Genes. Coll.
Philetus Fales, A.M.
Davis Foster
Roswell Foster
*Gustavus Adolphus Gooding 1858 33
Byron Murray Hanks, A.M.
Charles Cogswell Hayes,
 M.D. Univ. Pa. 1851
Emerson Hodges
Joseph Opdycke Hudnut,
 Prof. Nat. Sci. and Civ. Eng.
 Univ. Chicago
Frederick Clarence Imlay
John Marshall Kimball
*Marquis De Lafayette Lane,
 A.M., Judge Mun.C. Me.,Judge
 Super. C. Me.   1872 47
Caleb Spencer Marsh
Samuel William Mason, A.M.
John Plumer Newell, A.M.
*Burroughs Phillips   1854 29
Harvey Thomas Phillips, A.M.
Eugene Francis Sanger,
 M.D. Jeff. Med. Coll. 1853, A.M.
 Waterv. 1858

Died.Age·
Charles Slafter
*Robert Smith   1857 29
Clinton Warrington Stanley
George Stevens, A.M.,
 Just. Pol. C. Ms.
*Charles Harper Strong 1851 23
*Horace Webster,
 LL.B. Harv. 1851   1867 39
*Luther Baker Whittemore,
 A.M.   1863 39
        41—*11

1850.

Carson Wilson Adams
Joseph Chandler Barrett, A.M.
Henry Elderkin Jewett
 Boardman,
 Prof. Lat. and Gr. E. Tenn.
 Univ.
David Bremner
Edward Towle Brooks,
 M.P., Canada, Queen's Counsel
Alonzo Brown
*Robert William Carr   1864 38
Charles Henry Chapin
Henry Martyn Chapin 1872 47
Henry Chase, A.M.
Lewis Whitehouse Clark,
 Att. Gen. N. H.
Lucian Buonaparte Clough
John Bear Doane Cogswell,
 LL.B. Harv. 1852, U. S. Dist.
 Att. Wis.
Nathaniel Colver
De Witt Clinton Cram, A.M.
Edward Hopkins Cushing
*Oliver Davis   1853 29
Edward Curran Dickinson,A.M.
George Webb Dodge, A.M.
Joseph Eastman, A.M.
Charles Samuel Farrar, A.M.,
 Prof. Chem. and Physics Vas-
 sar Coll.
Edwin Goodell   1863 39
Richard Hays
James Madison Hill
Charles Cogswell Jewett,
 M.D. N. Y. Med. Coll. 1854
James Harvey Kidder
Nathan Smith Lincoln, A.M.,
 M.D. Univ. Md. 1852, Prof.
 Chem. and Nat.Hist.Columb'n
 Coll., Prof. Anat. Physiol. and
 Surg. Columb'n Med. Coll.

	Died. Age.
Samuel Dearborn Lord	
Elbridge Marshall	
Lyman Marshall	
*Benjamin Morgan	1853 29
John Ordronaux, A.M.,	
LL.B. Harv. 1851,M.D.Nat.Med.	
Coll. 1859, LL.D. Trin. 1870,	
Lect. Med. Jurisp., Prof.	
Phys. Path. and Med. Jurisp.	
Univ. Vt., Prof. Med. Jurisp.	
Columb. Coll., Prof. Int. Law	
and Med. Jurisp. Columb'n Coll.	
*Horatio Parker	1857 28
Moses Patten	
Alexander Roberts Plumer	
William Alexander Read	
Elias Huntington Richardson	
Samuel Woodbury Roberts, M.D. 1853	
Alfred Russell, A.M., LL.B. Harv. 1852, U. S. Dist. Att. Mich.	
Samuel Gore Stevens, A.B. 1870, Prof. Astron. and Physics W. Va. Univ.	
William Fellows Swain	
James Phineas Upham	
Julius Henry Waterbury, A.M.	
John Wheeler	
James Osmond Wilson, A.B. 1868, A.M.	
William Wood, A.M.	
Enoch Charles Augustus Woods	1854 30
Moses Edwin Wright, A.M.	
	48—*7

1851.

	Died. Age.
Edward Aiken, A.M., M.D. Yale 1861, Prof. Mat. Med. and Therap. N. E. Fem. Med. Coll.	
Josiah Bartlett	
*George Sullivan Barton	1857 26
*Charles Baxter	1858 29
*George Bell	1864 34
Enoch Page Breed	
George William Burleigh, Trustee	
*William Henry Burleigh, M.D. Bowd. 1854	1871 44
Francis Erasmus Clarke, A.M.	
*Isaac Coffin	1861 31
Samuel Hilliard Folsom	
Richard Baxter Foster, A.B. 1867	

	Died. Age.
Chandler Freeman	
*David Brainerd French, M.D. 1854	1861 31
William Cutting Grant, A.M.	
*Milo Walbridge Grow	1864 38
Joshua Gilman Hall	
*John Moody Hayes, A.M., Prof. Lat. and Gr. Lomb.Univ.	1856 26
Charles Hitchcock, A.M.	
Homer Owen Hitchcock, A.M., M.D. Coll. P. and S. N. Y. 1855	
*Timothy Dwight Hobart	1853 26
Gilbert Edward Hood, A.M.	
Enoch Gibson Hooke	
Alanson Granville Hopkinson, A.M.	
Morris Lamprey	
Nathan Lord, A.M.	
John Sabin Pierce, A.M.	
Redfield Proctor, A.M., LL.B. Alb. 1860	
Daniel Putnam, Prof. Lat. Lang. and Lit. Kalam. Coll.	
Elihu Thayer Quimby, A.M., Prof. Math. and Civ. Eng.	
Benjamin Franklin Ray	1872 47
John Richards	
Stephen Roberts	
James Rogers, Judge Dist. C. Ky.	
Edward Ashton Rollins, A.M., Speaker Ho. Rep. N. H.	
JONATHAN ROSS, Judge Sup. C. Vt.	
Henry Edmund Sawyer, A.M., Memb. N. H. Hist. S.	
Luther Eastman Shepard, A.M.	
Joseph Augustus Shores, A.M.	
Daniel Lewis Shorey	
Algernon Stevens	
Sylvester Dana Storrs	
Joseph Howe Tyler, A.M.	
Charles Wesley Willard, M.C.	
Henry Willard, A.M.	
	45—*10

1852.

	Died. Age.
Wilson Smith Abbott	
*Charles Israel Adams, LL.B. Harv. 1858	1862 38
Ezra Judson Alden, A.M.	
Phineas Ayer	
Charles Barrett, A.M.	

44 DARTMOUTH TRIENNIAL. [1873.

	Died.	Age.
Perkins Bass,		
U. S. Dist. Att. Ill.		
John Bell,		
M.D. Univ. Pa. 1854		
Enoch Blanchard,		
M.D. 1857		
*Thaddeus Walker Bruce, A.M.	1861	36
*Albert Gallatin Burke	1866	38
Abraham Burnham		
William Pierce Burton		
John H. Buttrick		
Clinton Straw Chase,		
M.D. Castlet. Med. Coll.		
George Clary,		
M.D. N. Y. Med. Coll. 1857, do. Yale 1857		
John Colby		
George Avery Crosby, A.M.,		
M.D. 1855		
Charles Cutler		
Isaac Jones Cutter		
Robert Duncan		
James Starret Durant, A.M.,		
M. D. 1855		
George Dustan, A.M.		
Lorenzo Fairbanks		
MARTIN HEALD FISK, A.M,		
Pres. Paducah Coll., Prof. Math. Amh. Coll.		
William Copp Fox		
*Theodore French, A.M.	1860	29
Carlton Pennington Frost, A.M.,		
M.D. 1857, Prof. Theor. and Pract. Med.		
George Warren Gardner, A.M., D.D. 1867		
Jonathan Clarkson Gibbs		
*James Lyman Goodale	1853	25
*Oliver Holmes Gould	1859	28
Isaac Holden, A.M.		
Charles Edward Hovey		
*George Addison Hunt	1867	39
Elijah Martin Hussey		
*Osgood Johnson	1857	25
Charles Jones		
*Edward Holyoke Kimball	1855	23
*Edward Center Kinsman, A.M.	1871	39
John Johnson Ladd, A.M.		
*Leonard Horace Lee, A.M.	1860	28
Jesse McCurdy		
Frederick Vose Marcy		
*Benjamin Swan Marsh, A.M.,	1861	30
Homer Sackett Newcomb		

	Died.	Age.
Joseph Warren Odell,		
M.D. Harv. 1855		
*Daniel Henry Ordway	1854	24
Edwin Pierce, A.M.		
William Randolph Pixley		
Benjamin Miles Reynolds, A.M.		
*George Minot Safford	1853	28
John Haskell Sargent		
Thomas Parsons Sargent		
*Charles Parkman Sawyer, A.M.	1855	24
Francis Rush Skinner,		
M.D. Castlet. Med. Coll. 1855		
*Frederic Augustus Smith, A.M.,		
M.D. 1855	1856	26
Thomas Jefferson Smith		
Elnathan Ellsworth Strong, A.M.		
Edmund March Tappan	1860	36
Horace Ruel Tarbell		
*William Mason Taylor	1859	31
Elijah Miller Topliff		
	62—	*18

1853.

	Died.	Age.
Alfred Osgood Blaisdell, A.M.		
Jonathan C. Brown		
Moses Daken Brown		
Clarence Linden Burnet,		
LL.B. Alb. 1858		
Horatio Nelson Burton		
George William Cahoon, A.M.		
Charles Monroe Chase, A.M.		
Alpheus Benning Crosby, A.M.,		
M.D. 1856, Prof. Surg., do. Univ. Vt., do. Univ. Mich., do. Coll. L. I. Hosp., Prof. Anat. Bellev. Hosp. Med. Coll.		
James Milligan Dickson		
John Dolbeer Emerson		
Henry Fairbanks, A.M., Appleton Prof. Nat. Phil., Prof. Nat. Hist., Trustee		
Jonathan Brewer Farnsworth		
Sylvanus Hayward, A.M.		
*Calvin Gross Hollenbush, A.M.,		
M.D. Phila. Med. Coll. 1856	1861	30
*William Wallace Howard	1864	35
Calvin Butler Hulbert		
John Hutchinson		
*John Kendall	1861	29
*Caleb Chandler Kendrick	1853	21
John Augustus Lamson, A.M.,		
M.D. Harv. 1856		

1873.]   GRADUATES.   45

	Died.Age.
John Dudley Lovering, A.M.,	
M.D. Alb. 1860	
Franklin McDuffee, A.M.	
Henry Woodbury Moore	
NATHAN JACKSON MORRISON,	
A.M. Oberl., D.D. 1868, Prof.	
Gr. and Prof. Int. Phil. and	
Pres. Olivet Coll.	
Charles Osgood Morse	
John Herrick Morse	
*Valentine B. Oakes	1862 33
William Stratton Palmer, A.M.	
Isaac Augustus Parker, A.M.,	
Prof. Anc. and Mod. Lang.	
Lomb. Univ.	
Chase Prescott Parsons	
Daniel Perrin	
Henry Martyn Perrin,	
A.B. 1870	
Andrew Reed	
Charles Frederick Remick	
Levi Robinson, A.M.	
Moses Thurston Runnells, A.M.	
David James Boyd Sargent,	
Prof. Oberl. Coll.	1858 28
Gilman Lyman Sessions	
*Henry Elijah Stanton	1856 24
Francis Cummins Statham	
Levi Merrick Stewart	
William Charles Thompson,	
LL.B. Harv. 1856	
William Smith Thompson	
Nathaniel Lord Upham, A.M.	
John Seth Washburn	
George Parks Whitcomb	
John Fletcher Wight, A.M.	
Edward Jesup Wood	
Charles Augustus Young, A.M.,	
PH.D. Univ. Pa. 1870, do. Ham.	
1872, For. Assoc. R. A. S., F.	
Nat. Acad. Sci., Assoc. F. Am.	
Acad. Sci., Prof. Math. and	
Physics W. Res. Coll., Appleton Prof. Nat. Phil. and Prof.	
Astron.	
	50—*7

1854.

John Goldthwait Adams
John Winslow Allard
Henry Wilder Allen
Henry McCobb Bacon
Benjamin Evans Badger
William Wallace Bailey,
  LL.B. Alb. 1856

	Died.Age.
*John Adams Burleigh	1872 37
Charles Caverno, A.M.	
George Henry Chadwick, A.M.,	
M.D. Alb. 1857	
Edwin Azro Charlton, A.M.	
Joseph Clark, A.M.	
Nathan Jacob Clifford	
Levi Henry Cobb, A.M.	
George Anthony Collamore,	
M.D. Harv. 1859	
John Beecher Comley	
Charles Hilliard Cram	
John Davenport Crehore, A.M.,	
Adj. Prof. Math. Wash. Univ.	
Miss.	
Hiram Benjamin Crosby,	
Judge Mun. C. Ct.	
Samuel Wood Dana, A.M.,	
M.D. Coll. P. and S. N. Y. 1858	
Justin Edwards Dow, A.M.	
John Eaton, A.M.,	
PH. D. Rutg. 1872	
*Simeon Dow Farnsworth	1868 41
Erastus Newton Fay, A.M.	
Joseph Pitchlynn Folsom	
Andrew Washington Freeman	
*John Fuller Gillis, A.M.	1861 30
William Whitney Godding,	
M.D. Castl. 1857	
Galen Allen Graves, A.M.,	
Tutor Kalam. Coll.	
Ranney Greene	
Daniel Hall	
Daniel Bliss Harvey,	
LL.B. Alb. 1862, Prof. Math.	
Marshall Coll.	
George Haseltine, A.M.,	
LL.B. Alb. 1856, LL.D. Chic.	
Univ. 1872	
*Franklin Aretas Haskell	1864 35
Henry Allen Hazen, A.M.	
*George Diah Alonzo Hebard	1870 39
Stephen Solon Herrick,	
M.D. Univ. La. 1851	
William Augustus Herrick	
Edmund Webster Kittredge	
David Ricker Lang	
Levi Little, A.M.	
Jonathan Marshall, A.M.	
Rufus Osgood Mason, A.M.,	
M.D. Coll. P. and S. N. Y. 1859	
*Edwin Nathaniel Mathes	1864 29
Grosvenor Clarke Morse	1869 42

	Died. Age.		Died. Age.
Ephraim Murch, Prof. Math. and Phys. Bethel Coll.		William Daniel Knapp WILLIAM SPENCER LADD, Judge Sup. Jud. C. N.H.	
Reuben Delavan Mussey		Charles Carroll Lund	
Claudius Buchanan Pierce		*Stephen Sargeant Morrill*	
Jedediah Harris Reed, A.M.		Chauncey Nye	
William Callaghan Robinson		Daniel Dana Patten	
Baxter Perry Smith		Henry Whipple Perkins	
*Charles Franklin Smith	1864 31	*Alpheus Justus Pike*	
*John Bezaleel Smith	1858 27	John Foster Porter	
Stephen Lewis Bates Speare		David Quigg	
*Bela Nettleton Stevens, A.M., M.D. 1859	1865 31	Chandler Richards Francis Marvin Robinson	
Horatio Nelson Twombly, A.M.		William Kimball Rowell, A.M.	
William Winchester Whitcomb		Edward Burr Smith Sanborn	
Horace Bliss Woodworth 57—*10		Edward Payson Scales, M.D. Clevel. 1859	
		*Daniel Stearns	1868 36
1855.		*Jacob Edwin Taylor	1868 37
William Henry Harrison Allen, Judge Prob. N. H.		*Charles Amos Tenney Edwin Alonzo Thomas, A.M.	1856 21
John Richards Baker		Edward Augustus Upton	
Joseph Henry Banfield		John King Valentine,	
Ira Norton Barnes, A.M.		LL.B. Univ. Pa. 1857	
Frederick Bates		Robert Wallace	
Edward Randall Benner, Prof. Anc. Lang. Lomb. Univ.			51—*7
Joseph Morse Bickford		**1856.**	
Samuel Robert Bond		Henry Foster Anderson	
Joshua Metcalf Chamberlain		*Franklin Deming Ayer*	
John Spaulding Chamberline		WILLIAM EDWARD BARNARD,	
Benjamin Clark		Prof. Math. and Pres. Willam. Univ.	
Greenleaf Clark, LL.B. Harv. 1857		*George Washington Bartlett	1873 37
James Thornton Cobb		Caleb Blodgett	
Jacob Dalpè		Isaac Bridgman, A.M.	
Sylvanus Sanborn Dearborn	1866 36	Leverett Milton Chase	
Nelson Dingley		*Billie Chenault	1863
William Dexter Dow		Walter Stewart Church	
*Edward Garrison Draper	1858 24	*Ambrose Wayland Clarke,* A.M., Prof. Math. and Nat. Phil. Wash. Coll. Md.	1871 39
George Dutton, A.M., M.D. Nat. Med. Coll. 1861			
Ebenezer Franklin Fellows		Abraham Burbank Coffin	
Walbridge Abner Field, Tutor		*Leander Collamore Amos Noyes Currier, A.M., Prof. Lat. and Gr. Ia. Cent. Univ., do. Iow. State Univ.	1858 26
Elbridge Gerry Greenough			
Silas Hardy			
Sidney Smith Harris		Sullivan M. Cutcheon	
*Nathan Sherburne Haseltine	1860 30	*Calvin Cutler*	
*Richerand Howe	1863 29	*Mark Davis, LL.B. Po'keepsie 1858	1865 29
Ephraim Orcutt Jameson		Elijah Francis Dewing	
Henry Martyn Kimball		Daniel Bliss Dudley, A.M.,	
John Russell Kimball		LL.B. Alb. 1862	

GRADUATES.

	Died.	Age
Azro Dyer, LL.B. Louisv. 1858		
Joseph Low Elkins, M.D. 1860		
Osmer Willis Fay		
Leonard Zenas Ferris		
Carlisle Joyslin Gleason		
Edward Nichols Goddard		
*Zenas Goss	1864	31
Elijah Atwood Gove		
William Henry Haile		
Charles Horace Hersey		
Lyman Gillett Hinckley		
Josiah Howard Hobbs, A.M.		
William Elwyn Jewell		
Albion Wesley Johnson, A.M., M.D. Univ. Vt. 1861		
James Edwin Johnson		
William Royal Joyslin		
John Kimball		
Emory William Lane		
Almon Orlando Leavitt		
William Smith Leonard, M.D. 1860		
*Francis Brown Lord	1873	39
Augustus Leander Marden, A.M.		
Charles Tenney Melvin		
John Leverett Merrill		
Henry Langdon Parker		
William Bostwick Parsons		
William Lawrence Peabody		
Walter Henry Pomroy		
Burrill Porter		
Benjamin Franklin Prescott		
*John Alvin Putney		
Levi Parsons Sabin		
Robert Samuel		
George Washington Sargent		
Nathaniel Stone Simpkins		
Charles Harrison Spring, A.M., M.D. Alb. 1857		
William Weir Stickney		
Edwin Hubbard Taylor		
James Duncan Thomson		
Edward Woods		
Albert Adams Young, A.M.	59—	*7

1857.

Moses Willard Bartlett
Richard Ridgely Bird, A.M.

	Died.	Age.
John Quincy Bittinger		
Henry Ames Blood		
*Edmund Crey Brabble	1864	29
Charles Arms Carlton, A.M.		
*Daniel Reynolds Carter	1865	30
*Amos Heebner Cassell	1858	24
Warren Pettengill Chase		
John Howe Clark, M.D. Harv. 1862		
Ira Colby		
Chester Cook Conant, LL.B. Alb. 1859		
William Amherst Coult Converse		
David Timothy Corbin, U. S. Dist. Att. S.C.		
Royal Southwick Crane		
*Daniel Avery Crosby, A.M.	1866	30
Thomas Augustus Cushing		
Joseph Augustus Cutter		
Wendell Davis		
Edward Watson Denney, A.M.		
*Henry Doane, LL.B. Harv. 1859	1865	31
Robert Henry Duncan		
John Atwood Follette, M.D. Alb. 1858		
William Josiah Forsaith		
Henry Martyn Frost	1866	30
Henry William Fuller, A.M., LL.B. Harv. 1859		
William John Galbraith		
Joseph Gile		
Merritt Elton Goddard		
Henry Anthony Goodhue		
John Benton Goodrich, A. B., 1870		
John Cushman Hale		
*Ephraim Jewett Hardy	1857	26
*Moses Kittredge Haselton	1862	27
Lloyd Wells Hixon		
George Edward Horne		
*Arthur Edwin Hutchins, A.M.	1863	27
Norman Jones		
Edward Cornelius Delevan Kittredge		
Samuel Wright Lovejoy, LL. B. Alb. 1860		
George Azro Low, A.M.		
*Ivory White Richardson Marsh	1868	35
Thomas Marshall, A.M.		

48 DARTMOUTH TRIENNIAL. [1873.

	Died.	Age.
Elliott Tucker Merrick, A.M.		
Charles Edward Milliken		
Isaac Moore		
*David Priest Noyes	1867	37
EDWARD FOLLENSBEE NOYES, LL.D. W. Res. 1872, Judge Prob. Ohio., Gov. Ohio		
Ezra Knight Parker		
Edwin Ruthven Perkins		
Samuel Everett Pingree, A.B. 1870		
James Bailey Richardson		
*Warren Elias Richmond	1862	27
*Abiel Cooper Sargent	1859	30
*Lucius Stearns Shaw	1861	31
*Hiram Lewis Sleeper	1864	31
BENJAMIN HINMAN STEELE, Judge Sup. C. Vt.		
Thomas Henry Thorndike		
*Charles Henry Wallace	1861	25
John Hayes Waterman		
Henry Martyn Wells, M. D. Univ. Pa. 1861		
Daniel G. Wild		
William Burnett Wright		
	63—*16	

1858.

	Died.	Age.
John Elkins Abbott		
Lucian Harper Adams		
John Francis Aiken		
Charles Albert Baker		
George Kellam Bartholomew, A.M.		
Samuel Collins Beane		
Joshua William Beede		
Halsey Joseph Boardman		
*Charles Henry Boyd, A.M., Tutor	1866	29
Harrison Everett Chadwick		
Augustus Blodgett Clark		
John Theodore Clark, A.M.		
William Henry Clifford		
Alfred Brooks Dascomb		
Albert Austin Davis		
Joseph Francis Dudley		
Samuel Augustus Duncan,A.M., Tutor		
*Horace Meeker Dyke	1861	27
George Washington Emery, LL.B. Alb. 1859		
Joseph Warren Fellows, LL.B. Alb. 1861		

	Died.	Aged.
Abial Walstein Fisher		
Francis Hopkins Fletcher		
John Foster		
*Edwin Brant Frost	1864	30
*James Wilder Gates	1863	25
Samuel Lankton Gerould		
Walter Gibson		
Samuel Mills Gleason		
* William Augustine Haselton	1864	30
William Francis Hathaway, A.B. 1864		
*Willard Spaulding Heath	1861	25
Samuel Everett Hoar		
Joseph Bassett Holland, A.M. Amh. 1856, M. D. 1866		
Augustus Samuel Howard		
John William Hudson, A.M.		
*Richard Hunawill	1858	
*Alexander Ingram, M.D.	1865	28
Silas Kellogg		
*William Frederick Durant Kimball	1865	28
Enoch Place Ladd		
Alfred Laws, A.M.		
*Alanson Bertram Long, A.M.	1870	34
George Armstrong Lyon, A.M.		
*Andrew Jackson Marshall	1861	30
George Franklin Merrill, A.M.		
*Hiram Harvey Monroe, M.D. 1869	1863	31
Elias Craig Neal		
Albert Palmer, A.M.		
Gustavus Dorman Pike		
Thomas Lancaster Sanborn		
Rudolph Warfel Shenk, A.M.		
Samuel Morse Smith		
Richard Calvin Stanley, A.M., Prof. Nat. Sc. Bates Coll.		
Malcolm Webster Tewksbury		
Ai Baker Thompson, A.M.		
Charles Oliver Thompson,A.M., Prof. Chem. and Princ. Worc. Free Inst.		
William Luther Thompson		
Isaac Mortimer Wellington		
	58—*12	

1859.

William Richards Adams
Edward Hyde Alden
Henry Bridge Atherton,
LL.B. Alb. 1860

1873.] GRADUATES. 49

	Died.	Age.
*Charles Prescott Bailey	1863	28
Fisher Ames Baker		
Watson Kendall Barnard		
Ainsworth Emery Blunt		
*Calvin Howard Brown	1865	30
Isaac Newton Carleton, A.M.		
*Charles Whiting Carroll	1862	26
Henry Chase		
*Bartlett Gershom Cilley	1867	52

Warren Robert Cochrane, Tutor
John Freeman Colby
Phineas Sanborn Conner, A.M.,
  M.D. Jeff. Med. Coll. 1861,
  Prof. Surg. Coll. P. and S.
  Cinc., Prof. Surg. and Surg.
  Anat. Ohio Med. Coll.
Edward Cowles, A.M.,
  M.D. 1863, do. Coll. P. and S.
  N. Y.
John Davis
James Henry Denny, A.M.,
  M.D. Harv. 1865
Chase Hall Dickinson,
  LL.B. Alb. 1861
Horace Francis Dudley
Lucien Bonaparte Eaton
Samuel Johnson Edgerly
Frederick Shubael Fisher

*Scott French	1863	24

John Franklin Frye
Alfred Payson Gage
Roger Sherman Greene
Joseph Williston Grosvenor, M.D.
John Hanson
James Alexander Hartness
Benjamin Franklin Hayes
Albert Jacob Hersey
Isaac Wallingford Hobbs
Josiah Hilton Hobbs,
  LL.B. Columb'n 1866
Charles Hosford, M.D.
Edward Howe
James Taylor Jackson

Reuben Varney Jenness	1863	27
*Charles Gustavus Jones	1859	25
*Dearborn Dudley Leavitt	1862	30

George French Leonard
Leverett Leonard
Reeves Leonard
William Little,
  LL.B. Alb. 1861

| Charles Dummer Moody | | 8 |

James Hale Newton
William Niles
Samuel Aiken Noyes, A.M.
Daniel Webster Peabody
Henry Clay Peabody
Benjamin Lovering Pease
Albert Cornelius Perkins, A.M.
Benjamin Franklin Perkins,
  A.M.
Charles Walker Pickering
Luther Batchelder Pillsbury

*George Washington Quimby	1862	27

George Eugene Ross
Edward Rush Ruggles, A.M.,
  Chandler Prof. Mod. Lang.
  and Engl. Lit.
James Augustus Sanderson

*Charles Herbert Stanley	1864	26

Samuel Sargent Taylor
Asa Wentworth Tenney
Thomas W. Thompson, A.M.
Luther Tracy Townsend,
  D.D. 1871, Prof. Eccl. Hist.
  Boston Theol. Sem.
George Henry Twiss
Wheelock Graves Vesey,
  LL.B. Alb. 1860
Peleg Wadsworth,
  M.D. Nat. Med. Coll. 1863
Allen Palmer Weld

68—*10.

1860.

James McMillan Ayer
Cecil Franklin Patch Bancroft, A.M.
Albert Smith Bickmore, A.M.,
  PH.D. Ham. 1870, F. R. G. S.,
  Prof. Nat. Hist. Mad. Univ.
Loring Pierce Boyd
Jonathan McDuffie Brewster,
  A.M.
George Byron Brooks
John Peaslee Brown,
  M.D. Harv. 1865
William Ellingwood Bunten
David Augustine Caldwell
Charles Henry Camp
Daniel Henry Caverno,
  LL.B. Alb. 1862   1867 27
*George Ephraim Chamberlin 1864 26
George Henry Chandler, A.M.,
  LL.B. Harv. 1867, Memb. N. H.
  Hist. S., do. Md.

	Died.	Age.
Frederick Chase,		
LL.B. Columb'n 1867		
Moses Ryland Chase		
Josiah Taylor Closson		
Samuel Carleton Cotton		
Samuel Quarles Dearborn		
Daniel Ashley Dickinson		
Frederick Blake Dodge		
William Kelley Fletcher,		
M.D. Ms. Med. Coll. 1862		
*Charles Lee Foster	1863	27
Samuel Franklin French		
John Bunce Griswold		
Ferguson Haines		
*Oscar Adrian Hale	1867	30
John William Haley, A.M.		
Samuel Gordon Haley		
George Hardy		
Vaola John Hartshorn		
John William Hayes,		
LL.B. Alb. 1862		
William Slade Herrick		
Ira Gustavus Hoitt, A.M.		
Lyman Bartlett How, A.M.,		
M.D. 1863, Lect. and Prof. Anat. and Physiol.		
Samuel Hason Jackman		
Samuel Bass Kidder		
Henry Hastings Kimball		
Sullivan Cicero Kimball, A.M.		
Arthur Little		
*Charles Little,		
M.B. 1864	1869	33
Ralph Izard Middleton		
Henry Albert Morrill		
Luther Colby Morse		
Henry Clay Newell,		
M.D. 1864		
Alanson Palmer, A.M.		
Wilson Palmer,		
A.B. 1861		
Charles Edmund Parker		
George Parker,		
LL.B. Harv. 1864		
Joab Nelson Patterson		
Luther Burr Pearsall		
George Pierce		
Alonzo Rea		
Daniel Gustavus Rollins,		
U. S. Dist. Att. N. Y.		
Daniel Webster Sanborn, A.M.		
Caleb Cushing Sargent		

	Died.	Age.
Edwards Savage, A.M.,		
LL.B. Alb. 1862		
James Oliver Scripture,		
A.B. 1861, Prof. Homil. Berk. Div. Sch.	1868	29
Richard Henry Stone,		
M.D. Coll. P. and S. N. Y. 1866		
William Augustus Thompson		
John Tredick		
Earl Webster Westgate, A.M.		
Charles Wheeler		
George Thompson White		
George Wilcox		
Hiram Dayton Wood		
	65—	*6

1861.

	Died.	Age.
John Worthington Hopkins Baker		
John Leander Brewster, A.M.		
David Henry Brown		
Milton Moses Brown		
George Anson Bruce		
*John Ware Butterfield	1870	30
*Henry Mills Caldwell	1862	23
George Washington Cate		
Joseph Venable Chase		
Wendell Hamlen Cobb		
William Wallace Colburn		
*David Farnum Cole	1865	28
Henry John Crippen		
Eben Harlow Davis		
Edmund Davis		
William Wallace Dow, A.M.		
De Witte Duncan		
George William Estabrook		
James Piermont Gilman		
George Le Roy Gleason		
Andrew Jackson Goss		
*Jasper Spurzheim Grant,		
M.D. Harv. 1863	1865	27
George Enos Hodgdon		
Abel Trumbull Howard		
Edmund Sawyer Hoyt, A.M.		
Benjamin Franklin Jenness		
Amos Byron Jones		
Nathaniel Tenney Kimball		
Edward Boardman Knight		
George Augustus Marden		
*George Hubbard Marsh	1862	24

GRADUATES.   51

	Died. Age.
Sidney Augustus Merriam	
Henry Kingsbury Moore	
George Sylvester Morris, A.M., Tutor, Prof. Mod. Lang. Mich. Univ.	
Francis Rogers Morse, A.M.	
Edward Norton	
Daniel James Noyes, A.M.	
John Palmer Olney	
Alfred Gilbert Osgood	
Benjamin Greeley Page	
Harlan Winslow Page	
Henry Pitt Page	
William Robie Patten	
*Francis William Perkins	1871 31
Henry Mark Putney	
Edward Dana Redington	
Charles Tyng Richardson	
Edward Thomas Rowell	
Galen Benjamin Seaman	
Manson Seavey, A.M.	
Benjamin Rush Skinner	
*Joseph Oliver Stearns	1862 26
Gilman Henry Tucker	
William Jewett Tucker	
William Brackett Weeks	
Joseph Doe Weeks	
Henry Clay Welch	
James Monroe Whitaker, A.M., M.D. 1864	
	58—*7

1862.

Galen Allen
James Franklin Allen, LL.B. Columb'n 1866
Augustus Alvord
*Frederick William Bailey   1870 31
Joshua Stuart Banfield
David Emery Boutelle, A.M.
Calvin Smith Brown
*Howard Malcom Chase   1863 22
Levi Gilbert Chase
Thomas Noyes Chase, A.M.
James Adams Clark
Stephen Wells Clarke, A.M.
Charles Russell Clement
Amos Waters Crane
Oliver Lyford Cross
Horace Stuart Cummings
Milan Davidson
David Franklin Davis

	Died. Age.
Jason Henry Dudley	
Luther Wilson Emerson	
Frederick Wood Eveleth	
George Farr	
George Marshall Fellows	
*Stark Fellows	1864 24
David Folsom	
James French	
Nathaniel Parker Gage	
George Fuller Gill, A.B. 1864	
Octavus Barrell Goodwin	
George Frank Hobbs	
Grosvenor Silliman Hubbard, LL.B. Columb. 1867	
Simeon Hunt, M.D. 1865	
Andrew Ingraham	
William Edward Johnson	
Josiah Weare Kingsbury	
Arthur Sewall Lake	
Henry Phelps Lamprey	
Benjamin McLeran	
Henry Marden	
John Wesley Milligan	
Joseph Robert Milligan	
George Washington Morrill	
Charles Myron Palmer	
Edwin Franklin Palmer	
George Bela Patch, A.M.	
William Henry Peck	
Jay Reed Pember	
George Lovell Richardson	
John Sanborn Stevens	
George Harvey Taylor	
Chauncey Warriner Town	
Edward Tuck	
John Sidney Warren	
Randall Hobart White	
Augustus Wiswall Wiggin	
	56—*3

1863.

Ephraim Eliphalet Pearson Abbott, A.M.
Jeremiah Emery Ayers, A.M., Prof. Lat. Lang. and Lit. Univ. W. Pa.
Henry Moore Baker, A.M., LL.B. Columb'n 1866
George Washington Bingham, A.M.

	Died.	Age.

Barton Fisk Blake
Joseph Conner Bodwell, Jr.,
  A.B. 1869, A.M.
Albert Bowers •
David Emery Bradley, A.M.
Wilder Luke Burnap,
  A.B. 1864, A.M.
Sanford Smith Burr
Nathaniel Holmes Clement, A.M.
Thomas Cogswell, A.M.
Henry Lyman Colby,
  A.B. 1866, A.M.
Charles Bell Converse, A.M.
Samuel Delano Dodge
William Lapham Flagg
Addison Howard Foster,
  M.D. Coll. P. and S. N. Y. 1866.
George Henry French
Zeeb Gilman, A.M.,
  M.D. Coll. P. and S. N. Y.
William Pittson Goodelle
Thomas Goodwillie,
  M.D. 1866
Francis Palmer Goulding
Edwin Green,
  A.B. 1865, A.M., LL.B. Alb. 1866
Alfred Kittredge Hamilton,
  A.B. 1864
Azel Washburn Hazen, A.M.
*George Swan Hutchins,A.M. 1868 28
Jonas Hutchinson
Isaac Newton Jenks
Jesse Johnson
Edward Payson Johnston, A.M.
Joseph Franklin Joy
Charles Franklin Kittredge,A.M.
Maitland Charles Lamprey,
  A.B. 1865, A.M.
Daniel Norris Lane, A.M.
George Arthur Miller
*Charles Willard Morrill 1864 24
Clarence Freeman Moulton
Bernard Paine, A.M.
Charles Carroll Pearson
John Bradley Peaslee, A.M.
Martin Van Buren Perley
Gardner Carpenter Pierce,
  M.D. Harv. 1866
Charles Alfred Pillsbury, A.M.
William Henry Preston, A.M.
*John Milton Proctor 1866 26
Solon Shumway Sanborn, A.M.
  LL.B. Harv. 1868

Francis Savage, A.M.
John Scales, A.M.
Frank Austin Spencer,
  LL.B. Columb'n 1867
*George Sidney True 1864 25
Isaac Walker, A.M.
George Albert Weaver
Hollis Smith Westgate
Eri Davidson Woodbury, A.M.
        53—*4

1864.

John Henry Albin, A.M.
Edwin Freeman Ambrose
Henry Clinton Ayers
Solon Bancroft
Charles Dana Barrows
John Paige Bartlett, A.M.
*Samuel Newton Bartlett 1864 26
John Hale Berry, A.M.
Nathan Cook Brackett, A.M.
Charles Albert Bunker, A.M.
*William Sargent Burnham,
  A.M. 1871 32
Charles Caldwell,
  M.D. Harv. 1867
Albert Priest Charles
Silas Wright Davis,
  M.D. 1867
Edward DeForest
David Marks Edgerly,
  M.D. N. Y. 1867
Daniel Mitchell Elliott, A.M.
John Luther Foster
Willard Wheeler Freeman, A.M.
Homer Taylor Fuller, A.M.
William Tenney Gage
John Tyler Gibson, A.M.
Linus Almon Gould
Daniel Crosby Greene, A.M.
Nathaniel Luther Hanson
William Francis Harvey, A.M.,
  M.D. Georget. Med. Coll. 1868
Ichabod Goodwin Hobbs
Elias Wilkins Howe
Edward Francis Johnson
Hosea Kingman
Eugene Lewis
*Warren McClintock, A.M. 1871 33
Albert Weston Moore, A.M.
George Bradford Nichols

1873.] GRADUATES. 53

Died. Age.

Charles Henry Patterson,
  LL.B. Columb'n 1866
Leander Van Ness Peck
John Carroll Proctor, A.M.,
  Tutor, Prof. Gr. Lang. and Lit.
Cyrus Richardson
William Richardson
George Howard Malcolm Rowe, A.M.
Jacob Osborn Sanborn
JOHN WOODBURY SCRIBNER,
  Pres. Hartsv. Univ.
Charles Eben Swett
Charles Augustus Towle
John Jay Tracy
John Calvin Webster,
  M.D. Harv. 1867
Bartlett Hardy Weston
Elliot Whipple,
  A.M. Wheat. 1870, Prof. Nat. Sci. Wheaton Coll., Prof. Math. Westf. Coll.
Nelson Wilbur

49—*3

1865.

Charles True Adams
Charles Carroll Arms, A.M.,
  M.D. Jeff. Med. Coll. 1868
Algernon Benton Baldwin,
  LL.B. Alb. 1868
Frederic Alphonso Benton
James Henry Bodge, A.M.,
  M.D. Harv. 1867
Caleb Burnham,
  M.D. 1869
Henry Eben Burnham
Joseph Stanley Chapman
Charles Abner Chase
Walter Wells Chase
Ziba Aldrich Colburn
John Sanborn Conner
Henry Irving Cushman, A.M.
Francis James Drake
Frederick Fairfield Foster
William Bull Green
Ammi Ruhamah Hahn,
  M.D. Harv. 1869
Edwin Blaisdell Hale
Charles Carroll Hall
Matthew Harvey
Isaac Long Heath
Wendell Phillips Hood

Died. Age.

Charles Lawrence Hubbard
Hiram Augustus Huse,
  LL.B. Alb. 1867
George Henry Ide
Richard Kimball
David Dana Marsh
Frank Banvard Modica
Luther Sullivan Morrill
David Robinson Nutter,
  LL.B. Columb. 1867
Henry Lebbeus Oak
Webster Patterson
Erastus Barton Powers,
  LL.B. Harv. 1867
William Alexander Putney
Horace Russell
Augustus Harrison Small
William Burnham Stevens
William Deveraux Walker,
  A.B. 1869
Alphonso Everett White, A.M.
Leonard Wilcox
George Roscoe Williams
Peter Woodbury, A.M.

41

1866.

Alson Bailey Abbott, A.M.
Horace Eaton Andrews, A.M.
Samuel Peabody Atkinson
Samuel Bell
Edward Nelson Bishop, A.M.
James Henry Chapman
Adino Burton Chase, A.M.
George Edward Chickering
Lucien Haskell Frary
Orin Gambell,
  LL.B. Alb. 1867
Marshman Williams Hazen, A.M.
Schiller Hosford
Nathan Parker Hunt
Warren Gookin Hutchins,
  M.D. 1870
Henry Clay Ide
John Edgar Johnson
Edward Augustus Kelley
Henry Appleton Kendall
Eugene Peck Kingsley
Charles Edwin Lane, A.M.
Francis Wesley Lewis
John Clay McKowen, A.M.
Chester Wright Merrill, A.M.

	Died.	Age.
*George Moore	1867	25
*Joseph Perkins Neal	1871	27

Waldemar Otis,
  LL.B. Harv. 1871
William Benton Perrin,
  LL.B. Alb. 1867
Henry Smith Phetteplace
George Harlin Pillsbury, A.M.
James Powell
Levi Rodgers
*John Jones Sargent   1870 26
Walter Ashbel Sellew, A.M.
Henry Stoddard Sherman, A.M.
William Benjamin Tyng Smith
James Alfred Spalding
Charles Quincy Tirrell
Benjamin Osgood True
Henry Wardwell
Henry Whittemore
George Washington Wing, A.M.
Lewis Lionel Wood

                            42—*3

1867.

Charles Francis Atwood
Samuel Colcord Bartlett
Benjamin Franklin Brickett
Abram Brown
Almond Fifield Cate
Josiah Greene Dearborn
Joseph Gardner Edgerly, A.M.
Horace Goodhue, A.M.,
  Prof. Math. and Prof. Gr. Northf. Coll.
John Bradley Greene
Cassius Rufus Haywood
Henry Clay Henderson
Howard Fremont Hill, A.M.
John Nichol Irwin
William Alexander Ketcham
Charles Francis King
Joseph Hartwell Ladd,
  LL.B. Harv. 1871
Thomas Lecky, A.M.
John Joseph McDavitt
*Henry James McMurphy   1868 24
Robert Gibson McNiece, A.M.
Charles Hamilton Mann, A.M.,
  LL.B. Harv. 1869
Frederick Gregory Mather
Elisha Burr Maynard
Charles Henry Merrill

George Abijah Mosher
Bainbridge Chaplain Noyes
James Wesley Palmer
John Henry Patterson
Samuel Plumer Prescott
Charles Montgomery Reed
Walter Henry Sanborn, A.M.
Alfred Addison Thomas
Robert Moore Wallace
Ezekiel Webster Whipple,
  LL.B. Columb. 1869
James Richard Willard
Albert Gallatin Wilson, A.M.
Charles Carroll Woodman, A.M.
Amos Willets Wright, A.M.

                          38—*1

1868.

David Allen Anderson, A.M.
Walter Howard Ayers
Francis Marion Bennett
Kimball Foster Blaisdell
George Adams Blanchard
Henry Clay Bliss
Cassius Samuel Campbell
Charles Henry Chandler, A.M.,
  Prof. Chem. and Physics Antioch Coll.
Henry Salter Clark
Frederick Gove Cochran, A.M.
Aaron Dayton Condit, A.M.
Asa Brown Cook
Erskine Chamberlin Curtis
Edward Abbott Cushing
Charles Franklin Emerson, A.M.,
  Tutor, Assoc. Prof. Math. and Nat. Phil.
Eugene Beauharnais Gale
Charles Goodwin Hale
Fernando Cortez Hathaway
Benjamin Mead Hill, A.M.
Charles Marion Howe
James Alexander Dupec Hughes
John King Lord, A.M.,
  Tutor, Assoc. Prof. Lat. and Rhet.
Raymond Noyes
John Ward Page
Ambrose Loomis Ranney
Elmer Small
Edwin Everett Smith, A.M.
  M.D. L. I. Coll. Hosp. 1871

	Died.Age
John Herbert Twombly, A.M.	
George Burritt Vanderpoel, A.M.	
Carlos White,	
A.B. 1871	
Colin Reed Wise, A.M.	
Henry Andrew Wise, A.M.	
Franklin Parker Wood	33

1869.

Fisher Ames,
LL.B. Alb. 1871
Charles William Bartlett,
LL.B. Alb. 1871
Horace Everett Bartlett, A.M.
Albert Franklin Blaisdell
William Johnston Bradley, A.M.
Henry Brimblecom
James Byron Brooks,
LL.B. Alb. 1871
Franklin James Burnham
George Henry Chamberlin
Austin Selden Chase
Charles Parker Chase, A.M.,
Tutor, Prof. Math. Olivet Coll.
Otis Chickering
Charles Marsh Clay
Edwin Riley Coburn
Charles Henry Cook, A.M.
Albert Wheaton Cooke
Henry Calvin Crane
George Jotham Cummings
Edward Hallam Currier, A.M.
Edwin DeMerritte
James McEwen Drake, A.M.
Omar White Folsom
Myron Hawley Fuller
Edwin Peabody Gerry, A.M.
John White Griffin
William Dearborn Haley, A.M.
Hiram Putnam Harriman,
LL.B. Alb. 1870
John Eddy Hatch, A.M.
George Willard Haywood
Frank Hiland
Edwin Ruthven Hill Hodgman
Frederick William Jones
Seth Wight Kelley
Arthur George Lewis, A.M.
Rollin Orlando Linsley, A.M.
Nathan Whitman Littlefield
William Adams Lord

	Died.Age
Hiram Eugene McNutt, A.M.,	
M.D. 1872	
James Means	
Henry Ruthven Montieth	
Isaac Lea Nicholson	
Edward Everett Parker	
Joseph Benjamin Parker, A.M.	
Sidney Atwood Phillips	
George Rice	
Oscar David Robinson	
James Edwin Rowell	
John Page Sanborn	
Austin Sanford	
Henry Leavitt Smith, A.M.	
John Lefavour Stanley, A.M.	
Winthrop Flint Stevens, A.M.	
George Royal Stone	
Daniel Thompson Wheaton	
William Leonard Worcester, A.M.,	
M.D. Nat. Med. Coll. 1873	55

1870.

Ira Anson Abbott
Alexander Smith Abernethy
John Henry Allen
Rush Edgar Avery
Theodore Moses Barber
John Adams Bellows
Robert Miller Bolenius
Lewis Boss
Daniel Gile Brockway,
M.D. Univ. N. Y. 1873
Francis Brown,
Tutor
James William Cheney
William Hoyt Colgate
Josiah Weare Dearborn
Reuben Fletcher Dearborn
Frank DeMeritte
Irving Webster Drew
George Stephen Edgell
Schuyler Chamberlin Farnham
Charles Edwin Hall,
A.B. 1872, M.D. Univ. N. Y. 1873
John Henry Hardy
Lemuel Spencer Hastings
Lucius Randolph Hazen
Herman Holt
*Joseph Gibson Hoyt   1871 20
Eben Hunt
John Holmes Leach
Abiel Leonard

	Died.	Age.

Calvin Winfield Lewis
Eugene Olin Locke
James Lewis Merrill
Robert Henry Parkinson
Marshall Reuben Peck
Edwin Alexander Phelps
John Edward Pike
Albert Love Plummer,
  Prof. Lat. and Gr. Nashv. Univ.
Isaiah Franklin Pray
Charles Edward Putney
Adoniram Judson Rowell
Randall
Lorenzo Richmond
William Rice Smart
Ballard Smith
Sanford Henry Steele
Mellen David Stone
Ethelbert Talbot
Henry Winslow Tewksbury
Thomas Heber Wakefield
Charles Joseph Walker
John Henry Wardwell
Charles Edward Woodbury,
  M.D. Univ. N. Y. 1873
Franklin Worcester

49—*1

1871.

Albert Armstrong Abbott
Melvin Ohio Adams
George Henry Atkinson
Edward Carlton Atwood
Albert William Bacheler
William Henry Bartlett
Alfred Trask Batchelder
Marvin Smith Bates
James Roberts Beede
Marvin Davis Bisbee
Eben Brewer
Rolla George Bugbee
Edward Carleton Burbeck
Alvin Burleigh
Robert Marsh Carleton
Charles Henry Conant
Charles Stevens Conner,
  LL. B. Cincin. 1872
James Elkanah Cowles
William Swan Dana
William Burke Danforth
Edwin Augustus Daniels

George Eugene Davis,
  M.D. Hahnem. Med. Coll. 1873
Frank Eugene Dimick
Charles Nelson Flanders
William Willard Flint
Henry Asa Folsom
Robert Monroe Funkhouser,
  LL.B. Columb. 1873
Tilden Selmes Funkhouser
Oscar James Gilchrist
Henry Clayton Harrison
Henry Allen Hazen
*William Oliver Hazen   1871   20
John Herbert
Charles Ebenezer Hill
Charles William Hoitt
Lewis Ward Holmes
Martin Woodman Hoyt
Gilman Hazelton Jenness
Edward Johnson
Peleg Redfield Kendall
Timothy Francis Kenrick
Valorous Lang
Edward Giles Leach
*James Henry McClintock   1871   26
Edwin Campbell Martin,
  LL.B. Cincin. 1872
Thomas Martin
Thomas Purinton Maryatt
James Brackett Mason
Joseph Mee
Francis Merton Munson
William Byron Orcutt
Albert Augustus Osgood
Samuel Taylor Page
Walter Matthew Parker
Albert Hezekiah Porter,
  C.E. 1873
Andrew Fairfield Reed
Charles Francis Richardson
Eugene Milton Robinson
Michael Carleton Rodgers
Albert Russell Savage
Charles Albert Savage
Harry Hale Scott
Jonathan Smith
John Clough Tebbetts
Frank Edgar Thompson
Warren Upham
Asa Wilson Waters
Sidney Worth
Walter Melvin Wright

GRADUATES.

Henry Davis Wyatt, M.D. 1867 — Died. Age. 70—*?

1872.

Augustine Vinton Barker
Albert Leroy Bartlett
Edwin Julius Bartlett
Albert Stillman Batchellor
Frank Taylor Beede
Arthur Walter Blair
William Russell Burleigh
Frank Henry Carleton
Charles Alfred Carson
Charles Henry Clement
George Clark Coffin
James Fairbanks Colby
William Hazen Cotton
Charles Loomis Dana
Mirandus Rugg Dustin
Alfred Randall Evans
William Webster Evans
Lewis Grieve Farmer
Arthur Greene Fitz
George Harley Fletcher
Albra Fogg
William Plumer Fowler
Joseph Allen Freeman
Asa Milton French
George Barstow French
Albert Ellis Frost
George Thomas Galbraith
William Henry Galbraith
Fred Harvey Gould
William Edgar Hogan
William Augustus Holman
Frank Dorr Hutchins
William Jarvis
Charles Adams Jewell
Stephen Alfred Jones
Adson Dean Keyes
Anson L Keyes
Albert Emerson Lake
Nathaniel William Leonard
William Henry Leonard
Henry Euclid Lewis
Edward Doran Mason
George Alfred Merrill
Charles Ransom Miller
John Bailey Mills
Alva Hermon Morrill   9

Frederick Wesson Newcomb — Died. Age.
Joseph Paul Otis
Henry Dutton Pierce
Charles William Sanborn
James Frank Savage
Charles Henry Sawyer
Henry Mann Silver
Henry Levi Slack
Albert Gray Somers
George Frank Stacpole
Ralph Talbot
Everett Totman
Solon Rodney Towne
Frederick Marquand Trask
George Thomas Tuttle
Frederick Henry Wales
Arthur Norman Ward
Chester Horton Wead
Robert William Welch
George Arthur Willey
George Frederick Williams
James Trask Woodbury
Thomas Wilson Dorr Worthen   69

1873.

(Candidates for the Degree of Bachelor of Arts the present year.)

George Herbert Adams
Samuel Winchester Adriance
Albert Haywood Beede
George Dexter Bigelow
Charles Fred Bradley
Frank Albert Bradley
John Henry Butler
Alanson Clark
*Benjamin Franklin Clark, Jr. 1873 21
Frank Edward Clark
Isaiah Raymond Clark
Joseph Brayton Clarke
Sebron Tefft Conlee
William Pinkney Cooper
Thomas Edward Cramer
Austin Phelps Cristy
Pitt Dillingham
Emilius Clark Dudley
John Mason Dutton
Nathan Tirrell Dyer
Clinton Buswell Evans
George Henry Fitts
Clarence Marion Foster
Edward Lewis Gage

	Died.	Age.
George Augustus Gates		
George Whitefield Goodsoe		
Nathan Roderick Goss		
Douglass Carr Griffing		
Albert Philander Grout		
William Guthrie		
Alfred Stevens Hall		
Justin Gideon Hayes		
Charles Jacob Hayward		
George Hazen		
Daniel Richardson Herrick		
James Day Herrick		
Emory Harris Jones		
Henry Martin Kellogg		
Robert Kerr		
Arthur Herbert Kimball		
Hiram Udall King		
Carl Ephraim Knight		
Nathaniel Watson Ladd		
Amos Orlando Lawrence		
Henry Daniel Lawrence		
Matthew Scoby McCurdy		
Otis Humphrey Marion		
Warren Brown Maxwell		
Hamilton Mayo		
Joshua Tucker Merrick		
Benjamin Noyes Merrill		
Joseph Sidney Moulton		
Charles Frederick Ober		
Henry Martyn Paul		
James Horace Pettee		
Julian Addison Pollard		
Freeman Putney		
Chauncey Jerome Richardson		
Erving Leander Richardson		
Lucian Haywood Richardson		
Willis Austin Robbins		
Samuel Brooks Sanborn		
Franklin Howard Stevens		
John Conant Stewart		
Fred Albert Thayer		
Ellis John Underhill		
Arthur Kincaid Whitcomb		
James Henry Willoughby		
Alexander Wiswall		
Henry Duncan Woodbridge		
Joseph Henry Worthen		
John Henry Wright	72—*1	

GRADUATES OF THE
CHANDLER SCIENTIFIC DEPARTMENT.

BACHELORS OF SCIENCE.

1854.

	Died. Age.
Milton Grosvenor How	
Benjamin Ames Kimball	
Harding Smith Murray	
Leander Monroe Nute	

4

1855.

	Died. Age.
*Mendal Erastus Bridgman	1858 23
Orin Fisher Brooks	
William Augustus Cushman	
Henry Heywood	
Simon Rufus Marston	
John Adams Robinson	
Cyrus Runnels	
Sidney Leroy Smith	
Charles Judson Stewart	
Nathaniel Wright	

10—*1

1856.

	Died. Age.
*Edward Francis Barnard	1863 27
John Downer Bridgman	
Benjamin Silliman Church, M.S.	
*James Richmond Cochran	1861 29
Samuel Thompson Durkee	
Henry Sullivan Marcy	
Jacob Sharp	
Daniel Woodbury Tenney	
Ernest Thomas	
Francis Laban Towne, M.D. 1860	
John Ware Wellington	
Albert Wood, M.D. Harv. 1862	

12—*2

1857.

	Died. Age.
*Moses Brown	1861 26
*Barker Leland Burbank	1857 22
Parker Cleaveland Burbank	
James Chandler	
Augustus Jackman Cheney	
Wilson Godfrey	
Edward Brigham Goodall	
Francis Henry Goodall	
*John Randolph McDuffee	1859 25
Henry Moses Pollard	
Charles Collins Rounds, M.S.	
Cyrus Smith Wright	

12—*3

1858.

	Died. Age.
*William Lawrence Baker	1862 22
Harvey Judson Chamberlin, LL.B. Alb. 1860	
William Martin Chase	
*Milton Dascomb	1859 25
*John Follett	1860 27
Eliphalet Butler Gage	
Charles Woodman Hayes	
Edgar Kittredge Haynes	
Lucian Osgood Livingston	
Joseph Edward Marsh	
Benjamin Merrill	
John Kelley Merrill	
Jonathan Eastman Pecker, Memb. N. H. Hist. S.	
Marcus Morton Pillsbury	
John Elbridge Sinclair, A.M. Wash. Univ. 1862, Chandl. Prof. Math., Prof.	

	Died.Age.
Math. and Civ. Eng. Worc. Free Inst.	
*William Carter Tracy	1864 25
Thomas Wyman Vose	
*Edward Lloyd West	
George Ward Weston	
Gustavus Brown Williams	20—*5

1859.

*James Gilbert Ainsworth	1868 29
James Colwell Aldrich	
John Milton Bancroft	
William Alfred Barnard	
Lord John Butler	
*Henry Holden Closson	1861 27
Chester Williams Eaton	
Henry Martyn Gray, M.S.	
Samuel King Hamilton, M.S.	
*Lewis Cass Hoyt	1861 28
Enoch Spofford Kimball	
*William Pitt Marshall	1865 27
Daniel Hoyt Sherman	
George Henry Strong	
George Thompson Wiggin	15—*4

1861.

John Albert Barnes
Marshall Lebanon Brown, M.S., M.D. 1866
Charles Albert Fiske
Henry Bartlett Green
Lycortas Brewer Hall, Chandl. Prof. Chem. and Nat. Hist.
Horace Greenleaf McDuffee
Henry Harrison Saunders, M.S.
Abbott Pierson Wilder

8

1862.

William Henry Baldwin, M.S.	
*George Edward Darling, M.D. 1866	1868
John Robie Eastman, M.S., Prof. Math. U. S. N.	
Charles Melroy Fellows, M.S., M.D. Bowd. 1865	
Valentine Penniman Ferris	
Leander Miller Haskins, M.S.	
*Charles Curtis Heilge	1871 29

	Died.Age.
John Hopkins	
John A. Staples, M.S.	
*Samuel Welles, M.S.	1866
Edward Bentley Young	11—*2

1863.

John Stark Cameron	
Horace Gates Cilley	
Noah Bartholomew Hazen	
Humphrey Edward Howell	
George Pierce Rockwell	
Charles Warren Spalding	6

1864.

Rodney Gove Chase	
Charles Warren Coffin	
William Mitchell Johnson	
*James Howard Paul	1868 26
James Warren Perkins	
Robert Leland Read	
Daniel Bryan Russell	7—*1

1865.

Dexter Thayer Clark
Edward Morris Dunbar, M.D. Harv. 1868
John Thompson Gerry
Edward Francis Johnson
John Edgar Johnson, A.B. 1866
Arthur Colburn Morse
Charles Henry Sargent
Parker Spofford
Charles Henry Treat

9

1866.

Bartlett A. Campbell
Newell Wetherbee Crocker
Thomas Pearson Kinsley
Horace Eugene Marion, M.D. 1869
John Oscar Norris
Mylon Gustavus Wooley

6

1867.

George Henry Allen
Doane Blood Colcord

SCIENTIFIC GRADUATES.

Died.Age.

Arthur Winthrop Dudley
George Byron Lane
4

1868.

Horace Clark Baldwin
Samuel Folsom Beede, M.S.
Curtis Benson Childs
Richard Emerson Ela
Milton Higgins
Jesse Gibson McMurphy
Joseph Henry Martin, M.D.
Charles Willis Morse
Gilman Loea Parker
Walter Scott Parker
William Wallace Patterson
*William Chase Woodman 1871 23
12—*1

1869.

David Herbert Andrews
William Franklin Hubbard
James McAllister
Charles Edmund Merrill
Arthur Cummings Page
Henry Tobias Rand
Lewis George Shepard
Dwinel French Thompson,
 Chandl. Tutor, Prof. Descr.
 Geom. and Stereot. Renss.
 Polyt. Inst.
8

1870.

Frederick Danforth
Addison Lyman Day
Charles Edward Emerson
Edmund Perley Hemmenway
Aaron Porter Hughes
Franklin Poor Johnson
John Howard Johnson
Hubbard Wilkins Reed
Frank Asbury Sherman,
 Chandl. Assoc. Prof. Math.,
 Chandl. Prof. Math.
9

Died.Age.

1871.

Benjamin Webber Andrews
William Bruce Douglas
Shepley Wilson Evans
Charles Albert Fairbanks
Ephraim Gordon
Charles Gordon Johnson
Randolph McNutt
John Francis Pratt
John Francis Stark
Frank Woodbridge
10

1872.

Frank Henry Chamberlin
Augustus Freeman Elder
William Higgins
Marcus Alanson Meads
Edward Dean Merrill
Gyles Merrill, Jr.
Andrew Louis McMillan
Grenville Arnold Miller
Robert Gordon Pike
Samuel Quincy Robinson
Leslie Clark Wead
11

1873.

(Candidates for the Degree of Bachelor of
Science the present year.)

William Haight Cheney
Alfred Wellington Emery
Charles Henry Follett
George Philip Heilman
George David Holton
Leonard Jarvis
Edwin Hazen Ketcham
Herbert Graham King
Olney Windsor Phelps
Henry Poole Saunderson
Albert Conner Swazey
Harry Conover Wight
Fred Sherwood Wright
13

GRADUATES OF THE
NEW HAMPSHIRE COLLEGE OF AGRICULTURE
AND THE
MECHANIC ARTS.

BACHELORS OF SCIENCE.
1871.
William Preston Ballard   Lewis Perkins
Charles Henry Sanders
1872.
Edwin Bartlett   Frank Alexander White
1873.
Frederick Erasmus Eldredge   James Fred Smith
Charles Henry Tucker

GRADUATES OF THE
THAYER SCHOOL OF CIVIL ENGINEERING.

CIVIL ENGINEERS.
1873.
Thomas Stevens Greenlay   Albert Hezekiah Porter, A.B.

GRADUATES OF THE
MEDICAL DEPARTMENT.

BACHELORS OF MEDICINE.

1798.

	Died.	Age
*Joseph Adams Gallup, M.D 1814, A.M. Midd. 1823, Prof. Theor. and Pract. Med. and Mat. Med. and Pres. Castl. Med. Coll.	1849	80
*Levi Sabin, M.D.	1808	44

2—*2

1799.

*Daniel Adams, A.B., M.D. 1822, Memb. and Pres. N. H. Med. S.	1864	91
*Abraham Hedge	1809	38
*Nathan Noyes, A.B., M.D. 1812, Lect. Theor. and Pract. Med.	1842	65

3—3*

1800.

Joshua Bartlett		
*Isaac Danforth, M.D. 1815	1851	88
*Josiah Goodhue, M.D. 1808	1829	70
*Noah Spaulding		

4—*3

1801.

*Sylvester Day, M.D. 1813	1851	
*John March, A.B.	1834	60
Augustus Torrey		

3—*2

1802.

	Died.	Age
*Daniel Osgood, A.B., M.D. 1820, do. Harv. 1820.	1852	76
*Cyrus Perkins, A.B., M.D. 1810, do. Harv. 1824, A.M. Harv. 1823, Prof. Anat. and Surg. Hon. Memb. Ms. Med. S., Memb. N. Y. Hist. S., F. Phila. Acad. Nat. Sci., Memb. and Sec. N. H. Med. S.	1849	70
*Jonathan Hubbard Sparhawk, M.D. 1812	1819	38

3—*3

1803.

*Daniel Adams, M.D. 1810	1830	65
*Beriah Bishop	1805	27
*Edmund Carlton	1838	67
*George Farrar, A.B., M.D. 1816	1858	79
*Dan Hough	1828	50
*Abner Howe, A.B.	1826	47
*Eliphalet Lyman, M.D. 1814	1858	77
*Edward Tudor, M.D. Midd. 1821	1858	87

8—*8

1804.

| Abraham Mason | | |
| *Job Wilson, M.D. 1823 | 1851 | 77 |

2—*1

	Died.	Age.

1805.

*Benjamin Clap   1821   44
*John Mackie, A.B.,
  do. Brown 1800, A.M. Brown,
  M.D. 1812, do. Brown 1813   1833   52
*Erastus Torrey,
  M.D. 1812   1828   74
*Amos Twitchell, A.B.,
  M.D. 1811, Memb. and Pres.
  N. H. Med. S., F. Phila. Med.
  Coll., Hon. Memb. Ms. Med.
  S., Memb. N. H. Hist. S.   1850   69
                          4—*4

1806.

*Jacob Hunt   1846   68
*Reuben Dimond Mussey, A.B.,
  M.D. 1812,LL.D. 1812, F. Phila.
  Med. Coll., Memb. and Pres.
  N. H. Med. S., Hon. Memb Ms.
  Med. S., Memb. N. H. Hist.S.,
  F. Am. Acad., Prof. Theor.
  and Pract.Med.,do.Mat. Med.,
  do. Obstetr., do. Anat. and
  Surg., Prof.Surg.and Obstetr.
  Fairf. Med. Coll., Prof. Surg.
  Ohio Med. Coll.   1866   86
*Josiah Noyes, A.B.,
  M.D. Ham., Prof. Chem. and
  Min. Ham. Coll., do. Fairf.
  Med. Coll.   1853   77
*Asaph Rice   1871   95
*George Cheyne Shattuck, A.B.,
  M.D. 1812, LL.D. 1853, Memb.
  and Pres. Ms. Med. S., F.
  Phila.Med. Coll., Hon. Memb.
  N. H. Med. S., F. Am. Acad.   1854   70
                          5—*5

1807.

*Thomas Burnside,
  M.D. 1812, A.M.   1815   36
Moses Cobb
*James Stark   1827
*William Stearns   1859   75
                          4—*3

1808.

Benjamin Hunkins,
  M.D. 1849
                          1

1809.

*Zadock Howe,
  Memb. and Pres. Ms. Med. S.   1851
*Nathaniel Jacob,
  A.B. Harv. 1806, A.M. Harv.
*John Weston, A.B.   1852   51
*Noah Whitman,
  A.B. Brown 1806   1854   69
*Phineas Woodbury   1817
                      5—*5

1810.

*Samuel Ayer, A.B.,
  M.D. Univ. Pa.   1831   46
*Henry Fish,
  A.B. Yale 1806, A.M. Yale, M.D.
  Yale 1826   1850   63
*Cyrus Hartwell, A.B.   1816   32
*Luther Jewett, A.B., M.C.   1860   87
*Enos Lewis, A.B.   1823   40
*Lyman Lewis   1849   74
*John Russell Martin,
  A.B. Brown 1807, A.M. Brown   1817
*Josiah Prescott   1864
*Abel Simmons   1818
                      9—*9

1811.

Ebenezer Alden,
  A.B. Harv. 1808, A.M. Harv.,
  M.D. Univ. Pa. 1812
*Samuel Clark   1830   52
*Ezekiel Dodge Cushing,
  A.B. Harv. 1811, A.M. Harv.   1828   38
Oliver Hubbard
*Rufus Longley,
  M.D. Harv. 1850   1855
*Royal Augustus Merriam,
  A.B., M.D., 1820   1864   78
*Alexander Read, A.B.,
  M.D. Yale 1816   1849   70
*Ruggles Sylvester, A.B.   1834   57
*Charles Taft   1823   37
                    9—*7

1812.

*David Currier   1820
*John Dame   1830   50

DOCTORS OF MEDICINE.

1812.

	Died.	Age.
*John Grant	1827	36
*Timothy Jones Gridley, A.B. Yale 1808, A.M. Yale	1852	65
*Adonijah Howe	1815	31
*Silas Pierson	1824	39
*Samuel Robinson	1826	44
*Alexander Thayer	1830	46
*Samuel Howe Tolman, A.B.	1856	75
*Dan Wright		

10—*10

1813.

Joseph Bacheller		
*Nathaniel French Bruce	1857	65
*Sylvester Bulkley, A.B. Yale 1810	1857	69
*Thomas Chadbourne, Hon. Memb. Ms. Med. S., Memb. N. H. Med. S.	1864	73
William G. Dickinson		
Samuel Elder		
Samuel Freeman		
Henry Ingersoll		
Nathaniel Low, A.B.		
Peleg Sanford Mason		
*Ebenezer Morse, A.B.	1863	78
*William Seward Pierson, A.B. Yale 1808, A.M. Yale	1860	73
*Benjamin Pond	1857	68
Henry Allen Porter		
*Richard Russell	1855	70
Oliver Swayne Taylor, A.B.		
James Thurber		
*Joseph Wheeler	1826	44

18—*8

1814.

*Jonathan A. Allen, A.M., Prof. Med. Botan., do. Mat. Med. and Pharm., and Lect. Chem. Vt. Med. Coll.	1848	60

	Died.	Age.
James Scamman Goodwin, A.B.		
*John Hills	1849	58
*Isaac Porter, A.B. Brown 1808	1854	
Benjamin Potwine		
*Artemas Robbins		
*James Spalding	1858	64
*Thomas Whipple, M.C.	1835	50
*Theophilus Wilson, A.B.	1815	30

9—*7

1815.

*Elijah Alexander, M.D. Yale 1814	1817	
Seth Bass		
*John Dewey		
*Francis Gerrish, M.D. Harv. 1812, A.M. Harv.	1819	26
*Robert Lane	1872	86
Lyman Martin		
Lot Myrick		
*William Paddock, Prof. Mat. Med. and Botan. Univ. Vt.	1826	38
John Payne		
William Prescott, Memb. N. H. Hist. S.		
*Josiah Richards	1871	86
*William F. Sellon	1842	55
*Jonathan Silsby, A.B.	1831	44
*Thomas J. Tibbets	1867	77
*Benjamin Trask		

15—*10

1816.

Thomas T. Barrett		
Josiah Crosby, A.M., Hon. Memb. Ms. Med. S.		
*Solomon Cummings, A.B.	1866	79
*Samuel Farnsworth, A.B.	1842	50
*Thomas Prentiss Hill	1866	85
Rufus Hills	10	

	Died.	Age.
*John Wilson Kimball, A.B.	1868	82

Abraham Thompson Lowe
John Ramsay

9—*4

1817.

*Henry Bond, A.B.,
 Tutor, F. Phila. Med. Coll.,
 F. Acad. Nat. Sc. Phila., F.
 Am. S. A., Memb. Ms. Hist. S.,
 do. N. Y., do. Wis., do. N. H.,
 do. Md. — 1859 69
*Isaac Colby — 1866 75
Horace Hatch, A.B.
John Poole
Zebulon Rood
*Erastus Root,
 A.B. Univ. Vt., A.M. Univ. Vt. 1829 46
*John Witherspoon Scott 1852 61
*Asa Story
Thomas Wells
John Wheeler
*Charles Wood Wilder 1851

11—*6

1818.

Edmund Westroop Armstrong, A.B.
*Luther Bigelow — 1832
*Enoch Blanchard — 1822 27
 Dyer Burgess,
 A.M. W'ms 1820
*Harvey Fisher — 1847 55
*Luke Howe, A.B.,
 Memb. and Pres. N. H. Med. S. 1841 50
*Arthur Livermore Porter,
 Prof. Chem. and Pharm. Univ.
 Vt. — 1845 51
*Asahel Dewey Shurtleff 1843 54
Eleazar Wheelock Snow
*John Thurston,
 A.B. Harv. 1807, A.M. Harv. 1835 47
*Thomas Williams, A.B. 1859 71
Jesse Wood

12—*8

1819.

*James Bacheller — 1866 75
Hosea Palmer Cobb
*Austin George
Cyrus Bush Hamilton
*Jesse Merrill — 1860 66
*Daniel Mowe — 1860

	Died.	Age.

Curtis Parkhurst
*Jared Perkins — 1824 31
*John Rogers, A.B. — 1830 42
*John T. Sanborn — 1841 45
Elam Stimpson
*Ira Tenney
Joseph Tozier

13—*8

1820.

Henry Allen
*John Dalton — 1830 35
Oliver Williams Drew
James M. Fuller
*Jasper Gillett — 1827
Benjamin Tyler Hubbard
Hibbard Jewett
*Laban Ladd — 1823 27
*Charles Plastridge — 1824 29
*John Porter — 1865 72
Oliver Prescott
Phineas Royce
Samuel Smith
John P. Warren

14—*5

1821.

*Jacob Adams
 Erastus Henry Bartlett
*Barzillai Bush
*Moses French Colby, A.M.
 Ebenezer Dearborn
 John Hilbert Foster
*Charles Hall
 Enos Hoyt,
 Memb. and Pres. N. H. Med.
 S., Memb. N. H. Hist. S.
*Calvin Jewett — 1853 71
 Isaac Walter Mulliken
*Jonathan Chase Prescott — 1844 48
 Kingsley Ray
 Josiah Kilburn Skinner
 James Wilson

14—*7

1822.

*Frederic Whiting Adams — 1858 71
*John Burnell — 1847 69
*Richard Herbert — 1859 61
*Israel Herrick — 1866
Ebenezer Hunt

MEDICAL GRADUATES.

	Died. Age.
Eleazar Martin	
Michael Martyn	
Royal Brisco Root	
Thomas Row	
Jeremiah Smith	
Adino Spalding	
Benjamin Walton	
	12—*4

1823.

	Died. Age.
Dexter Baldwin	
Benjamin Bancroft	
Richard Bloss	
Royal Call	
*John Clark	1831 33
*Elijah Colby	1856 50
*Frederick Lewis Converse	
*Stephen Eaton	
Alvin Foord	
Samuel Gates	
Lawson Long	
Jesse Wedgewood Mighill	
Reuben Nims	
*Josiah Shedd	1851 72
*Lyndon Arnold Smith, A.B., M.D. W'ms 1824, Memb. and Pres N. J. Med. S.	1865 70
Phineas Spalding, A.M. Univ. Vt. 1835, Lect. Surg. Vt. Med. Coll.	
	16—*6

1824.

	Died. Age.
*James Babb	1853 53
Lemuel Maxcy Barker	
Francis Dana Bartlett	
*Josiah Bartlett Memb. and Pres. N. H. Med. S.	1853 50
Thomas Bassett	
Ephraim Carpenter	
Dixi Crosby, LL.D. 1867, Prof. Surg. and Surg. Anat., Prof. Surg. Obstetr. and Dis. Wom., *Emeritus* Prof. Surg. Memb. and Pres. N. H. Med. S., Memb. N. H. Hist. S.	
Enoch Cross	
*Oliver Everett, A.B. Brown 1821	1851 53
*Seth Field	1855 57
*George Washington Hammond	1872
*Elisha Hatch	1863 66

	Died. Age.
*Moses Hibbard	1863 73
Jonas Howe	
*Galen Hunter	1872 70
*Charles Knowlton, M.D. W'ms 1827	1840
*Timothy Livingston Lane	1849 49
John McNabb	
*Noah Martin, Gov. N. H., Trustee	1863 61
*William Merrill	1824 23
*Moses Foord Morrison	
Bradley Noyes, M.D. W'ms 1828	
Bradley Parker	
Ebenezer Porter	
*Joel Stanwood Stevens	
Ralph Thatcher	
*Isaac Varney	
Augustus Willard	
	28—*15

1825.

	Died. Age.
Samuel Alden, A.B. Harv. 1821, A.M. Harv.	
*Calvin Batchelder	1865 69
*John Bertram	
Hiram Bliss	
John Morehead Broadhead	
*Elijah Darling, A.B.	
Jeremiah Dow	
John S. Elliott	
*Samuel Gregg	1872 73
Hiram Hoyt	
*Benjamin Tyler Hubbard	
Nathaniel Gould Ladd	
Josiah Noyes	
William Pratt	
Benjamin F. Prescott	
Ambrose Seaton	
Benjamin F. Simpson	
Dudley Smith	
*Alden Sprague	1849
Richard Steele, A.B.	
*Nathan Clough Tebbets	1848
	21—*7

1826.

	Died. Age.
James B. Abbott	
*Luther V. Bell, A.B. Bowd. 1823, D.C.L. King's Coll. N. S. 1847, LL.D. Amh. 1855, Corr. Memb. N. H. Hist. S., F. Am. Acad.	1862 55

	Died. Age.		Died. Age.
*George Bellows	1830 30	Daniel Little	
Jeremiah Blake		David Martyn	
Wyatt Clark Boyden, A.B.		*Adams Moore, A.B.	1863 64
*Benjamin Hatch Bridgman		David Page	
*Lyman Brooks	1865 68	Thomas Eleazar Powers	
Alvah Burbank		Luther Rogers	
Sewall Goodrich Burnap		*Benjamin Sanborn,	
William Burns		A.B. Bowd. 1822	1845 46
Peter Coffin Carlton		*Samuel Sargeant	1846 48
Robert Smart Copp		William Flint Stevens	
Isaac Bradshaw Emerson		Enoch Thatcher	
William Follansbee		Ezekiel Varney	
Sylvester Foord		*Noel Weaver	
Ezra Marion Gregg,			31—*10
A.B. Columb. Coll. S. C.		**1828.**	
*David Harris	1849		
John Keyser		John Allen	
Jonathan Walter Dandolo		Jonathan Brown	
Osgood, A.B.		*George Chadwick, A.B.	1843 41
John Cummings Page		*Shubael Converse	1867
*William Henry Peabody		Willard Doolittle	
Harlin Pillsbury, A.B.		William Henry Hutchinson	
Jonathan F. Skinner		Levi Hutchinson	
*Alden Spooner Sprague	1863	*Aaron Kittredge	1838 36
Jeremiah Stone		*Charles Frederic Langdon	1829
Samuel Burbank Straw		*Luke Lawrence	1862
	26—*7	*Nathaniel Leavitt	1854 57
1827.		Jesse Little	
		*John M. Miles	1865 63
Nicholas Abbott		George Nelson, A.B.	
John Bailey		*Jason C. Spaulding	1847 44
Cornelius Thompson Spring-		*Abel H. Wilder	1864
er Brackett	1839		16—*9
Henry Butler Brown		**1829.**	
*Sewall Brown	1850		
Charles Chandler Carroll		*Thomas Crombie Barker	1870
Lewis Colby		William Kellogg Brown	
Silas Cummings		*Wolcott Charles Chandler	1848 41
*Samuel Currie	1829 24	John French	
*Flavel Cutting	1853	*Ebenezer Hale	1847 38
Daniel Jones Doe		Horace W. Heath	
Leonard Eaton		Charles Heaton	
*Ira Evans	1852 48	*Samuel Kelley	1834 29
George Haskell		Dudley Leavitt	
*Israel Hinkley	1857 55	Samuel Little	
Gilman Kimball,		*Samuel Long, A.B.	1857 54
M.D. W'ms 1837, do. Yale 1856,		Archibald McEwen	
A.M. 1839, Prof. Surg. Vt. Med.		*Ebenezer G. Moore	1870 73
Coll., do. Berk. Med. Sch.		Adams Nichols	
Samuel Dwight King		*Jacob Read Pember	1866
George Henry Lee		*Archelaus Fuller Putnam, A.B.	1859 67
Elisha Leffingwell			

MEDICAL GRADUATES.

Died.Age.

Benjamin Franklin Sanborn,
A.B. Bowd. 1822, A.M. Bowd.
Milton Ward, A.B.
18—*8

1830.

Constant Abbott
Horace Bailey
Stephen Brown
Walter M. Carpenter,
  Prof. Mat. Med. and Therap.
  and Prof. Theor. and Pract.
  Med. Univ. Vt.
George Cogswell, A.M.
*Francis Whittemore Cragin   1858 55
Lewis Emmons
*Amos Greeley Gale   1861 53
*Israel Newton Gale   1869 64
*Abraham Gould   1860 60
Henry Carpenter Gray
Joseph W. Lyman
*Joseph Marsh,
  A.M. Univ. Vt. 1855, Prof.
  Theor. and Prac. Med. Univ.
  Vt.   1841 34
Erasmus Darwin Rice
William Trevitt
Horace White
*Richard Williams   1842 39
Benjamin Woodman
18—*6

1831.

Robert Andrews
Joseph Nye Bates
Elijah Boardman, A.B.
William Butler
Enoch Chase
James Colby
Jonas Colby
John Evans Dalton
Daniel Wells Davis
Francis Perry Fitch
Moses Hill
Benjamin Franklin Long
*Albert Wiggin Orne   1832 28
Daniel Perley, A.B.
Asahel Perry
*Tristram Redman   1861 54
*Francis Ormar Sleeper   1866
Adoniram Smalley
*Chandler Smith

Died.Age.

Nathaniel Tolles
                        20—*4

1832.

Bailes Atkinson
*William Bailey
Ezra Bartlett
David Bradford
Clifton Claggett
Simeon Draper Colburn
*Calvin Cutter,
  A.M. Amh. 1871   1872
Samuel Parkman Danforth
Lewis Darling
*Thomas Flanders   1867 76
Nathaniel Hall
George Heaton
*David D. Hoit   1857 54
Azel Holmes
*Peter Johnson
Cyrus Jordan
Frederick Taft Kidder
Jonathan Burnham Kinsman
*Leonard Marsh, A.B.,
  A.M. Univ. Vt. 1847, Prof. Lat.
  and Gr. and Prof. Physiol.
  and Anat. Univ. Vt.   1870 70
Alpheus Morrill
*Timothy Olcott Porter, A.B.   1852 48
John Barrett Pride
Solon Osmon Richardson
Aaron Buswell Smith
Richard Perly Jewett Tenney
Jonathan Reynolds Thompson,
  A.B.
Latimer Tyler
Alonzo Addison Whipple
Marcus Rice Woodbury
Isaac Redington Worcester
Nathan Youngman
                        31—*7

1833.

*Levi Stevens Bartlett   1865 53
Calvin Barton, A.B.
William Converse
James Dascomb,
  Prof. Chem. Bot. and Physiol.
  Oberl. Coll.
Barna Ladd Delano
Albert DeWinch
Edward Alden Egery

	Died.	Age.
James Whitelaw Foord		
*Sumner Gilman	1841	
Syene Hale		
Joseph Patch Hall		
*Lyman Hall	1862	58
Joseph Kellogg		
Jeremiah Hall Lyford		
Hiram Parker		
Ezra Parmlee		
Ira Peabody		
*Calvin Barton Pratt, A.B. Amh. 1828	1862	56
William Wells Proctor		
Albert Smith, A.B., LL.D. 1870, Memb. and Pres. N.H. Med. S., Prof. Mat.Med. and Therap.		
Louis Snow		
Nahum Washburn		

22—*4

1834.

	Died.	Age.
Artemas Zina Brown		
William Frederick Carter		
*Oliver Sawyer Crassy	1853	48
Roderic Lathrop Dodge		
Charles Franklin Elliott, A.B.		
Nahum Parker Foster		
Nathaniel Freeman		
William Gallup		
Rufus Gilpatrick		
John Campbell Henry		
*Delevan Delanson Marsh	1867	67
Ward B. Mason		
Louis Merriman		
Jesse Moore		
Milton Parker		
William Pearson		
*Edward Tyler Raymond		
*Isaac White Scribner	1864	
James Robinson Smiley		
John Prince Stevens		
Mark Swain		
Alfred Upham, A.M. Bowd. 1848		
Franklin Wallace		
John Wellman		
Phinehas Parkhurst Wells		
Joseph Warren Wilson		

26—*4

1835.

	Died.	Age.
George Alfred Allsop		
*Albert Bartlett	1842	27

	Died.	Age.
William Whittier Brown, A.M.		
Jonathan Andrew Chute		
*James Wellington Cowan	1848	
John Alld Dana		
*Henry Andrew Dewar	1861	
Hiram Dow		
John Fox		
William French		
David Augustus Grosvenor		
Simeon Bailey Heath		
Hiram Wells Howard		
*Jeremiah Peabody Jewett	1870	62
Joshua Jewett Johnson		
Daniel Jones		
Luther Martin Knight		
Austin Marsh		
*Thomas Hastings Marshall	1872	66
*Benjamin Moody, A.B. Bowd. 1826	1839	32
*Edward Gilman Morrill	1844	35
Henry Hale Niles		
William P. Poplin		
*Moody Currier Sawyer	1854	45
Albert Gallatin Skinner		
Alonzo Smith		
*William Payson Stone	1872	67
Charles Boardman Walworth		
Moses Thompson Willard		

29—*9

1836.

William Bachop
Joseph Cummings Batchelder
Cyrus Blaisdell
Horatio Nelson Carter
Zeeb Gilman
Moses Collins Green
Camillus Hall
Robert Elliot Merrill
Caleb Stephen Parker
Charles Augustus Savory, A.M.,
  Prof. Obstetr. Phil. Med. Coll.
Stephen Tracy,
  Prof. Theor. and Pract. Med.
  N. E. Fem. Med. Coll.
Kingsley Underwood
Griswold Whipple Wheeler
Parsons Whidden

14

1837.

Daniel Barnes
Levi Bartlett

MEDICAL GRADUATES.

	Died.Age.
*Levi Bigelow	1843 39
James Madison Buzzell	
Oliver Chamberlain	
Alonzo Claggett	
Sylvanus Clapp	
John Clough	
Josiah Calef Eastman	
Jonathan Greely Gale	
Orville Poole Gilman	
William Bentley Herrick	
*Nathaniel Ingraham	1840 24
*William Gibson Nelson	1852 43
*Horace Albert Palmer	1849 34
Ira French Prouty	
William Sturgis Saunders, A.B.	
Horace Saunders	
Horace Poole Wakefield, A.B. Amh. 1832, A.M. Amh.	
Eliphalet Knight Webster	20—*4

1838.

Charles Allen
Isaac Raphael Arrias
Stephen Madison Bartlett
Amos Batchelder
*Henry Harrison Brown
James Bowen Bullock

*Ebenezer Brewer Chase	1855
James H. Crombie	
*James Danforth	1851
*Franklin Dodge, A.B. Amh. 1834	1872 63
Leander Drew	
*George Osborn Johnston Durelle	1853 42
Caleb Clesson Field, A.B. Amh. 1833, A.M. Amh.	
John Heard	
Levi Gerrish Hill	
Alfred Hitchcock, M.D. Jeff. Med. Coll. 1845, A.M. Midd. 1844	
William Henry Hosmer	
Willard Hosford	
Otis Hoyt	
*Peter Livingston Hoyt	1871 59
Ebenezer Turell Learned	
Asa McAlister	
Edward S. Mattocks	
Richard Shepard Molony, M.C.	
Hiram Sargent	

	Died.Age.
Harrison Small	
Horace Stacy	
William Bacon Stevens, D.D. Univ. Pa., LL.D. Union 1869, Bp. Pa.	
*Isaiah Clough Straw	1839 30
Joseph Whitmore	
Ezra Carter Worcester	
*Noah Worcester, A.B. Harv. 1832, Prof. Path. and Phys. Diagn. W. Res. Coll., do. Ohio Med. Coll.	1847 35
	32—*8

1839.

Erasmus Darwin Abell
John Henry Allen
William Arms, A.B. Amh. 1832, A.M. Amh.
Lyman Barton

*Luther Bugbee	1848 34
Alonzo Ferdinand Carr	
Nathan French	
Calvin Hazen Guptil	
Jacob Clements Hanson	
*Henry Hayes	1864 59
Thomas Green Hazen	
*Denison Gibson Hubbard	1844 32
Asahel Kendrick	
Samuel Foord McGill	
Jedediah Miller	
*Charles Henry Olcott	1852 42
John Barton Pollard	
David Ransom	
Seneca Sargent	
John S. Smith	
Joseph Nathan Stiles	
	21—*4

1840.

Amasa Merriman Brown
Abel Conant Burnham
Gardner Wheeler Cobb
Thomas Hamilton Cochran
Almon Edwin Ewing
Jeremiah Gates
Abraham Sumner Haskell

*John Hoyt	1860

Archibald Waterman Hyde
Jackson
Samuel W. Jones
*Andrew McFarland, M.D. Jeff. Med. Coll., A.M. 1865

	Died.	Age.		Died.	Age.

72   DARTMOUTH TRIENNIAL.   [1873

Arnold Morgan
*Austin Newton   1852
Frederick Hazen Petit
Richard Upton Piper
*Charles Gilman Safford, A.B. 1847 42
Daniel F. True
Loren Very
George C. Wheeler
                 19—*3

1841.

George Granville Burns
Joseph Morrill Copp
*Thomas Russell Crosby, A.B.,
   Prof. Min. and Veg. Physiol.
   N. H. Coll. Agric., Prof. Phys-
   iol. and Nat. Hist. Norw.Univ.   1872 55
Elijah Chesley Drew
Charles Eastham
Jonathan Leavitt Flanders
Betton Webster Foss
George T. Gilliam
Safford Eddy Hale
*Edwin Hall,
   A.B. Bowd. 1836, A.M. Bowd.   1852 36
Henry Newell Jones
Joseph Rix Jones
Amasa Kinne, A.B.
Isaac McNiece
Winslow Smith Pierce
Joseph Rand
Thomas Sanborn
Calvin Skinner
George Washington Symonds
John Whittemore
               20—*2.

1842.

Otis Ayer
*William Shurtleff Carpenter   1855 37
Ira Stephen Chase
Ebenezer Sumner Deming
Stephen Moody Emery
Joseph Leland Graves
Charles Denison Lewis
Thomas Womersly Melbourne,
   M.D. Univ. N. Y. 1862
Chase Moulton
Levi Pillsbury
Jesse Appleton Sanborn
Paul Augustine Stackpole
Norman Curtis Stevens

Cephas Rodney Taylor
James Arvin Tilton
Chase Wiggin,
   M.D. Jeff. Med. Coll.
                 16—*1

1843.

John Waterman Harris Baker
*Thomas Spencer Bascom   1845
*Moses Clark   1864 46
Charles Harley Cleaveland
William Dodge
Stephen Watson Drew
Moses Evans
Otis Russell Freeman
Solon Hubbard
Stephen Grosvenor Hubbard,
   A.M. Yale 1860, Prof. Obstetr.
   Yale Med. Coll.
David Thompson Huckins
John Fuller Jennison
William Harrington Kibbe
Alvin Libbey
Ira Lyman
William Henry Harrison Mason
*Joseph Poland   1857 48
Charles Israel Putnam, A.B.
Joseph Whitney Putnam
Lemuel Nye Rugg
Joshua Bradley Smith
Leander Smith
Alfred Spalding
Lorraine True Weeks
               24—*3

1844.

William Harrison Brockway
Jeremiah Crosby Buck
*Valorous Perry Coolidge   1849 29
Jonathan Strong Curtis
John Ordway French
Alvah Cady Hall
Joseph Huntress
*Samuel B. Kelly   1870 51
Walter Henry Kimball, A.B.
William Thomas Kimlin
Charles Alexander Lockerby
Moses Redding Manchester
Sylvester Oakes
Arch Sampson
Thomas Newcomb Stone,
   A.B. Bowd. 1840
               15—*2

1845.

	Died.	Age
Charles Frederick Adams		
David Martin Baldwin		
Jesse Parker Bancroft, A.B., Memb. N. H. Med. S.		
William Barton		
William Cogswell		
*Orville Mason Cooper	1847	
Thomas Haines Currie		
George Washington Eastman		
James Emery		
William Everett		
*Daniel Gile, A.B.	1872	56
Asa Howe, A.B. Norw. Univ.		
Jonathan Edwards Linnell		
John Webster Little		
Isaac William Lougee		
Hiram McNutt, Memb. N. Y. Med. S.		
William Micajah Osborne		
Moses Cogswell Osborne		
Joel Richardson		
William Augustus Smith		
George Washington Stanley		
Charles Carroll Tebbetts		
James Chase Weston, A.B., A.M.		
Kendall Wright		

24—*1

1846.

	Died.	Age
Francis Beattie Brewer, A.B.		
Benjamin Franklin Bucknell		
Lyman Chase		
*Albourne Chester Delano	1847	29
Andrew Emerson Field		
D. Sylvester Fogg		
Leonard French, A.B.		
Peter Young Frye		
Oliver Goss		
Adino Brackett Hall		
Calvin Kittredge Higgins		
Otis Freeman Hill, A.B.		
Levi Howard		
Seth Challis Hunkins		
*Henry Slade Huntington	1861	42
Luther Jones, A.B.		
John Little		
Hiram Clarke Orcutt		
Moses Parker, A.B., A.M.		
Lafayette Ranney, A.B.		
Charles Harvey Rowell		11

George Washington Sanborn
George Ezra Spencer
*Henry Bradbury Tibbetts
John Eugene Tyler, A.B., M.D. Univ. Pa. 1846
Omar LaRoy White
John Merrill Williams
Alexander Maxwell Winn
Elijah Hawley Wright, A.B. Amh. 1842
David Youngman, A.B.

30—*3

1847.

	Died.	Age
Franklin Bonney, A.M. Amh. 1870		
George Edmund Brickett		
Marcus Fayette Bridgman		
Albert Chase, A.B.		
George Clement Chase, A.B., A.M.		
Ripley Clarke		
Francis Collamore		
David W. Davis		
Daniel Dustin		
Asahel Farr		
Dempsey Rollo Fletcher		
Heman Hosford Gillett		
Charles Haddock, A.B., A.M.		
*Hubbard Carter Harriman	1858	35
John Stevenson Hidden		
John Newell Houghton		
*Samuel Augustus Lord, A.B., A.M.	1862	40
William Andrew Mack, A.B.		
Abram William Preston		
*Truman Rickard, A.B., A.M.	1861	47
Joseph Pierce Walker		
Jacob Putnam Whittemore		
Lemuel Murray Willis		
Henry Womersly		

24—*3

1848.

	Died.	Age
Alcander Burbank		
Rufus Harward Cunningham		
*Charles Otis Dennison	1860	
George Washington Fay		
Charles Harris Fisher		
Henry Gray		
Eliphalet Huntington		
Henry Decoster Irish		
Byley Lyford		
Abner Spicer Warner, A.B.		

10—*1

1849.

Windsor Howe Bigelow
Henry Hancock Campbell
William Henry Carter
George William Fairbrother
Samuel Worcester Johnson,
 A.B. Bowd. 1843, A.M. Bowd.
Dana Elbra Monroe
Nathan Elden Morey
George Lafayette Nayson
Nathan G. H. Pulsifer
Washington Lafayette Schenck
Nathaniel Shannon
Azro Ashley Shortt
James Augustine Smith
*Alfred Taylor   1853 25
*Cyril C. Tyler   1865 62
Stillman Gardner Wood

16—*2

1850.

*Abner Blaisdell Bennett, A.B. 1867 44
Joseph Bowen Breck
Charles Chase
Sam Gerrish Dearborn
Albert Gallatin Fenner
James D. Folsom
Charles Kinney,
 A.B, Univ. Vt. 1846
John Burr Masta
William Theophilus Merrill
William Bradstreet Moody
James Ephraim Morse
Albert Alonzo Moulton
Timothy Ricker Nute
David S. Prescott
Isaac Rowell
George Sanborn
Moody Cook Tolman
Eustice Virgil Watkins,
 Memb. Vt. Med. S.

18—*1

1851.

*Dies Fayette Ayer   1856 31
Stephen Bennett
Henry Charles Blanchard
John Doe
Hadley B. Fowler
Thomas Graham
O. J. Hall

Adonija Woodbury Howe
John Smith Little
William Henry Martin
Samuel H. Melcher
Stephen Mighill
Albert Newman
Ezra Paine
John Stetson
*Thomas Woodward Wadsworth, A.B., A.M.   1854 35

16—*2

1852.

Ira Allen
*Thomas Porter Baldwin, A.B. 1852 28
Josiah Whitney Barstow, A.B.
Albert Warren Clark
Charles Edson Davis
Lafayette Denison
James Colby Dorr
Joseph Franklin Durgan
Timothy Hudson Helme
Mills Olcott Heydock,
 Prof. Med. Jurisp. Rush Med. Coll.
Benjamin Payson Hubbard
Melvin John Hyde
Marcus Ide
Alba Enoch Kemp
John Gideon Parker
William Buzzell Reynolds
Wentworth Ricker Richardson
Henry Laurens Rodimon
*James Flanders Sargent   1864 54
Clinton Warner

20—*2

1853.

*Milton Berry   1866 37
William Mellen Chamberlain,
 A.B., A.M., Lect. Obs. N. Y.
 Med. Coll.
Alvah Richardson Cummings
Charles Benjamin Dunbar
Thomas Jefferson Glines
Samuel Osgood Griffin
Elbert Cook Hall
Roscoe Lincoln Harlow
Emery Glidden Judkins
Ephraim Stinchfield Lewis
*George Brackett Page   1859 29
Elisha Phelps
Samuel Woodbury Roberts,
 A.B.
Elijah Rowell

GRADUATES. [1873.

Carlos Clifford Smith
William Bradford Stevens 16—*2

1854.

James Parker Barnett
Carlos Chesley Beckley
*Andrew James Hale Buswell
Nathan Call
Abner Augustus Doty
Alphonso George French
*David Brainerd French, A.B. 1861 31
William Marion French
William Albert Griffin
Alexander Bodle Hanna
Andrew Jackson Huntoon
Yorick Gordon Hurd
Daniel Laing
Edwin Porter,
  A.B. Univ. Vt. 1850
*Levi Parsons Sawyer,
  A.B. Midd. 1846, A.M. Midd. 1868 48
  15—*3

1855.

Gates B. Bullard,
  Memb. Vt. Med. S.
George Avery Crosby, A.B., A.M.
James Starrett Durant, A.B., A.M.
Isaac Smith French
True Morrill Gould
John Hanson Grouard
William Henry Hurd
Wilson Nesbitt Hurd
Stephen Kittredge
William Jackson Swain
George Whitefield Scott
*Frederick Augustus Smith,
  A.B., A.M. 1856 26
  12—*1

1856.

Carlos Archelaus Cooledge
Granville Priest Conn
  Memb. N. H. Med. S.
Carlos Corey
Alpheus Benning Crosby, A.B.,
  A.M., Prof. Surg., do. Univ.
  Vt., do. Univ. Mich., do. L. I.
  Hosp.,Coll. Prof. Anat. Bellev.
  Hosp. Coll., Memb. N. H. Med. S.
Milan Graves
Alexander Hichborn

Thaddeus Hildreth
Charles Franklin Kingsbury,
  Memb. N. H. Med. S.
James Edwin Marsh
Albert Leonard Merrill
James Prsscott Osborne
Oscar Fitzallan Seavey
Timothy Gilman Simpson
Homer Hopson Tenney
Benjamin Newell Towle
David Newell Trull
*James Ripley Wellman 1861 32
  17—*1

1857.

Edwin Tracy Atwood
Enoch Blanchard
William Bangs Cobb
George Badger Cogswell
Charles Granderson Corey
Carlton Pennington Frost, A.B.,
  A.M.,M.D.N.Y. Med. Coll. 1857,
  Memb. and Pres. Vt. Med. S.,
  Memb. N. H. Med. S., Prof.
  Theor. and Pract. Med.
David Marcus Goodwin
Norman Story Goss
Carlos William Hunt
Paul Merrill
James Stafford O'Donnell
Louis Carlos Roundanez
Joseph Henry Sanborn
  13

1858.

Robert Foster Andrews
Constantine C. Badger
George Holmes Bixby
George Franklin Brickett
George Milan Buffum
*Artemas Holmes Carr 1862 29
Isaac Cummings
John McNabb Currier
William Baldwin Ellis
James Emerson
Francis Haley
Caleb Wells Hanson
Asa Flanders Pattee
Joseph Bunker Rand
*Franklin Christopher Weeks
  15—*2

1859.

Charles Wesley Brigham
William Clarke Gordon
Sullivan George Gove
Frederick Jones,
　A.B. Harv. 1835, A.M. 1859, do. Harv.
Carlos Jordan
James Munroe Merrow
John Miller Rand
William O. Shepardson
Henry Hilliard Smith
*Bela Nettleton Stevens, A.B.,
　A.M.　　　　　　　　　　　　　1865　31
Charles H. Tenney
Charles C. Topliff
Darius Brooks Walker
　　　　　　　　　13—*1

1860.

Victor Moreau Abbott
Benjamin Cyrus Brett
*John Wingate Bucknam　　1870　37
Albert Harrison Crosby, A.B.,
　A.M., Memb. N. H. Hist. S.
William Wallace Darling
Joseph DeNoyer
Benjamin Franklin Eaton
Joseph Low Elkins, A.B.
Samuel Sands Emery
George Alonzo Fisk
William Henry Grant
Walter Gustine
John Gould Ladd
William Smith Leonard, A.B.
*Hiram Harvey Monroe, A.B.　1863　31
James Moody More
*Edwin Marcellus Noyes　　　1862
Hubert Sleeper
Francis Laban Towne, B.SC.
Carl A. Volk
Asa Wheat
George Edward Woodbury
　　　　　　　　　　　　22—*3

1861.

Orin H. Boynton
Thomas E. Buck
Frank Bugbee
James Bradlee Everett
Judson A. Gray
Oscar Byron Harriman

Franklin L. Hunt
Nomus Paige
F. Alton Roberts
Alexander Roberts
　　　　　　　　　　　　　　10

1862.

Myron Leslie Baxter
Isaac Newton Danforth
George Daniel Dunham
George Henry Galbraith
Francis Horace Getchell
Francis Newton Gibson
John Alfred Hayes
Thomas Hiland
Alvin Jenkins
Rockwood Giddings Mather
Jacob Washington Mooar
George Washington Peavey
Rollin Horace Phelps
Reuben Webster Price
Andrew Murray Purrington
Noah Sanborn
Benjamin Lamper Tibbetts
John Thatcher Wedgwood
James H. Whittemore
　　　　　　　　　　　　　　19

1863.

William Richardson Barker
David Thwing Bates
Amos Stoddard Bixby
Mills Olcott Carter
Edward Cowles, A.B., A.M.,
　M.D. Coll. P. and S. N. Y.
Oliver Lamprey Gilman
Samuel Newell Greenlaw
Benjamin Hobbs
Lyman Bartlett How, A.B., A.M.,
　Lect. and Prof. Anat. and Physiol.,
　Memb. N. H. Med. S.
Harley Phillips Matthewson
George Owen Moody,
　A.B. Bowd. 1859, A.M. Bowd.
George Edwin Pinkham
Winslow Burroughs Porter
Azro Hebard Reynolds
Horace Nelson Small
Isaac Smith
Samuel Shapleigh Wentworth
　　　　　　　　　　　　　　17

1864.

Samuel Fogg Batchelder

MEDICAL GRADUATES.

Died. Age.

Henry Luzerne Bartholomew
William Henry Bowen
Augustus William Butts
Henry Melville Chase
Marcus Hubbard Corwin
Orris Orange Davis
Levi Parker Dodge
Richard Henry Greene,
  A.B. Yale 1862
John Milton Grosvenor
George Dexter Harris
Alpheus Enos Hoyt
Stephen Bartlett Kenney
*Charles Little, A.B.   1869 33
Lewis Gould Low,
  M.D. Harv. 1864
Calvin Brooks McQuesten
Charles Augustine McQuesten
Ephraim Carlos Meriam
Laroy Frederick Morse
Henry Clay Newell, A.B.
Andrew Mitchell Peables
Walter Scott Robinson
Moses Wadleigh Russell
Laban Miles Sanders
Ira Cole Sawyer
Atwell William Swett
Charles William Thomas
Charles Oscar Town
James Monroe Whitaker, A.B., A.M.
Arthur Henry Wilson
                    30—*1

1865.

Edward Kellogg Baxter
James Francis Brown
Hanson Caverno Canney
Albert Appleton Chase
John Ross Cogswell
Thomas Benton Dearborn
*Moses Currier Eaton   1872
John Mitchell Fitz
Charles Hayes
Victory Hobbs
George Francis Hubbard
Simeon Hunt, A.B.
Edward Joseph O'Donnell
Abel Parker Richardson
William Skolfield Robbins
John Francis Saville
Phineas W. Wheeler
                  17—*1

1866.

Died. Age.

Grenville Mellen Baker
Addison Daniel Bridgman
Marcus Trafton Bussey
Samuel Powers Carbee
Nathaniel Bryant Colman
William Thomas Cox
*George Edward Darling, B.SC. 1868
Frederick Augustus Eldredge
Thomas Goodwillie, A.B.
Charles Reed Gould
Joseph Bassette Holland, A.B.
  A.M. Amh. 1856
Wilson Alexander Hart
William McAfee
Henry Rust Parker
John Lander Peppard
Charles Henry Rice
Fernando Caello Sargent
Orlando Wood Sherwin
William Henry Smith
James Gorham Sturgis
Francis Topliff
Osmon Barber Way
Eli Mellen Wright
                  23—*1

1867.

Francis Irving Bradford
Marshall Lebanon Brown,
  B.SC., M.SC.
*Albert Gallatin Chadwick   1866 25
Gilman Colby
James Austin Davis
Silas Wright Davis, A.B.
Daniel Wright Dimock
John Frank Fitts
Ira Pearson George
Henry Artemas Gilman
James Wallace Gregg
Hiram Tenney Hardy
Zenas Millard Kempton
Darwin L. Manchester
Ezra Mitchell
Samuel Robinson Nicholls
William Theodore O'Donnell
Harris Orlendo Palmer
John Howard Peck
Charles Humphrey Perry
William Wirt Piper

Died. Age.

Charles Dudley Prescott
Andrew Robinson Giddings Smith
Herman Joseph Smith
Hiram Watson Tebbetts
Henry Porter Watson
Lewis Humbolt Whitehouse
Adams Brock Wilson
Nathaniel Wilson Woodhouse
Henry Davis Wyatt, A.B.

30*—1

1868.

Alfred Wells Abbott
William Peabody Atkinson
Marshall Calkins, A.M.
Charles Augustus Carlton
Orren George Cilley
Oscar Samuel Cummings
Albert Otis Gilman
Charles Oscar Gordon
Charles Warren Greene
Timothy Avans Haley
Lester Warren Hanson
William Hart Hildreth
John Lewis Hildreth
Jean Baptist Elphegius Maillet
John Dupig Malone
Nelson Howard Norris
Andrew Hobart Richardson
Samuel Fellows Stoddard
Albion Pease Topliff

19

1869.

Henry Oscar Adams
Herbert Clinton Avery
Caleb Burnham, A.B.
Edward Bailey Buxton
Charles Gay Cargill
William Rush Cleveland
George Washington Cook
Nathaniel Small Davis
Francis Augustus Deane
Jeremiah Stephen Elkins
Charles Roderick Judson Kellam
Horace Eugene Marion, B.SC.
Charles Colby Pike
Albert Smith

14

Died. Age

1870.

Samuel Johnson Allen
George Franklin Balcom
Edward Swift Berry
Ira Thomas Bronson
Simeon Parker Dresser
Robert Lane Ela
Philemon Eveleth
Charles Gaylord
William Frederick Heald
Warren Gookin Hutchins, A.B.
Lucien Ingalls
Samuel Garvin Jenness
Daniel Magee
Charles Cushing Odlin
Miles Henry Pasco
Joseph Walter Russell
Daniel Straw
Alexander Taylor Walker

18

1871.

Willett Peckham Barber
Nathan Pike Brownell
Edmund Leonard Conway, A.M. Coll. Sac. Heart
Leander James Crooker
Fred Fletcher
Joseph Stephen Gendron
George Benjamin Haines
Frederick Hutchins
Joseph Byron Kingsbury
George Edgar Lothrop
Charles Orrison Maine
Henry Joseph Martin
Frank Murphy
John Anthony Parm
Ferdinand Anson Stillings
Benjamin Wilson Tingley

16

1872.

William Daniel Aldrich
George Ralph Bugbee
Oscar Dustin Cheney
Rufus Woods Gillette
Eli Grellet Jones
Willard C. Kempton
Daniel Webster Lovejoy
Charles William Lynn
Hugh Magee

1873.] MEDICAL GRADUATES. 79

Died.Age.

Hiram Eugene McNutt, A.B., A.M.
John Carroll Marshall
James W. Moore
Charles Byron Nichols
William Paris Ayers Niles
David Roscoe Steere
Charles Augustus Tufts, A.M.
Francis Henry Whiton

17

1873.

Homer Simpson Bell
Phanuel Euclid Bishop, B.SC.
Samuel Brown
William Ebenezer Bullard
James Campbell

Died.Age.

James Adkins Clark,
  D.M.D. Harv. 1872
Leonard Melville French
Albert Mason Gould
Harvey Merrill Guild
Albert Shaw Herrick
George Henry Holman
Amos Messer Jackson
  A.B. Colb.
Roswell Carleton Jenne
John Naustedla Lewis
Havilah Marcena Rackliff
Albion Keith Parris Strout
Smith Herbert Wade
Eugene Wason
Alden Chase Whitman
Francis Marion Wortham

20

CATALOGUE OF RECIPIENTS

OF

HONORARY DEGREES,

NOT INCLUDING GRADUATES.

1773.

	Died.	Age
*David Avery, A.M., A.B. Yale 1769, A.M. Yale	1818	70
*Eden Burroughs, A.M., A.B. Yale 1763, A.M. Yale, D.D. 1806, Trustee	1813	75
*Ebenezer Gray, A.M., A.B. Yale 1763, A.M. Yale	1795	52
*Samuel Haven, D.D., A.B. Harv. 1749, A.M. Harv., D.D. Edin. 1770	1806	75
*John Hotchkiss, A.M., A.B. Yale 1748, A.M. Yale 1762, do. Harv. 1765, do. Coll. N. J. 1772	1779	47
*John Hurd, A.M., A.B. Harv. 1747, A.M. Harv.	1809	82
*Samuel Kirkland, A.M., A.B. Coll. N. J. 1765, A.M. Yale 1768	1808	66
*David McClure, A.M., A.B. Yale 1769, A.M. Yale, D.D. 1803, Corr. Memb. N. H. Hist. S., Trustee	1820	71
*Elisha Marsh, A.M., A.B.Harv. 1738, A.M. Harv.1740, do. Yale 1740	1784	71
*Obadiah Noble, A.M., A.B. Coll. N. J. 1763	1829	90
*Simeon Olcott, A.M., A.B. Yale 1761, A.M. Yale, Chief Just. Sup. Jud. C. N. H., U. S. Sen., Trustee	1815	79
*David Sherman Rowland, A.M., A.B. Yale 1743, A.M. Yale	1794	75
*John Wendell, A.M., A.B. Harv. 1750, A.M. Harv., do. Yale 1768	1808	77

	Died.	Age
*Sir John Wentworth, LL.D., A.B. Harv. 1755, A.M. Harv., do. Coll. N. J. 1763, LL.D. Oxon. 1766, do. Aberd., Gov. Royal Prov. N. H., Gov. Prov. N. S., Bart., Trustee	1820	83
*Ralph Wheelock, A.M., A.B. Yale 1765, A.M. Yale	1817	75
*Oliver Whipple, A.M., A.B. Harv. 1766, A.M. Harv.	1813	70
*Elijah Williams, A.M., A.B. Harv. 1764, A.M. Harv.	1793	47
*Stephen Williams, D.D., A.B. Harv. 1713, A.M. Harv.	1782	83
*Bezaleel Woodward, A.M., A.B. Yale 1564,A.M. Yale, Tutor, Prof. Math. and Nat. Phil.,Secr., Treas., Trustee	1804	59

19—*19

1774.

	Died.	Age
*Dan Foster, A.M., A.M. Yale 1774	1809	62
*George Gilmore, A.M.		
*Samuel Phillips, A.M., A.B. Harv. 1771, A.M. Harv., LL.D. Harv. 1793, F. Am. Acad., Judge C. C. P., Lt. Gov. Ms., Trustee.	1802	50
*Benjamin Pomeroy, D.D., A.B. Yale 1733, A.M. Yale, Trustee	1784	80

4—*4

1775.

	Died.	Age
*Ebenezer Cleveland, A.M., A.B. Yale 1748, A.M. Yale	1805	79
*John Fuller, A.M.	1777	55

2—*2

HONORARY DEGREES.

1777.
                                Died. Age.
David Hall, D.D.,
A.B. Harv. 1724, A.M. Harv.   1789 85
John Phillips, LL.D.,
A.B. Harv. 1735, A.M. Harv.,
Trustee   1795 75
                          2—*2

1778.
Isaac Foster, A.M.,
A.B. Yale 1776, A.M. Yale   1794 39
                          1—*1

1779.
John Chandler, A.M.,
A.B. Yale 1759, A.M. Yale, Tutor
Yale Coll.   1795 59
George Jaffrey, A.M.,
A.B. Harv. 1736, A.M. Harv.,
Trustee   1801 86
Samuel Moody, A.M.,
A.B. Harv. 1746, A.M. Harv., F.
Am. Acad.   1795 70
Elisha Payne, A.M.,
Trustee   1807 76
Nathaniel Rogers, A.M.,
A.B. Harv. 1738, A.M. Harv.   1789 70
Ezra Stiles, A.M.,
A.B. Harv. 1778, do. Yale 1778,
A.M. Yale 1781   1784 25
Eleazar Wales, A.M.,
A.B. Yale 1753, A.M. Yale   1794
                          7—*3

1780.
John Barrett, A.M.,
A.B. Harv. 1780, A.M. Harv.   1816 60
William Conant, A.M.,
A.B. Yale 1770, A.M. Yale   1810 67
Noble Everett, A.M.,
A.B. Yale 1775, A.M. Yale, F.
Am. Acad.   1819 73
Nathan Goddard, A.M.,
A.B. Harv. 1770, A.M. Harv.   1795 48
Joseph Huntington, D.D.,
A.B. Yale 1762, A.M. Yale,
Trustee   1794 59
Aaron Hutchinson, A.M.,
A.B. Yale 1747, A.M. Yale, do,
Harv. 1750, do. Coll. N. J. 1794 1800 79
Isaiah Potter, A.M.,
A.B. Yale 1767, A.M. Yale   1817 71
Lyman Potter, A.M.,
A.B. Yale 1772, Trustee   1827 80
Jonathan Searle, A.M.,
A.B. Harv. 1765, A.M. Harv.   1812 76
Ezra Stiles, D.D.,
A.B. Yale 1746, A.M. Yale, do.

                                Died. Age.
Harv. 1754, D.D. Coll. N. J. 1784,
do. Edin. 1765, LL.D. Coll. N. J.
1784, F. Am. Acad., Memb. Ms.
Hist. S., Tutor and Prof. Eccl.
Hist. and Pres. Yale Coll.   1795 67
Nathaniel Whitaker, D.D.,
A.B. Coll. N. J. 1752, A.M. Coll.
N. J., D.D. St. Andr. 1767   1795 63
                          11—*11

1782.
*JOHN ADAMS, LL.D.,
A.B. Harv. 1755, A.M. Harv., LL.D.
Harv. 1781, do. Yale 1788, do.
Brown 1797, Pres. Am. Acad.,
Memb. N. H. Hist. S., do. Am.
Phil. S., Chief. Just. Sup. C. Ms.,
M.C., U. S. Min. Holland, do. Gt.
Brit., do. France, V.-Pres. and
Pres. U. S.   1826 90
John Cleveland, A.M.,
A.B. Yale 1745, A.M. Yale   1799 77
John Darbe, A.M.,
A.B. Yale 1748, M.D., A.M. Yale 1805
David Ely, A.M.,
A.B. Yale 1769, A.M. Yale, D.D.
Yale 1808   1816 67
*BENJAMIN HUNTINGTON, LL.D.,
A.B. Yale 1761, A.M. Yale, Judge
Sup. C. Ct., M.C.   1800 64
*CÆSAR ANNE DE LA LU-
ZERNE, LL.D., do. Harv. 1781,
F. Am. Acad., Memb. Am. Phil.
S., French Min. Conf. S. A., do.
Gt. Brit.   1791 50
*THOMAS MCKEAN, LL.D.,
do. Coll. N. J. 1781, Just. Sup.
C. and Gov. Pa., Pres. Amer.
Cong.   1817 83
Ebenezer Pemberton, A.M.,
A.B. Coll. N.J. 1765, A.M. Coll.
N. J., do. Yale 1781, do. Harv.
1787, LL.D. Allegh. 1817, Tutor
Coll. N. J.   1835 89
Peter Powers, A.M.,
A.B. Harv. 1754, A.M. Harv. 1758 1799 71
John Richards, A.M.,
A.B. Yale 1745, A.M. Yale   1814 88
Benjamin West, A.M.,
A.M. Harv. 1770, do. Brown 1770,
LL.D. Brown 1792, F. Am. Acad.,
Prof. Math. and Astron. and
Prof. Math. and Nat. Phil.
Brown Univ.   1813 83
Henry Williams, A.M.,   1811 67
                          12—*12

1784.
Levi Hart, A.M.,
A.B. Yale 1760, A.M. Yale, D.D.
Coll. N. J. 1800, Trustee   1808 70

| 82 | DARTMOUTH TRIENNIAL. | [1873. |

	Died. Age.
*_Benaiah Roots_, A.M., A.B. Coll. N. J. 1744	1787 62
2—*2	

1785.

*_Ebenezer Bradford_, A.M., A.B. Coll. N. J. 1773, A.M. Coll. N. J., do. Brown 1800   1801 55
* _William Bradford_, A.M., A.B. Coll. N. J. 1774, A.M. Coll. N. J.   1808 63
*Moses Dow, A.M., A.B. Harv. 1769, A.M. Harv.   1811 64
*Samuel Huntington, A.B., do. Yale 1785, A.M. Yale, Chief Just. Sup. C. and Gov. Ohio   1817 49
*_Isaac Smith_, A.M., A.B. Coll. N. J. 1770, A.M. Coll. N. J.   1817 72
*_Alpheus Spring_, A.M., A.B. Coll. N. J. 1766   1791
6—*6

1786.

*Stephen Rowe Bradley, A.M., A.B. Yale 1775, A.M. Yale, LL.D. 1805, U. S. Sen., Judge Sup. C. Vt.   1830 76
*_Pelatiah Chapin_, A.M.
*Solomon Brown, A.M., A.B. Brown 1773. A.M. Brown, do. Pa., M.B. Pa., M.D. Brown 1804, F. Am. Acad., Prof. Mat. Med. and Botan. Brown Univ.   1834 81
*_Nathaniel Emmons_, A.M., A.B. Yale, 1767, A.M. Yale, D.D. 1798   1840 95
*Theodore Foster, A.M., A.B. Brown 1779, A.M. Brown, U. S. Sen.   1828 76
*Lewis Robert Morris, A.M., M.C.
*_Bulkley Olcott_, A.M., A.B. Yale 1758, A.M. Yale, Trustee   1792 58
*Elijah Paine, A.M., A.B. Harv. 1781, A.M. Harv., LL.D. Harv. 1812, do. Univ. Vt. 1825, F. Am. Acad., F. Am. S. A., Judge Sup. C. Vt., U. S. Sen., U.S. Judge Dist. C. Vt., Trustee   1842 85
*Ralph Pomeroy, A.M., A.B. Coll. N. J. 1758
*Asa Porter, A.M., A.B. Harv. 1762, A.M. Harv.   1818 76
*Seth Read, A.M., A.B. Brown 1770, A.M. Brown. do. Harv. 1781, do. Yale 1781

	Died. Age.
*Chandler Robbins, A.M., A.B. Harv. 1782, A.M. Harv., do. Yale 1790	1834 72
*_Joshua Spalding_, A.M.	1825 65

*_David Tappan_, A.M., A.B. Harv. 1771, A.M. Harv., D.D. Harv. 1794, F. Am. Acad., Prof. Theol. Harv. Univ.   1803 51
*Nathaniel Terry, A.M., A.B. Yale 1786, A.M. Yale 1798, M.C.   1844 76
*Larkin Thorndike, A.M., A.B. Harv. 1782   1800 39
16—*16

1787.

*Samuel Angier, A.B., do. Harv. 1787   1830 65
* _William Bentley_, A.M., A.B. Harv. 1777, A. M. Harv.,D.D. Harv. 1819, do. Allegh., F. Am. S. A., Memb. Am. Phil. S., Memb. N. H. Hist. S., Tutor Harv. Univ.   1819 62
*Nathan Read, A.M., A.B. Harv. 1781, A.M. Harv., Tutor Harv. Univ., M.C.   1849 89
*James Winthrop, A.B. Harv. 1769, A.M. Harv., LL.D. Allegh. 1817, F.Am.Acad., Memb. N. H. Hist. S., do. Am. Phil. S.   1821 70
4—*4

1788.

*Joseph Brigham, A.B., do. Harv. 1788, A.M. Harv., do. W'ms 1800   1821
*_Aaron Hall_, A.M., A.B. Yale 1772, A,M. Yale   1814 63
*Lemuel Hedge, A.M., A.B. Harv. 1784   1801 36
*_Jonathan Homer_, A.M., A.B. Harv. 1777, A.M. Harv., do. Brown 1790, D.D. Brown 1826, Memb. N. H. Hist. S.   1843 84
4—*4

1789.

*Amos Marsh, A.M., A.B. Coll. N. J. 1786, A.M. Coll. N.J.   1811
*_Samuel Spring_, A.M., A.B. Coll. N. J. 1771, A.M. Coll. N. J., D.D. W'ms 1807   1819 73
*John Sullivan, LL.D., A.M. Harv. 1780, Pres. N. H.,

HONORARY DEGREES.

	Died.	Age.
Del. Am. Cong., U. S. Judge Dist. C. N. H., Trustee	1795	54
*ISAAC TICHENOR, A.M., A.B. Coll. N. J. 1775, A.M. Coll. N. J., LL.D., U. S. Sen., Chief Just. Sup. C. and Gov. Vt.	1838	84
*Paul Wentworth, LL.D.	1793	
*Joseph Woodman, A.M., A.B. Coll. N. J. 1766, A.M. Coll. N. J.	1807	59

6—*6

1790.

	Died.	Age.
*JOSIAH BARTLETT, A.M., M.D., Chief. Just. Sup. Jud. C. and Gov. N. H., Trustee	1795	67
*Samuel Bass, A.M., A.B. Harv. 1772, A.M. Harv.	1842	85
*Ralph Griffiths, LL.D.	1803	83
*ALEXANDER HAMILTON, LL.D., A.M. Harv. 1788, do. Columb. 1788, LL.D. Harv. 1792, do. Coll. N. J. 1791, do. Brown 1782, F. Am. Acad., Memb. Am. Phil. S. Del. Am. Cong., Sec. Treas. U. S.	1804	47
*Aaron Hutchinson, A.M., A.B. Harv. 1770, A.M. Harv., do. Coll. N. J. 1794	1843	88
*Isaac Mansfield, A.M., A.B. Harv. 1767, A.M. Harv.	1826	76
*PETER OLCOTT, A.M., Judge Sup. C. and Lt. Gov. Vt., Trustee	1808	75
*JONATHAN ROBINSON, A.M., Chief. Just. Sup. C. Vt., U. S. Sen.	1819	63
*MOSES ROBINSON, A.M., A.M. Yale 1789, Chief Just. Sup. C. and Gov. Vt., U. S. Sen.	1813	72
*Job Swift, A.M., A.B. Yale 1765, A.M. Yale, D.D. W'ms 1803, Trustee	1804	61
*Elihu Tudor, A.M., A.B. Yale 1750, M.D., A.M. Yale	1826	93

11—*11

1791.

	Died.	Age.
*Moses Baldwin, A.M., A.B. Coll. N. J. 1757	1813	81
*James Brown, A.M., A.B. Harv. 1780, A.M. Harv., do. Brown 1792	1834	72
*Samuel Buel, D.D., A.B. Yale 1741, A.M. Yale	1798	81
*THOMAS CHITTENDEN, A.M., Gov. Vt.	1797	87
*Selden Church, A.M., A.B. Yale 1765, A.M. Yale	1802	58

	Died.	Age.
*Samuel Holyoke, A.M., A.B. Harv. 1789, A.M. Harv.	1820	57
*JEREMIAH BROWN HOWELL, A.B. Brown 1789, U. S. Sen.	1822	50
*NATHANIEL NILES, A.M., A.B. Coll. N. J.1766, A.M. Coll. N. J., do. Harv. 1772, Memb. N. H. Hist. S., Judge Sup. C. Vt., M.C., Trustee	1828	86
*Nathaniel Peabody, A.M., M.C.	1823	82
*John Saunders, A.M., A.B. Harv. 1781, A.M. Harv.	1845	85
*Luther Stearns, A.M., A.B. Harv. 1791, A.M. Harv.,M.B. Harv. 1797, M.D. Harv. 1811, Tutor Harv. Univ.	1820	50
*Nathan Ward, A.M.	1804	83
*Noah Worcester, A.M., D.D. Harv. 1818	1838	79

13—*13

1792.

	Died.	Age.
*William Emerson, A.M., A.B. Harv. 1789, A.M. Harv., do. Yale 1792, F. Am. Acad., Memb. N. H. Hist. S.	1811	42
*Israel Evans, A.M., A.B. Coll. N. J. 1772, A.M. Coll. N. J., Trustee	1807	59
*Daniel Grosvenor, A.M., A.B. Yale 1769, A.M. Yale	1834	85
*Moses Hemmenway, D.D., A.B. Harv. 1755, A.M. Harv., D.D. Harv. 1785	1811	75
*Thomas Woodbridge Hooper, A.M., A.B. Harv. 1789	1816	44
*JOHN THORNTON KIRKLAND, A.M., A.B. Harv. 1789, A.M.Harv., do. Brown 1794, D.D. Coll. N. J. 1802, LL.D. Brown 1810, F. Am. Acad., Memb. N. H. Hist. S.. Tutor and Pres. Harv. Univ.	1840	69
*SAMUEL LIVERMORE, LL.D., A.B. Coll. N. J. 1752, A.M. Coll. N. J., Del. Am. Cong., M.C., Chief Just. Sup. Jud. C. N. H., U. S. Sen.	1803	71
*Joshua Payne, A.M., A.B. Yale 1759, A.M. Yale	1799	64
*Stephen Peabody, A.M., A.B. Harv. 1769, A.M. Harv.	1819	76
*JOHN PICKERING, LL.D., A.B. Harv. 1761, A.M. Harv., Chief Just. Sup. Jud. C. N. H., Judge U. S. Dist. C. N. H.	1805	67
*Chandler Robbins, D.D., A.B. Yale 1756, A.M. Yale, do. Harv. 1760, D.D. Edin. 1793	1799	60

	Died.	Age.

*Daniel Staniford, A.M.,
A.B. Harv. 1790, A.M. Harv. — 1820 55
*John Storrs, A.M.,
A.B. Yale 1756, A.M. Yale, Tutor Yale Coll. — 1799 63
*Joseph Sumner, A.M.,
A.B. Yale 1759, A.M. Yale, D.D. Harv. 1814, do. S. C. 1814 — 1824 85
*Stephen Tracy, A.M.,
A.B. Coll. N. J. 1770 — 1822 73
*Jeremiah Wadsworth, A.M.,
A.M. Yale 1796, M.C. — 1804 60
*James Wellman, A.M.,
A.B. Harv. 1744, A.M. Harv. — 1808 85
*Stephen West, D.D.,
A.B. Yale 1755, A.M. Yale — 1819 83

18—*18

1793.

*Matthew Cazier, A.M.,
A.B. Coll. N. J. 1785, A.M. Coll. N. J. — 1837 77
*Henry Knox, A.M.,
Sec. War U. S. — 1806 56
*Christopher Lake Moody, LL.D. — 1815 62
*David Howe Williston, A.M.,
A.B. Yale 1787, A.M. Yale — 1845 77

4—*4

1794.

*Josiah Dana, A.M.,
A.B. Harv. 1763, A.M. Harv., do. Yale 1766, do. Brown 1790 — 1801 60
*Benjamin Joseph Gilbert, A.M.,
A.B. Yale 1786, A.M. Yale — 1849 85
*John Taylor Gilman, A.M.,
LL.D. 1796, Gov. N. H., Trustee — 1828 74
*Stephen Moody, A.M.,
A.B. Harv. 1790, A.M. Harv. — 1842 76
*Dudley Atkins Tyng, A.M.,
A.B. Harv. 1781, A.M. Harv., LL.D. Harv. 1823, F. Am. Acad., Memb. N. H. Hist. S. — 1829 69

5—*5

1795.

*Jonathan Freeman, A.M.,
M.C., Trustee — 1808 63
*Moses Cooke Welch, A.M.,
A.B. Yale 1772, A.M. Yale, D.D. 1811 — 1824 70

2—*2

1796.

*William Coleman, A.M. — 1829 62

*Richard Whitney, A.M.,
A.B. Harv. 1787, A.M. Harv. — 1806 39

2—*2

1797.

*Nathaniel Chipman, LL.D.,
A.B. Yale 1777, Prof. Law Midd. Coll., Chief Just. Sup. C. Vt., U. S. Sen., Judge U. S. Dist. C. Vt. — 1843 93
*Oliver Ellsworth, LL.D.,
A.B. Coll. N. J. 1766, LL.D. Yale 1790, do. Coll. N. J., Judge Sup. C. Ct., M.C., U. S. Sen., Chief Just. Sup. C. U. S., U. S. Min. Republ. France — 1807 65
*Cyprian Strong, A.M.,
A.B. Yale 1763, A.M. Yale, D.D. Yale 1803 — 1811 67

3—*3

1798.

*William Hall, A.M.,
A.B. Harv. 1766, A.M. Harv. — 1823 78
*Nathan Smith, M.D.,
A.M., M.B. Harv. 1790, M.D. Harv. 1811, Memb. and Pres. N. H. Med. S., Corr. Memb. Lond. Med. S., Prof. Theor. and Pract. Med., do. Anat. and Surg., Prof. Theor. and Pract. and Prof. Surg. and Obstetr. Yale Med. Coll., Prof. Theor. and Pract. Med. and Surg. Bowd. Coll. — 1829 65
*Lyman Spalding, M.D.,
M.B. Harv.1797, M.D. Harv. 1811, Lect. Chem., Corr. Memb. Lond. Med. S. — 1821 46
*Martin Tuller, A.M.,
A. B. Yale 1777 — 1813
*Samuel West, D.D.,
A.B. Harv. 1761, A.M. Harv. — 1808 69

5—*5

1799.

*Clark Brown, A.M.,
A.B. Yale 1794, do. Harv., do. Brown 1797, A.M. Yale 1797, do. Harv. 1811, do. Brown 1803 — 1817
*Daniel Buck, A.M.,
M.C. — 1816

2—*2

1800.

*Jabez Bowen, LL.D.,
A.B. Yale 1757, A.M. Yale, do. Brown 1769 — 1815 75

HONORARY DEGREES.

	Died.	Age.
*Edward St. Loe Livermore, A.M., Judge Sup. Jud. C. N. H., M.C.	1832	80
*Nathaniel Thayer, A.M., A.B. Harv. 1789, A.M. Harv., Tutor Harv., D.D. Harv. 1817	1840	71
*William Wilberforce, LL.D., M. P. Gt. Brit.	1833	73

4—*4

1801.

*Daniel Barber, A.M.		
*Jonathan Belden, A.M., A.B. Yale 1796. A.M. Yale	1844	70
*Sylvester Dana, A.M., A.B. Yale 1797	1849	80
*Sanford Kingsbury, A.M., A.B. Yale 1763	1833	90
*William Morrison, A.M.	1818	70
*Ignatius Thompson, A.M., A.B. Brown 1796, A.M. Brown	1848	

6—*6

1802.

*Joseph Bowman, A.M., A.B. Harv. 1761, A.M. Harv., Trustee	1806	72
*John Davis, LL.D., A.B. Harv. 1781, A.M. Harv., LL.D. Harv. 1842, Memb. Am. Phil. S., Pres. Ms. Hist. S., Judge U. S. Dist. C. Ms.	1847	86
*Rufus King, LL.D., A.B. Harv. 1777, LL.D. W'ms 1803, do. Harv. 1806, do. Univ. Pa. 1815, F. Am. Acad., Memb. N.H. Hist. S., U. S. Sen., Min. Gt. Brit.	1827	72
*Arthur Livermore, A.M., Chief Just. Sup. Jud. C. N. H.	1853	87
*Thomas W. Thompson, A.M., A.B. Harv. 1786, A.M. Harv., Tutor Harv. Univ., M.C., U. S. Sen., Trustee	1821	56

5—*5

1803.

*Edmund Fanning, LL.D., A.B. Yale 1757, A.M. Harv. 1764, do. Yale, do. Columb. 1772, LL.D. Yale 1803, D.C.L. Oxon. 1774, Lt. Gov. N. S., Gov. P. E. Id.	1818	81
*Stephen Jacob, A.M., A.B. Yale 1778, A.M. Yale, Judge Sup. C. Vt., Trustee	1817	61
*Nathan Waldo, A.M.	1832	
*Henry Wells, M.D., A.B. Coll. N. J., 1757, A.M. Yale		

	Died.	Age.
	1760	1814 72

4—*4

1804.

*David Humphreys, LL.D., A.B. Yale 1771, A.M. Yale, do. Harv. 1787, do. Coll. N. J. 1783, do. Columb., LL.D. Brown 1802, F. Am. Acad., Memb. Am. Phil. S., F.R.S., Min. Port. and Spain	1818	65
*Samuel Hunt, A.M., M.C.	1807	42
*Jeremiah Smith, LL.D., A.B. Rutg. 1780, LL.D. Harv. 1807, M.C., F. Am. S. A., Memb. N. H. Hist. S., Chief Just. Sup. C. and Gov. N. H., Judge U. S. Circ. C., Trustee	1842	82

3—*3

1805.

*Tobias Boudinot, A.M.	1845	75
*John Curtis Chamberlain, A.M., A.B. Harv. 1793, M.C.	1834	62
*Aaron Dexter, A.B. Harv. 1776, M.D. Harv. 1786, A.M. Harv., F. Am. S.A., Memb. N. H. Hist. S., Corr. Memb. Lond. Med. S.	1829	79
*David Dickinson, A.M.	1857	
*Martin Field, A.M., A.B. W'ms 1798	1833	60
*Daniel Hall, A.B., A.B. Midd. 1805	1868	81
*John Langdon, LL.D., U. S. Sen., Gov. N. H., Trustee	1819	78
*Edward Legge, D.D., LL.B., Bishop Oxford	1827	59
*David McWhorter, A.B., A.B. Midd. 1804	1809	
*Richard Channing Moore, D.D., Bishop Va.	1841	79
*Roger Newton, D.D., A.B. Yale 1758, A.M. Yale	1816	79
*William Patterson, LL.D., A.B. Coll. N.J. 1763, LL.D. Harv. 1806, do. Coll. N. J., F. Am. Acad., Just. Sup. C. U. S., Gov. N. J.	1806	61
*James Wilson, A.M., A.B. Harv.1789, A.M. Harv., M.C.	1839	73

13—*13

1806.

*Paul Brigham, A.M., Gov. Vt.	1824	78
*Benjamin Green, M.D.	1824	70
*John Henry, A.M.		

	Died.	Age.
*Daniel Hunter, A.B., do. Midd. 1806	1820	
*James Thompson, A.M., A.B. Brown 1799, A.M. Brown, do. W'ms 1803, D.D. Harv.·1841	1854	
*Thomas Worcester, A.M. 6—*6	1831	

1807.

*Daniel Azro Ashley Buck, A.B., do. Midd. 1807, A.M. Midd. 1814, M.C.	1841	52
*Theophilus Parsons, LL.D., A.B. Harv. 1769, A.M. Harv., LL.D. Brown 1809, do. Harv. 1804, F. Am. Acad., Chief Just. Sup. C. Ms.	1813	63
*Elihu Thayer, D.D., A.B. Coll. N. J. 1769 3—*3	1812	65

1808.

*David Lawrence Morril, A.M., M.B., M.D.,Memb. and Pres. N. H. Med. S., LL.D. Univ. Vt. 1825, U. S. Sen., Gov. N. H., Trustee 1—*1	1849	76

1809.

*Daniel Hopkins, D.D., A.B. Yale 1758, A.M. Yale	1814	80
*Seth Payson, D.D., A.B. Harv. 1777, A.M. Harv., do. Yale 1782, Trustee 2—*2	1820	62

1810.

*Nathan Hale, A.M.	1813	32
*Richard Hazeltine, M.D.	1836	62
*James Thatcher, M.D., do. Harv. 1810, A.M. Harv. 1808, F. Am. Acad.	1844	90
*Leonard Woods, A.B., do. Harv. 1810, do. Coll. N. J. 1810, F. Am. Acad., Prof. Theol. And. Theol. Sem. 4—*4	1854	81

1811.

*Benjamin Abbot, LL.D., A.B. Harv. 1788, A.M. Harv.	1849	87
*Egbert Benson, LL.D., do. Union 1799, M.C.	1833	86
*Charles Burroughs, A.M., A.B. Harv. 1806, A.M. Harv., D.D. Columb. 1833	1868	80

	Died.	Age.
*Asa Crosby, M.D. 4—*4	1836	70

1812.

*William Allen, A.M., A.B. Harv. 1802, A.M. Harv., D.D. Harv. 1821, F. Am. S. A., Memb. N. H. Hist. S., Corr. Memb. N.Y. Hist. S., Pres. Bowd. Coll.	1868	84
*Benjamin Parker, M.D., A.B. Harv. 1782, A.M. Harv. 1807	1845	85
*Alden Partridge, A.M., do. Univ. Vt. 1821, Supt. U. S. M. A., Pres. Jeff. Coll. Miss., do. Norw. Univ.	1854	70
Benjamin Pettengill, A.B., do. Midd. 1812		
*Harvey Wilbur, A.M. 5—*4	1852	64

1813.

*Elijah Alvord, A.M., do. W'ms 1821	1840	64
*John Hubbard Church, A.M., A.B. Harv. 1797, D.D. W'ms 1823, Trustee	1840	68
*Francis Drake, A.M.	1814	
*Jonathan Hatch Hubbard, A.M., M.C., Judge Sup. C. Vt. 4—*4	1849	81

1814.

*Horace Bardwell, A.M., D.D. Amh. 1857	1866	77
*Joel Benedict, D.D., A.M. Coll. N. J. 1765, D.D. Union 1808	1816	71
*Nathaniel Porter, D.D., A.B. Harv. 1768, A.M. Harv.		
*Isaiah Thomas, A.M., LL.D. Allegh., F. Am. S. A. 4—*4	1831	82

1815.

*Francis LeBarron, M.D.	1829	51
*Abraham Rand Thompson, M.D., do. Harv.1826, F. Am. S.A.	1866	85
*Josiah Towne, A.M., A.B. Midd. 1812 3—*3	1855	

1816.

*David Sutherland, A.M.	1855	78
*Norman Williams, A.M., A.B. Univ. Vt. 1810, Prof. Med. Jurisp. Vt. Med. Coll.	1868	77

1873.] HONORARY DEGREES. 87

*John Wood, A.M.,
A.B. W'ms 1812   Died. 1861 Age. 76

3—*3

1817.

*Benjamin Chase, A.M.,
A.B. Midd. 1814, D.D.   1870 81
*Hosea Hildreth, A.M.,
A.B. Harv. 1805   1835 53
*JAMES MONROE, LL.D.,
A.B. W'm and Mary's 1775, LL.D.
Harv. 1817, do. Coll. N. J. 1822,
Gov. Va., Del. Am. Cong., U. S.
Min. France and Gt. Brit., U. S.
Sen., Sec. Treas. and Pres. U.S.   1831 72
*James Harvey Pierrepont, A.M.,
A.B. Harv. 1789, A.M. Harv.
1802, M.D. Harv. 1819   1839 71
*Matthew Spalding, A.M.,
A.B. Harv. 1798, A.M. Harv.,
Memb. and Pres. N. H. Med. S.   1865 95

5—*5

1818.

*Enoch Corser, A.M.,
A.B. Midd. 1811   1868 81

1—*1

1819.

*Federal Burt, A.M.,
A.B. W'ms 1812, A.M. W'ms,
Memb. N. H. Hist. S.   1828 39
*JAMES KENT, LL.D.,
A.B. Yale 1781, A. M. Yale, LL.D.
Harv. 1810, do. Columb. 1797,
do. Pa. 1819, Prof. Law Columb.
Coll., Chief Just. Sup. C. and
Chanc. N. Y.   1847 85
*Samuel Sparhawk, A. M.   1834 57

3—*3

1820.

*Josiah Bartlett, M.D.,
Memb. and Pres. N. H. Med. S.   1838 70
*Abiathar G. Britton, A.M.   1853 77
Edward Clark, A.M.
*Phineas Handerson, A. M.   1853 74
*Ebenezer Learned, M.B.,
A.B. Harv. 1787. A.M. Harv.   1831 61
Daniel H. Skinner, A.M.,
A.B. Midd. 1816.

5—*4

1821.

*James Freeman Dana,, M.D.,
A.B. Harv. 1813, A.M. Harv., M.D.
Harv. 1817, Lec. Chem., Prof.
Chem. and Min. and Appl. Sci.,
Prof. Chem. and Min. Coll. P.
and S. N. Y.   1827 33

*Eleazar Lord, A.M.,   Died. Age.
A.M. W'ms 1827, LL.D. N. Y. 1866   1871 83
*NATHAN LORD, A.M.,
A.B. Bowd. 1809, A.M. Bowd.,
D.D. Bowd. 1828, LL.D. 1864, Trustee, Pres.   1870 77
*Daniel Oliver, A.M., M.D.,
A.B. Harv. 1806, A.M. Harv., M.D.
Univ. Pa. 1810, LL.D. Hob. 1838,
Hon. Memb. Acad. Sci. and Lett.
Palerm., F. Am. Acad., Hon.
Memb. Ms. Med. S., Memb. and
Pres. N. H. Med. S., Memb. N.
H. Hist. S., Lect. Chem., Prof.
Theo.r and Pract. Med. and
Botan., do. Int. Phil.   1842 54
*Usher Parsons, A.M., M.D.,
A.B. Harv. 1820, do. Harv. 1829,
M.D. Harv. 1718, do. Brown 1825,
do. W'ms 1844, Hon. Memb. Ms.
Med. S., Pres. R. I. Med. S., V.
Pres. Am. Med. S., Prof. Anat.
and Physiol., Prof. Anat. and
Surg. Brown Univ.   1868 80
*Samuel Appleton Storrow,
A.M.   1837 50

6—*6

1822.

*Jacob Weed Eastman, A.M.
*John Farmer, A.M.,
Memb. N. H. Hist. S., Corr.
Memb. N. Y. Hist. S., do. Ms.   1838 49
Silas McKeen, A.M.,
do. Univ. Vt. 1828, D.D. 1861
*John Stockbridge, M.D.   1849 69

4—*3

1823.

*Henry Bright Chase, A.M.   1854 77
*Parker Cleaveland, M.D.,
A.B. Harv. 1798, A.M. Harv.,
LL.D. Bowd. 1824, Tutor and
Prof. Math. and Nat. Phil., and
Prof. Chem. and Min. Bowd.
Coll., F. Jena Min. S., do Dresd.
Min. S., do. St. Petersb. S., do.
R. Geol. S. Lond.   1858 79
*Elnathan Judson, M.D.,
A.M. Brown 1818, do. Ham. 1823,
M.D. Brown 1823   1829
*JEREMIAH MASON, LL.D.,
A.B. Yale, LL.D. Bowd. 1815, do.
Harv. 1817, U. S. Sen., Memb.
N. H. Hist. S., Corr. Memb. Ms.
Hist. S.   1848 80
*Samuel Mosely, A.M.,
A.B. Midd. 1818   1824 34
*Nathaniel Sprague, A.M., D.D. 1853 63

88 DARTMOUTH TRIENNIAL. [1873.

*George Edwards Wales, A.M., Died. 1860 Age.
do. Univ. Vt. 1825, M.C.
7—*7

1824.
*Joel Ranney Arnold, A.M.,
do. Midd. 1824   1865 71
*Epaphras Hoyt, A.M.   1850 85
*Benjamin Lynde Oliver, A.M. 1843 55
*David Allen Simmons, A.M. 1859 72
*JOSEPH STORY, LL.D.,
A.B. Harv.1798,A.M.Harv., LL.D.
Harv. 1811, do. Brown 1815,
F. Am. Acad., Memb. Am. Phil.
S., M.C., Judge Sup. C. U. S.,
Dane Prof. Law Harv. Univ.   1845 66
5—*5

1825.
*John Bell, M.D.,
A.B. Union 1819, M.D. Bowd.
1823, Prof. Anat. and Physiol.
Univ. Vt.   1830 30
*Daniel Cony, M.D.   1842 89
Ralph Farnsworth, A.M.,
A.B. Harv. 1821, M.D. Harv. 1826
David Root, A.M.,
A.B. Midd. 1816
Josiah Tucker, A.M.   1856 65
*CORNELIUS PETER VAN NESS,
LL.D., do. Univ. Vt. 1823, Chief
Just. Sup. C. and Gov. Vt., U.S.
Min. Spain   1852 70
* Charles Walker, A.M.,
do. Univ. Vt. 1823, do. Midd.
1825, D.D. Univ.Vt. 1847   1870 79
7—*5

1826.
*William Hall, A.M.,
do. Midd. 1806, Trustee   1831 59
*Samuel Morrill, M.D.   1858 79
*William Prescott, LL.D.,
A.B. Harv. 1783, A.M. Harv.,
LL.D. Harv. 1815, F. Am. Acad. 1844 82
3—*3

1827.
*Levi Chamberlain, A.M.   1868 80
*BENJAMIN HALE, A.M.,
A.B. Bowd. 1818, A.M. Bowd.,
M.D., D.D. Columb. 1836, Prof.
Chem. and Min., do. Med.
Jurisp., Pres. Hobart Coll.   1863 65
George Howe, A.M.,
A.B. Midd.1822, A.M. Midd., D.D.
Univ. N. C. 1833, LL.D. Ogleth.
1871, Prof. Theol., Prof. Sac.
Lit. Columb. Theol. Sem.

*WILLIAM MERCHANT RICH- Died. Age.
ARDSON, LL.D.,
A.B. Harv. 1797, A.M. Harv.,
Memb. N. H. Hist. S., Chief
Just. Sup. Jud. C. N. H., M.C. 1838 64
*James Wheelock Ripley, A.M.,   1838
M.C.
Leonard Worcester, A.M.,
A.M. Midd. 1804   1846 79
6—*5

1828.
Daniel P. Bacon, A.M.
Joseph Dowe, A.M.,
A.B. Bowd. 1823, A.M. Bowd.
* Warren Fay, D.D.,
A.B. Harv. 1807, A.M. Harv.   1864 80
John M. Goodenow, A.M.,
M.C.   1838 56
Noah Porter, D.D.,   1866 85
A.B. Yale 1803, A.M. Yale,   1866
5—*2

1829.
*Ezra Bartlett, M.D.   1848 78
*Peter Bartlett, M.D.   1838 49
*Elias Cornelius D.D.,
A.B. Yale 1813, A.M. Yale   1832 37
*Stephen Carr Lyford, A.M.
John B. McGregory, M.D.
5—*4

1830.
*Edward Ballard, A.M.,
do. Trin. 1845, do. Bowd. 1858,
DD. Trin. 1865   1870
1—*1

1831.
Robert Nelson, M.D.,
do. Univ. Vt. 1827, Prof. Anat.
and Physiol. Castlet. Med. Coll.   1

1832.
Josiah Kittredge, M.D.
*Moses Long, M.D.   1858 71
Joseph Hurlbut Patten, A.M.,
A.B. Brown 1819, A.M. Brown
*SAMUEL PRENTISS, LL.D.,
Chief Just. Sup. C. Vt., U. S.
Sen., Judge U. S. Dist. C. Vt.,
Trustee   1857 74
*Edward Robinson, D.D.,
A.B. Ham. 1816, D.D. Halle 1842,
LL.D. Yale 1844, Prof. Extraord.
Sac. Lit. And. Theol.Sem.,Prof.

1833.

Sac. Lit. Union Theol. Sem.
N. Y., Pres. Am. O. S. — Died 1863, Age 68
*William Urwich, D.D.
6—*4

Thomas Belcher Desbrisay, M.D., do. Harv. 1834
*Jabez Pond Fisher, A.M., A.B. Brown 1788, A.M. Brown — 1836 73
A. G. Smith, M.D.
3—*1

1834.

Sylvester Cartier, M.D., do. Univ. Vt., do. Castlet.
Daniel Dayton, A.M., A.B. Union 1831
*Nathan Sanborn, M.D. — 1858 67
*JARED WARNER WILLIAMS, A.M., A.B. Brown 1818, LL.D. Brown 1852, Memb. N. H. Hist. S., M.C., Gov. N. H., U. S. Sen., Trustee — 1864 68
4—*2

1835.

*Cyrus Holmes, A.M. — 1849 49
Enoch Pond, D.D., A.B. Brown 1813, A.M. Brown, Prof. Theol. Bang. Theol. Sem.
2—*1

1836.

Rufus Anderson, D.D., A.B. Bowd. 1818, A.M. Bowd., LL.D. Bowd. 1868
George Washington Johnson, A.B.
Charles Upham Shepard, M.D., A.B. Amh. 1824, LL.D. Amh. 1857, F. Am.Acad., Prof. Chem. and Nat. Hist. S. C. Med. Coll., Lect. Nat. Hist. Yale Coll., Prof. Nat. Hist. Amh. Coll.
3

1837.

Liba Conant, A.M., A.B. Brown 1819
MARK HOPKINS, D.D., A.B. W'ms 1824, A.M. W'ms, D.D. Harv. 1841, LL.D. Univ. N. Y. 1857, M.D. W'ms 1828, F. Am. Acad., Tutor and Prof. Moral Phil. and Rhet. W'ms Coll., Prof. Moral Phil. Metaph. and Theol. and Pres. W'ms Coll.
2

1838.

*Alfred Greenleaf, A.M., do. Univ. N. Y. — 1872 68
*Larkin Goldsmith Mead, A.M. — 1869 74
*Darwin Harlow Ranney, A.M., A.B. Midd. 1835 — 1870 58
*Isaac Robinson, A.M., D.D. 1847 — 1854 74
4—*4

1839.

*John Carr, M.D. — 1861 75
Marshal Conant, A.M.
Jonathan G. Fellows, A.M., A.B. Wat. 1835
Robert Bernard Hall, A.M., LL.D. Ia. Cent. Coll. 1858
Samuel Read Hall, A.M., LL.D. Univ. Vt.
*Otis Jenks, M.D. — 1854 55
*Andrew Rankin, A.M. — 1862 66
Calvin Ellis Stowe, D.D., A.B. Bowd. 1824, A.M. 1832, do. Bowd., D.D. Miami Univ., do. Ind. Univ., Prof. Lat. and Gr. Lang. and Lit., Prof. Nat. and Rev. Relig. Bowd. Coll., Prof. Sac. Lit. Lane Theol. Sem., do. And. Theol. Sem.
8—*3

1840.

*Jacob W. Bailey, A.M., Prof. Chem. and Min. U. S. M. A. — 1857 45
*William A. Burnham, A.M. — 1860
2—*2

1841.

*Michael Eldridge, M.D. — 1849 73
*Dyer Hook Sanborn, A.M., do. Wat. 1833,] Memb. N. H. Hist. S. — 1871 71
*JARED SPARKS, LL.D., A.B. Harv. 1815, A.M. Harv., LL.D. Harv. 1843, Corr. Memb. N. H. Hist. S., F. Am. Acad., F. Am. Phil. S., Corr. Memb. N. Y. Hist. S., Corr. Memb. R. Pruss. Acad. Sci. Berlin, do. Athen.Archeol.S., Hon.Memb. Acad. Sci. and Lett. Palermo, do. R. Acad. Turin, do. Hist. and Geog. Inst. Brazil, Tutor and Prof. Anc. and Mod.Hist. and Pres. Harv. Univ. — 1866 76

90 DARTMOUTH TRIENNIAL. [1873.

Ammi Burnham Young, A.M.,
  A.M. Univ. Vt. 1838.
                            4—*3

1842.

*Clark Titus Hinman, A.M.,
  A.B. Wesl. Univ. 1839, D.D.
  Wesl. Univ.
*Silas Walker, M.D.   1843
                  2—*2

1843.

*Amos Blanchard, A.M.   1868 68
James Douglass, M.D.,
  do. Wm's 1826
                  2—*1

1844.

Asa P. Cate, A.M.
Alonzo Clark, A.M.,
  A.B. W'ms 1828, A.M.W'ms,M.D.
  1843, do. N. Y. 1835, do. W'ms,
  LL.D. Univ. Vt. 1853, Pres. N.
  Y. Med. S., Prof. Mat. Med.
  Berks. Med. Sch., Prof. Path.
  and Pract. Med. Coll. P. and S.
  N. Y.
Peter Clark, A. M.,
  A.B. Union 1827
*Bela Bates Edwards, D.D.,
  A.B.Amh. 1824, A.M.Amh.,Corr.
  Memb. N. H. Hist. S., Prof.
  Heb. Lang. And. Theol. Sem. 1852 49
Henry L. Kendrick, A.M.,
  Prof. Chem. Min. and Geol. U.
  S. M. A.
Calvin McQuesten, A.M.,
  M.D. Bowd. 1830
                6—*1

1845.

*John Dafforne Kinsman, A.M.,
  A.B. Bowd. 1825, A.M. Bowd.   1850 44
*John Richards, D.D.,
  A.B. Yale 1821   1859 61
William Harvey Wells, A.M.
                 3—*2

1846.

*Lawrence Kimball Hadduck,
  A.M.   1871 56
Augustus A. Hayes, M.D.,
  F. Am. Acad.
*David Perkins Page, A.M.   1848 37
*Peter P. Woodbury, M.D.,
  Memb. and Pres. N.H. Med. S. 1860 69
                4—*3

1847.

Solomon Payson Fay, A.M.,
  A.B. Mariett. 1844
*Charles Flanders, A.M.,
  A.B. Harv. 1808,   1860 72
John French, M.D.
Daniel Hovey, M.D.
Ariel Hunton, M.D.
*Ira Weston, M.D.   1863 67
                6—*2

1848.

*John Prescott Bigelow, A.M.,
  A.B. Harv. 1815, A.M.'Harv.   1872
William Dummer Northend,
  A.B. Bowd. 1843, A.M. Bowd.
Cyrus W. Wallace, A.M.,
  D.D. 1866
Thomas Wallace, M.D.
*Ebenezer Guptill Yeaton, M.D. 1866 72
                5—*2

1849.

*Samuel Appleton, A.M.   1853 87
*Zedekiah Smith Barstow, D.D.,
  A.B. Yale 1813, A.M. Yale, do.
  Ham. 1816, Memb. N. H. Hist.
  S., Trustee   1873 82
*William Wallace Smith Bliss,
  A.M.   1853
*EDWARD EVERETT, LL.D.,
  A.B. Harv. 1811, A.M. Harv.,
  PH.D. Gött. 1817, LL.D. Harv.
  1835, do. Yale 1833, do. Dubl.
  1842, do. Cantab. 1842, D.C.L.
  Oxon. 1843, Memb. N. H. Hist.
  S., do. Am. Phil. S., V.-Pres.
  Am. Acad., Corr. Memb. Inst.
  France, Corr. Memb. Athen.
  Arch. S., F. R. Agr. S. Gt.
  Brit., F. R. G. S., Hon. Memb.
  S. Antiq. Lond. Gov. Ms., M.C.,
  U. S. Sen., Sec. State U. S., U.
  S. Min. Gt. Brit.   1865 70
Asa George, M.D.
*Salma Hale, A.M.,
  A.M. Univ. Vt. 1824, M.C.   1866 79
*Rufus Kittredge, M.D.,
  A.B. Harv. 1810, A.M. 1822   1854 66
*John Sullivan, A.M.   1862 62
                8—*7

1850.

Otis R. Batchelder, M.D.
William A. Burke, A.M.

1873.] HONORARY DEGREES. 91

Died. Age.
ANTHONY COLBY, A.M.,
Gov. N.H., Trustee
George Washington Morrison,
A.M., M.C.
David Smith, D.D.
William Plumer Wheeler, A.M.,
LL.B. Harv. 1842, LL.D. 1872,
Trustee N. H. Agr. Coll.
Tappan Wentworth, A.M., M.C.   7

1851.

*MILO LYMAN BENNETT, LL.D.,
A.B.Yale 1811, Judge Sup. C.Vt.
Nathaniel Bouton, D.D.,
A.B. Yale 1821, A.M. Yale,
Memb. N. H. Hist. S., Trustee
*John Adams Burleigh, A.M.   1860 60
John James Dixwell, A.M.
James Bicheno Francis, A.M.,
A.M. Harv. 1858
Jonathan French, D.D.,
A.B. Harv. 1798, A.M. Harv.   1856 78
Francis Brown Hayes, A.M.,
A.B. Harv. 1839, A.M. Harv.
                                  7—*3

1852.

*Richard Boylston, A.M.   1857 75
Milton Palmer Braman, D.D.,
A.B. Harv. 1819, D.D. Harv. 1854
Charles Clarke, M.D.
Benjamin Brown French. A.M.
Henry Flagg French, A.M.,
Pres. Ms. Agr. Coll.
*JOHN JAMES GILCHRIST, LL.D.,
A.B. Harv. 1828, LL.D. Harv.
1856, Judge and Chief Just.
Sup. Jud. C. N. H., Chief.Just.
U. S. C. Claims   1858 49
Alexander Hett, M.D.
Robert Philip, D.D.   1858 66
*John Prentiss, A.M.,
Memb. N. H. Hist. S.   1873 95
*Andrew Tracy, A.M.,
A.M. Univ. Vt. 1835, M.C.   1868 72
                     10—*5

1853.

Robert Brydon, D.D.
Moses Gerrish Farmer, A.M.,
F. Am. Acad.
Edward Lazarus M.D.
           3

1854.

Died.Age.
Benjamin Russell Allen,A.M.,
A.M. Amh. 1842   1872 67
*Goldsmith F. Bailey, A.M.,
M.C.   1862 38
*SAMUEL DANA BELL, LL.D.,
A.B. Harv. 1816, Memb. N. H.
Hist.S., Judge Super. C. N.H.,
Judge and Chief Just. Sup.
Jud. C. N. H.   1868 71
Erastus Brigham Bigelow,A.M.,
A.M. W'ms 1845, do. Yale 1852,
do. Harv. 1861, LL.D. Amh.
1867, F. Am. Acad.
Isaac Hurd, D.D.,
A.B. Harv. 1806, A.M. Harv.   1856 70
                                5—*4

1855.

Adin Brooks, A.M.,
A.B. Wesl. 1851
*JACOB COLLAMER, LL.D.,
A.B. Univ. Vt. 1810, LL.D. Univ.
Vt., Prof. Med. Jurisp. Vt. Med.
Coll., Judge Sup. C. Vt., M.C.,
U. S. Sen., P. M. Gen. U.S.   1865 73
Ebenezer Edson Cummings,
D.D., A.B. Wat. 1828, A.M. Wat.
1848, Memb. N. H. Hist. S.
Elbridge Gerrish Dalton, A.M.
Martin G. Evarts, A.M.
Thomas A. Green, A.M.
John Juteau Sanborn, A.M.
Jerome Van Crowninshield
Smith, A.M.,
M.D. Brown 1818, do. W'ms
1825, Prof. Anat. and Physiol.
Berks. Med Sch., Prof. Anat.
N. Y. Med. Coll.
                             8—*1

1856.

Joseph Ames, A.M.
Henry Flanders, A.M.
*Joseph B. Montague Gray,
A.M.   1856 38
Daniel McFarland, A.M.
*Isaac Parker, A.M.   1858 20
*Joseph Emerson Worcester,
LL.D., A.B. Yale 1811, A.M. Yale,
do. Harv. 1820, LL.D. Brown
1847, Memb. N. H. Hist. S., F.
Am. Acad., Corr. Memb. R.G.S.   1865 81
                             6—*3

1857.

	Died.Age.
*John Cavender, A.M.	1863
*John Locke Dickerman, A.M., M.D. Midd. 1826	1857 69

Ichabod Goodwin, A.M., Gov. N. H., Trustee
William Haile, A.M., Gov. N. H., Trustee
Lewis Davis Harlow, A.M., M.D. Univ. Pa. 1845, Prof. Obstetr. and Dis. Wom.
Justin S. Morrill, A.M., M.C., U. S. Sen.
Isaac Stevens Morse, A.M.
Sir Henry Creswicke Rawlinson, LL.D., Bart., D.C.L. Oxon 1850, F.R.S., Pres. and F. R. G. S., Corr. Memb. Inst. France, Pruss. Ord. Mer. 1852, M. P., H. B. M's Min. Persia
Onslow Stearns, A.M, Gov. N. H., Trustee
John B. Torricelli, A.M.
John S. Wells, A.M., U. S. Sen. 1860 60

11—*3

1858.

Elijah Porter Barrows, D.D., A.B. Yale 1826, A.M. Yale, Prof. Sac. Lit. W. Res. Coll., do. And. Theol. em.
William Lambert Cogswell, A.M.
*Ariel Ivers Cummings, A.M., M.D. N. Y. Univ. 1851, LL.B. Harv. 1858 1863
Charles Dana, A.M.
Edward Danforth, A.M.
Charles Christopher Frost, A.M.
William H. Y. Hackett, A.M.
 Memb. and Pres. N. H. Hist. S.
Austin F. Pike, A.M., M.C.
Benjamin F. Tredick, A.M.

9—*1

1859.

Dwight Baldwin, M.D., A.B. Yale 1821, A.M. Yale
*Levi Bartlett, A.M. 1864 80
*Henry A. Bellows, A.M., LL.D. 1869, Judge and Chief Just. Sup. Jud. C. N. H. 1873 69
Samuel Ward Boardman, A.M., A.B. Midd. 1851, D.D. Ham. 1870, Prof. Rhet. and Eng. Lit. Midd. Coll.

	Died.Age.
*Richard Bond, A.M.	1861
John Hatch George, A.M.	
*Frederick Rowe Harvey, M.D., A.B. Union 1834,M.D. Jeff. Med. Coll. 1837	1862
*Joseph Gibson Hoyt, LL.D., A.B. Yale 1840, A.M. Yale, Chanc. Wash. Univ. Mo.	1862 47

Augustus Pingry Hunton, A.M., do. Univ. Vt. 1847
Charles Marsh, A.M.
Samuel Niles, A.M.

11—*5

1860.

William L. Foster, A.M., Memb. N. H. Hist. S., Just. Sup. Jud. C. N. H.
Ichabod Goodwin, 2d, A.M.
Eugene A. Groux, M.D.
King Solomon Hall, A.M.
George Adams Kettell, A.M.
William Walter Legge, LL.D., Earl Dartm., A.M. Oxon.
*Rufus G. Lewis, A.M. 1869 68
Lyman Lombard, M.D.
Asa McFarland, A.M., Memb. N. H. Hist. S.
*Franklin Pierce, LL.D., A.B. Bowd. 1824. LL.D. Bowd. 1853, M.C., U. S. Sen., Pres. U. S. 1869 64
William Morrill Pingry, A.M.
Austin Richards, D.D., A.B. Amh. 1824
Ezekiel Adams Straw, A.M., Gov. N. H., Trustee
Mason W. Tappan, A.M., M.C.
Asa P. Tenney, A.M. 1867 68
William W. Thayer, A.M.

16—*3

1861.

Nathaniel Springer Berry, A.M., Gov. N. H., Trustee
Erastus B. Claggett, A.M.
Aaron H. Cragin, A.M., M.C., U. S. Sen.
Herman Foster, A.M.
Joseph Foster Green, A.M.
John Parker Hale, LL.D., A.B. Bowd. 1827,M.C., U.S. Sen., U. S. Min. Spain
Edward H. Rollins, A.M., M.C.
Everett P. Wheeler, A.M.
*Paul J. Wheeler, A.M. 1862 42

8—*1

HONORARY DEGREES. [1873.]

1862.
Rufus F. Andrews, A.M.
NATHAN CLIFFORD, LL.D.,
  do. Bowd. 1860, do. Brown, 1868,
  M.C., U. S. Min. Mex., Judge
  Sup. C. U. S.
FREDERICK HOLBROOK, A.M.,
  Gov. Vt.
Ephraim Knight, A.M.,
  do. Brown
Amasa Norcross, A.M.
*Edwin Henry Stoughton, A.M. 1868
Edward Silas Tobey, A.M.,
  Trustee
                              7—*1

1863.
William Phipps Blake, A.M.,
  PH.D. Yale 1852, Prof. Geol.
  and Min. Coll. Cal.
ELLERY A. HIBBARD, A.M.,
  M.C., Judge Sup. Jud. C. N. H.
Aaron W. Sawyer, A.M.
Isaac Smith, A.M.
NOAH H. SWAYNE, LL.D.,
  do. Mariett. 1863, do. Yale 1865,
  Judge Sup. C. U. S.
                              5

1864.
Thomas Ball, A.M.
John James Bell, A.M.
John E. Brown, A.M.
Josiah Boutelle Chickering, A.M.
Pliny Butts Day, A.M.,
  A.B. Amh. 1834, D.D. 1865,
  Trustee   1869 60
Velie Haynes Deane, A.M.,
  A.B. Midd. 1847
John S. Eldridge, A.M.
Asa Bird Gardner, A.M.,
  A.B. Univ. N. Y., A.M. Univ.
  N. Y., do. Columb. 1869
Joseph W. Howe, A.M.
William Alfred Packard, A.M.,
  A.B. Bowd. 1851, A.M. Bowd.,
  PH.D. Ham. 1868, Tutor Bowd.,
  Prof. Mod. Lang., Prof. Gr.
  Lang. and Lit., Prof. Lat.
  Lang. and Lit. and Sci. Lang.
  Coll. N. J.
Charles Woodbury Thrasher, A.M.
                              11—*1

1865.
Daniel Barnard, A.M.

Charles J. Gilman, A.M., M.C.
John M. Shirley, A.M.,
  Memb. N. H. Hist. S.
William B. Small, A.M., M.C.
FREDERICK SMYTH, A.M.,
  Gov. N. H., Trustee, do. N. H.
  Agr. Coll.
Aaron F. Stevens, A.M., M.C.
John R. Tilton, A.M.
Levi Underwood, A.M.,
  Lt. Gov. Vt.
Albert S. Waite, A.M.
William A. Wheeler, A.M.,
  LL.D. Univ. Vt. 1867, M.C.
                              10

1866.
Isaac Adams, A.M.
Samuel Johnson Allen, M.D.
John Badger Bachelder, A.M.
Samuel M. Bowman, A.M.,
  Grad. U. S. M. A.
William D. Buck, A.M.,
  M.D. Coll. P. and S. N. Y.
Edward E. Burnet, A.M.
William E. Chandler, A.M.
Uriel Crocker, A.M.
Josiah Gardner Davis, D.D.,
  A.B. Yale 1836, Trustee
*Jabez Crosby Howe, A.M.   1869
Frederick Walker Lincoln, A.M.,
  A.M. Harv. 1855
Elihu Parish Marvin, D.D.,
  A.B. W. Res. 1842
Alexander Ralston Plumley, A.M.
Hiram Powers, A.M.
WILLIAM TECUMSEH SHERMAN,
  LL.D., Grad. U. S. M. A. 1840,
  Gen. U. S. A.
Thomas Kirby Smith, A.M.,
  Grad. U. S. M. A.
Isaac Spaulding, A.M.
Samuel White Thayer, A.M.,
  M.D. Woodst., Prof. Anat. Univ.
  Vt.
Horace Parnell Tuttle, A.M.,
  A.M. Ham. 1868
Orsino A. J. Vaughan, A.M.
                              20—*1

1867.
Osmyn Brewster, A.M.
William Luther Gaylord, A.M.
WALTER HARRIMAN, A.M.,
  Gov. N. H., Trustee
Cyrus Kingsbury Kelley, M.D.

94   DARTMOUTH TRIENNIAL.   [1873.

Died. Age.

*Dennis R. Mahan, LL.D.,
   LL.D. W'm and Mary's 1852, do.
   Brown 1852, Prof. Milit. and
   Civ. Eng. U. S. M. A.   1871 69
Frank Moore, A.M.
John Young Mugridge, A.M.
James Robinson Nichols, A.M.,
   M.D.
Leonard S. Parker, A.M.
Leonard Wood Peabody, M.D.
Langdon Sawyer, M.D.
William C. Sturoc, A.M.
John Leverett Thompson, A.M.
Alvan Tobey, D.D.,
   A.B. Amh. 1828, A.M. Amh.
Leonard Eaton Wells, M.D.
Thomas Whipple, A.M.
                              16—*1

1868.

Luther Cummings Bean, M.D.
Moses H. Bixby, A.M.
Oscar Holmes Bradley, M.D.
Ezekiel Webster Dimond, A.M.,
   A.B. Midd. 1860, Prof. Chem.
   N. H. Agr. Coll.
Frank Asa Fowler, A.B.
George Robert Fowler, A.B.,
   LL.B. Alb. 1870
Simon G. Griffin, A.M.
George H. Hubbard, A.M.
George Washington Hunt, M.D.
John Carroll Irish, A.B.
John Fay Miles, M.D.
A. M. Mowe, M.D.
Samuel B. Page, A.M.
George P. Philes, A.M.
William Thomas Savage, D.D.,
   A.B. Bowd. 1833, Memb. N. H.
   Hist. S.
Albert Smith Scott, A.M.
George W. Stevens, A.M.
Charles Martin Tuttle, M.D.
Alvin Colby Welch, M.D.
                              20

1869.

John Wheelock Allen, A.M.,
   A.B. Bowd. 1834
John Bedell, A.M.
Josiah H. Benton, A.M.
George A. Brigham, A.M.
John Ward Dean, A.M.

Died. Age.

RYLAND FLETCHER, A.M.,
   Gov. Vt.
J. Burton Hollister, A.M.
Hiram Simons Leffingwell, A.M.,
   M.D.
John D. Lyman, A.M.
William Heberden Mussey,
   A.M., M.D.
Ossian P. Ray, A.M.
Moses Tyler Stearns, A.M.
Josiah Stevens, A.M.
Moses T. Stevens, A.M.
George B. Twitchell, A.M.
J. S. Whitaker, A.M.
                              16

1870.

Isaac N. Blodgett, A.M.
John W. Bonney, M.D.,
   M.D. Woodst.
Sanborn B. Carter, A.M.
John Marim Comegys, M.D.,
   M.D. Woodst.
Hiram Adolphus Cutting, M.D.
Cyrus W. Fisk, M.D.,
   M.D. Woodst.
Anthony Colby Hardy, A.M.
Samuel Penniman Leeds, D.D.,
   A.B. Univ. N.Y. 1843
John E. Lyon, A.M.
George C. Peavey, A.M.
George F. Putnam, A.M.
James M. Tracy, A.M.
Charles Augustus Tufts, A.M.,
   M.D. 1872
Henry A. Weymouth, M.D.,
   M.D. Woodst.
                              14

1871.

Joseph Russell Bradford, A.M.
Francis Russell Chase, A.M.,
   Memb. N. Hist. S., Speaker Ho.
   Rep. N. H.
Charles P. Clark, A.B.
Robert Fletcher, A.M.,
   Grad. U. S. M. A. 1868, Thayer
   Prof. Civ. Eng.
*William Colcord Patten, A.M.,
   Memb. N. H. Hist. S.   1873
George Winthrop Marston Pitman, A.M.,
   Pres. Sen. N. H.
George A. Ramsdell, A.M.

Nathaniel Wells, A.M.
JAMES ADAMS WESTON, AM.,
Gov. N. H., Trustee

9—*1

1872.

Charles Aiken, A.M.
PETER MASON BARTLETT,
D.D., A.B.W'ms 1850, A.M.W'ms,
Prof.Didactic Theol. and Prof.
Ment. and Moral Sci. and Pres.
Maryville Coll.
Charles Francis Choate, A.M.,
A.B. Harv. 1849, A.M. Harv.,
LL.B. Harv. 1853

Micajah Currier Burleigh, A.M.
Joseph Burrows, A.M.
Evarts Worcester Farr, A.M.
Lewis Wells Fling, A.M.
Hiram Hitchcock, A.M.
Frank Lemuel Mason, M.D.
Caleb Pierce, M.D.,
 M.D. Vt. Med. S. 1822, M.D.
 Castlet. 1851
William Blanchard Towne, A.M.,
 Memb. N.H. Hist. S., do. N.Y.,
 do. Pa., do. Wisc., do. N. E.
 Hist. Geneal. S.

11

SUMMARY.

Alumni,... 3,907
Deceased,.. 1,830

       Living,..2,077

Bachelors of Science, (Chandler Scientific Department,)...............187
Deceased,... 21

       Living,...166

Bachelors of Science, (N. H. College of Agriculture and the
    Mechanic Arts,).... 8

Civil Engineers,...2

Medical Graduates,...1,213
Deceased,... 289

       Living,...924

Recipients of Honorary Degrees, not including Graduates,............601

       Total,..5,918

INDEX.

SEE PAGE IV. FOR EXPLANATIONS.

Abbot
1811 Benjamin h
1827 Nicholas m
1833 Charles
1839 *Jacob J.*
1840 James A.
1852 Wilson S.
1860 Victor M.
1863 *Ephraim E. P.*

Abbott
1826 James B. m
1830 Constant m
1858 John E.
1866 Alson B.
1868 Alfred W. m
1870 Ira A.
1871 Albert A.

Abell
1839 Erasmus D. m

Abernethy
1870 Alexander S.

Adams
1775 Nathaniel
1782 John h
1782 Ebenezer
1796 Isaac
1797 Daniel 1799 m
1799 William
1803 Daniel m
1810 Charles G.
1813 James
1814 *Thomas*
1815 Leonard
1817 John F.

1818 *Weston B.*
1821 Henry
1821 Jacob m
1822 Frederick W. m
1824 *Darwin*
1831 Ebenezer
1833 *Frederick A.*
1836 *Ezra E.*
1839 *Ephraim*
1843 James O.
1845 Charles F. m
1847 Hazen W.
1848 Austin
1850 *Carson W.*
1852 Charles I.
1854 John G.
1758 *Lucian H.*
1859 William R.
1865 Charles T.
1866 Isaac h
1869 Henry O. m
1871 Melvin O.
1873 George H.

Adriance
1873 Samuel W.

Agry
1815 David

Aiken
1784 *Solomon*
1799 Joseph
1807 Jonathan
1819 John
1825 *Silas*
1830 David
1838 Charles
1839 *James*

1846 *Charles A.*
1851 *Edward*
1858 John F.

Ainsworth
1778 *Laban*
1794 Andrew
1811 William
1840 Frederick S.
1859 James G. s

Akerman
1742 Amos T.

Albin
1864 John H.

Alden
1787 *Abishai*
1795 Samuel
1802 Augustus
1811 Ebenezer m
1825 Samuel m
1826 Edward P.
1852 *Ezra J.*
1859 *Edward H.*

Aldrich
1859 James C. s
1872 William D. m

Alexander
1796 Foster
1815 Elijah m

Allard
1854 John W.

DARTMOUTH TRIENNIAL. [1873.

Allen
1794 *Samuel C.*
1754 Heman
1808 Amos
1811 *Jacob*
1812 *William h*
1814 Joseph P.
1814 Jonathan A. *m*
1820 *Henry m*
1824 William S.
1826 Ebenezer
1828 John *m*
1829 *Diarca H.*
1838 Charles *m*
1839 John H. *m*
1845 James B.
1849 *Henry*
1852 *Ira m*
1854 Henry W.
1854 *Benjamin R. h*
1855 William H. H.
1862 Galen
1862 James F.
1866 Henry J. *h*
1867 George H. *s*
1869 John W. *h*
1870 Samuel J. *m*
1870 John H.

Allsop
1835 George A. *m*

Alvord
1813 Elijah *h*
1827 James C.
1862 *Augustus*

Ambrose
1864 Edwin F.

Ames
1791 *John W.*
1835 Charles P.
1839 Isaac
1856 Joseph *h*
1869 Fisher

Anderson
1791 *Rufus*
1814 John
1836 *Rufus h*
1846 Luther W.
1856 Henry F.
1868 David A.

Andrews
1811 Abraham
1829 Alonzo
1831 Seth L.
1831 Robert *m*
1844 Harrison

1858 Robert F. *m*
1862 Rufus F. *h*
1866 Horace E.
1869 David H. *s*
1872 Benjamin W. *s*

Angell
1846 George T.

Angier
1787 Samuel *h*

Appleton
1791 Joseph
1791 Moses
1792 *Jesse*
1849 Samuel *h*

Archer
1818 Samuel H.

Archibald
1783 *Thomas*

Arey
1840 Nathaniel H.

Armor
1787 Samuel

Arms
1839 William *m*
1865 Charles C.

Armstrong
1814 Edmund W. 1818 *m*

Arnold
1788 Josiah L.
1811 Lemuel L.
1854 *Joel R. h*
1849 Henry J.

Arrias
1838 Isaac R. *m*

Ashley
1791 Thomas

Atherton
1806 Humphrey
1807 Booz M.
1859 Henry B.

Atkinson
1787 *Jonathan*

1806 Daniel C.
1832 Bailes *m*
1838 Moses L.
1843 *George H.*
1866 Samuel|P.
1868 William P. *m*
1871 George H.

Atwood
1857 Edwin T. *m*
1867 Charles F.
1871 Edward C.

Austin
1813 *Daniel*

Averill
1842 John P.

Avery
1773 *David h*
1837 Thomas B.
1869 Herbert C. *m*
1870 Rush E.

Ayer
1807 Samuel, 1810 *m*
1834 Caleb R.
1842 Otis *m*
1846 Benjamin F.
1851 Day F. *m*
1852 Phineas
1856 *Franklin D.*
1860 James M.

Ayers
1788 *Oliver*
1863 Jeremiah E.
1864 Henry C.
1868 *Walter H.*

Babb
1824 James *m*

Babbitt
1783 *Isaac*

Bachelder
1841 John
1864 Samuel F. *m*

Bacheler
1871 Albert W.

Bacheller
1813 Joseph *m*
1819 James *m*

Bachop
 1836 William *m*

Backus
 1787 Simon
 1788 Joseph
 1788 Sylvanus

Bacon
 1828 Daniel P. *h*
 1853 Henry McC.

Badger
 1823 Stephen C.
 1839 Joseph
 1840 Samuel
 1848 William
 1854 Benjamin E.
 1858 Constantine C. *m*

Bailey
 1793 *Kiah*
 1798 Stephen M.
 1808 Edmund
 1811 Joseph
 1813 *Rufus G.*
 1827 John *m*
 1830 Horace *m*
 1832 William *m*
 1840 Jacob W. *h*
 1843 *James M.*
 1848 Stratford C. H.
 1849 Mark
 1854 William W.
 1854 Goldsmith F. *h*
 1859 Charles P.
 1862 Frederick G.

Baker
 1702 *Joel*
 1798 Charles
 1801 Alpheus
 1834 Albert
 1843 John W. H. *m*
 1844 Andrew J.
 1846 John G.
 1848 Peyton R.
 1855 John R.
 1858 Charles A.
 1858 William L. *s*
 1859 Fisher A.
 1861 *John W. H.*
 1863 Henry M.
 1866 Grenville M. *m*

Balch
 1811 Israel

Balcom
 1870 George F. *m*

Baldwin
 1791 John
 1791 Moses *h*
 1810 Seth C.
 1823 Dexter *m*
 1827 Benjamin G.
 1839 Cyrus
 1845 David M. *m*
 1849 Isaac
 1849 Thomas P., 1852 *m*
 1859 *Dwight h*
 1862 William H. *s*
 1865 Algernon B.
 1868 Horace C. *s*

Ball
 1791 *Heman*
 1820 John
 1849 *Jasper N.*
 1864 Thomas *h*

Ballard
 1830 *Edward h*
 1837 Nathan
 1871 William P. *a*

Bancroft
 1823 Benjamin *m*
 1839 George
 1841 Jesse P., 1845 *m*
 1859 John M. *s*
 1860 *Cecil F. P.*
 1863 Solon

Banfield
 1855 Joseph H.
 1862 Joshua S.

Bannister
 1797 William B.

Barber
 1801 *Daniel h*
 1805 Isaac B.
 1870 Theodore M.
 1871 Willet, P. *m*

Bardwell
 1814 *Horace h*

Barker
 1822 *Nathaniel*
 1824 Lemuel M. *m*
 1829 Thomas C. *m*
 1863 William R.
 1872 Augustine V.

Barnard
 1843 *Pliny F.*
 1856 William E.

1826 Edward F. *s*
1859 Watson K.
1859 William A. *s*
1865 Daniel *h*

Barnes
 1837 Daniel *m*
 1855 Ira N.
 1861 John A.

Barnett
 1854 James P. *m*

Barnum
 1845 Eli M.

Barrett
 1780 John *h*
 1794 Charles
 1810 *Joshua*
 1816 Thomas T. *m*
 1822 Samuel
 1838 James
 1850 Joseph C.
 1852 Charles

Barrows
 1806 William
 1842 George B.
 1742 John S.
 1842 *Simon*
 1858 *Elijah P. h*
 1864 *Charles D.*

Barstow
 1839 *Ezekiel H.*
 1842 William
 1846 Josiah W.
 1849 *Zedekiah S. h*

Bartholomew
 1858 George K.
 1864 Henry L. *m*

Bartlett
 1790 Josiah *h*
 1800 Joshua *m*
 1808 Ichabod
 1812 James
 1815 Richard
 1820 Josiah *h*
 1821 Erastus H. *m*
 1824 Francis D. *m*
 1824 Josiah *m*
 1827 Levi, 1837 *m*
 1829 Ezra *h*
 1829 Peter *h*
 1832 Ezra *m*
 1833 Levi S. *m*
 1835 Frederick
 1835 *Joseph*

4   DARTMOUTH TRIENNIAL.   [1873.

1835 Albert *m*
1836 *Samuel C.*
1838 Stephen M. *m*
1845 Henry S.
1847 William H.
1849 Joseph G.
1851 Josiah
1856 George W.
1857 Moses W.
1859 Levi *h*
1864 John P.
1864 Samuel N.
1867 Samuel C.
1869 Charles G.
1869 Horace E.
1871 William H.
1872 Albert L.
1872 Edwin J.
1872 Edwin *a*
1872 Peter M. *h*

Barton
1790 *Titus T.*
1831 *Frederick A.*
1833 Calvin *m*
1839 Lyman *m*
1845 William *m*
1848 Levi W.
1851 George S.

Bascom
1798 *Ezekiel L.*
1803 *Samuel*
1843 Thomas S. *m*

Bass
1790 Samuel *h*
1815 Seth *m*
1852 Perkins

Bassett
1824 Thomas *m*

Batchelder
1796 Josiah
1821 Zachariah
1825 Calvin *m*
1827 *John*
1830 Jacob
1836 Joseph C. *m*
1838 Amos *m*
1850 Otis R. *h*
1866 John B. *h*
1871 Alpha T.

Batcheller
1835 *Breed*

Batchellor
1872 Albert S.

Bates
1822 *James*
1831 Joseph N. *m*
1855 Frederick
1863 David T. *m*
1871 Marvin S.

Baxter
1851 Charles
1882 Myron L. *m*
1865 Edward K. *m*

Baylies
1794 Nicholas

Bean
1798 Stephen
1804 Aaron
1804 Joshua
1805 Asa
1832 John V.
1868 Luther C. *h*

Beane
1836 *Samuel*
1858 *Samuel C.*

Beckley
1843 Charles C. *m*

Bedell
1869 John *h*

Beebe
1824 Richard

Beecher
1848 *James C.*

Beede
1858 Joshua W.
1868 Samuel F. *s*
1872 Frank T.
1873 Albert H.

Belden
1801 *Jonathan h*

Belknap
1807 Zedekiah

Bell
1793 Samuel
1807 Joseph
1825 John *h*
1826 Luther V. *m*
1838 Christopher S.

1844 Charles H.
1844 Joseph M.
1847 Samuel N.
1851 George
1852 John
1854 Samuel D.
1864 John J. *h*
1866 Samuel
1873 Homer S. *m*

Bellows
1793 John
1826 George *m*
1827 *Thomas*
1859 Henry A. *h*
1870 John A.

Bement
1828 *William*

Bemis
1798 *Stephen*

Bender
1809 Hastings R.

Benedict
1814 *Joel h*

Benner
1855 Edward R.

Bennett
1847 Abner B., 1850 *m*
1848 Lemon
1851 Milo L. *h*
1851 Stephen *m*
1868 Francis M.

Benson
1811 Egbert *h*
1812 Abishai
1841 George W.

Bentley
1787 *William h*

Benton
1865 Frederick A.
1869 Josiah H. *h*

Berry
1839 Charles T.
1839 Nehemiah C.
1853 Milton *m*
1861 Nathaniel S. *h*
1864 John H.
1870 Edward S. *s*

INDEX.

Bertram
1825 John *m*

Betton
1787 Silas
1814 Ninian C.
1820 Thornton
1835 George O.

Bickford
1855 Joseph H.

Bickmore
1860 Albert S.

Bicknell
1823 *Simeon S.*

Bigelow
1895 Abijah
1818 Luther *m*
1837 Levi *m*
1848 John P. *h*
1849 Windsor H. *m*
1854 Erastus B. *h*
1873 George D.

Biglow
1814 Silas
1827 Abner P.

Billings
1803 Jesse L.
1839 James C.

Bingham
1782 Caleb
1789 Solomon
1801 James H.
1843 Henry
1863 George W.
1869 George A. *h*

Bird
1844 *William*
1857 Richard R.

Bisbee
1871 Marvin D.

Bisco
1798 Abijah

Bishop
1803 Beriah *m*
1866 Edward N.
1873 Phanuel E. *m*

Bissell
1793 Benjamin
1845 George H.

Bittinger
1857 *John Q.*

Bixby
1812 John
1841 Asher
1858 George H. *m*
1863 Amos S. *m*
1868 Moses C. *h*

Blackmer
1834 *Joel*

Blair
1872 Arthur W.

Blaisdale
1817 *Silas*

Blaisdell
1827 Daniel
1836 Cyrus *m*
1846 *Joshua J.*
1853 Alfred O.
1868 Kimball F.
1869 Albert F.

Blake
1826 *Jeremiah m*
1863 Barton F.
1863 William P. *h*

Blanchard
1807 *Abijah*
1812 John
1818 Enoch *m*
1842 *Silas M.*
1843 Cyrus L.
1843 *Amos h*
1845 Amos A.
1847 Edmund
1851 Henry C. *m*
1852 Enoch, 1857 *m*
1868 George A.

Bliss
1794 Bezaleel
1801 *Lemuel*
1808 Jesse
1824 Jonathan
1825 Hiram *m*
1849 William W. S. *h*
1868 Henry C.

Blodgett
1783 *Joseph*

1815 *Dan*
1826 *Constantine*
1856 Caleb
1870 Isaac N. *h*

Blood
1800 *Mighill*
1812 Samuel
1828 *Daniel C.*
1843 Andrew J.
1857 Henry A.

Bloss
1853 Richard *m*

Blunt
1859 Ainsworth E.

Boardman
1815 *Elderkin J.*
1817 *John*
1818 Elijah, 1831 *m*
1823 George
1850 Henry E. J.
1858 Halsey J.
1859 *Samuel W. h*

Bodge
1865 James H.

Bodwell
1833 *Joseph C.*
1863 *Joseph C., Jr.*

Bolenius
1879 Robert M.

Bond
1813 Henry, 1817 *m*
1855 Samuel R.
1859 Richard *h*

Bonney
1824 Benjamin W.
1847 Franklin *m*
1870 John W. *h*

Boss
1810 Lewis

Boudinot
1805 Tobias *h*

Boutell
1808 John

Bouton
1849 John B.

1851 Nathaniel *h*

Bouttelle
1862 David E.

Boutwell
1828 *William T.*
1836 *James*

Bowen
1800 Jabez *h*
1864 William H. *m*

Bowers
1863 Albert

Bowman
1802 *Joseph h*
1840 Selwyn B.
1866 Samuel M. *h*

Boyd
1826 Isaac
1858 *Charles H.*
1860 Loring P.

Boyden
1819 Wyatt C., 1826 *m*
1827 William

Boylston
1852 Richard *h*

Boynton
1845 Eli E.
1861 Orin H.

Brabble
1857 Edmund C.

Brackett
1789 Ebenezer
1809 Joseph W.
1805 James
1827 Cornelius T. S. *m*
1844 Adino N.
1864 Nathan C.

Bradbury
1800 William

Bradford
1779 Jeremiah
1785 *Moses*
1785 *Ebenezer h*
1785 *William h*
1796 Ebenezer G.

1811 *James*
1818 *Samuel C.*
1832 David *m*
1867 Francis T. *m*
1871 Joseph Russell *h*

Bradlee
1855 William C.

Bradley
1786 Stephen R. *h*
1796 William
1799 Samuel A.
1807 Micah
1807 Moseh H.
1837 Cyrus P.
1844 Joseph H.
1863 David E.
1868 Oscar H. *h*
1869 William J.
1873 Charles F.
1873 Frank A.

Bradshaw
1842 Hamilton B.

Bradstreet
1791 *Nathan*
1819 *Stephen I.*

Brainerd
1785 *Elijah*
1817 Martin

Braman
1852 *Milton P. h*

Branscomb
1845 Charles H.

Brazer
1845 John

Breck
1812 Daniel
1838 William
1842 James
1850 Joseph B. *m*

Breed
1851 Enoch P.

Bremner
1850 *David*

Brett
1860 Benjamin B. *m*

Brewer
1843 Francis B., 1846 *m*
1871 Eben

Brewster
1786 William
1797 Benjamin
1797 Walter
1843 Augustus O.
1860 *Jonathan McD.*
1861 John L.
1867 Osmyn *h*

Brickett
1840 *Henry*
1847 George E. *m*
1858 George F. *m*
1867 Benjamin F.

Bridges
1848 Benjamin

Bridgman
1795 Joseph
1822 Benjamin H., 1826 *m*
1830 John R.
1832 Mark F. *m*
1855 Mendal E. *s*
1856 Isaac
1856 John D. *e*
1866 Addison D. *m*

Briggs
1799 William

Brigham
1778 Eli
1778 Elijah
1778 Moses
1779 Samuel
1788 Joseph *h*
1806 Paul *h*
1842 Lincoln F.
1843 Levi
1859 Charles W. *m*
1869 George A. *h*

Brimblecom
1869 Henry

Britton
1820 Abiathar G. *h*
1832 John G.

Brockway
1844 William H. *m*
1870 Daniel G.

INDEX.

Brodhead
1825 John M. *m*

Bronson
1870 Ira T. *m*

Brooks
1788 Thomas
1826 Lyman *m*
1847 Samuel T.
1848 John G.
1849 Joseph P.
1850 Edward T.
1855 Adin *h*
1855 Orin F. *s*
1860 George B.
1869 James

Brown
1778 Ebenezer
1787 Ebenezer
1789 *Jonathan*
1791 James *h*
1794 James
1799 Clark *h*
1805 *Francis*
1809 *John*
1823 *Abraham*
1827 Henry B. *m*
1827 Sewall *m*
1828 Jonathan *m*
1829 George W.
1829 William K. *m*
1830 Stephen *m*
1831 *Samuel G.*
1832 *Amos*
1834 *Gardner S.*
1834 Artemas Z. *m*
1835 Linsley K.
1835 William W. *m*
1836 Alpheus R.
1836 John S.
1838 Clark S.
1838 Henry H. *m*
1839 Abner H.
1840 Jeremiah
1840 Amasa M. *m*
1841 Joel H.
1845 Joseph B.
1848 John S.
1850 *Alonzo*
1853 *Jonathan C.*
1853 Moses D.
1857 Moses *s*
1859 Calvin H.
1860 John P.
1861 Marshall L. *s*
1861 David H.
1862 Calvin S.
1864 John E. *h*
1865 James F. *m*
1867 Abram
1870 Francis

1873 Samuel *m*

Browne
1861 Milton M.

Brownell
1871 Nathan P. *m*

Bruce
1781 *John*
1813 *Nathaniel F. m*
1814 Charles H.
1852 Thaddeus W.
1861 George A.

Brunson
1819 David

Brush
1794 Elijah

Brydon
1853 Robert *h*

Buck
1799 Daniel *h*
1807 Daniel A. A. *h*
1844 Jeremiah C. *m*
1861 Thomas E. *m*
1866 William D. *h*

Buckingham
1779 Jedediah P.

Bucknam
1806 Asa
1860 John W. *m*

Bucknell
1846 Benjamin F. *m*

Buel
1791 *Samuel h*

Buell
1809 Horatio

Buffum
1807 Joseph
1844 Rufus E.
1858 George M. *h*

Bugbee
1839 Luther *m*
1861 Frank *m*
1871 Rolla G.
1872 George R. *m*

Bulkley
1813 Sylvester *m*

Bullard
1793 Asa
1841 *Malachi*
1855 Gates B. *m*
1873 William E. *m*

Bullen
1842 *Henry L.*

Bullock
1838 James B. *m*

Bunker
1864 Charles A.

Bunten
1860 William E.

Bunton
1840 Sylvanus

Burbank
1807 *Jacob*
1821 *Caleb*
1826 Alvin *m*
1837 *Porter S*
1843 Robert I.
1848 *Justin E.*
1848 Alcander *m*
1857 Barker L. *s*
1857 Parker C. *s*

Burbeck
1871 Edward C.

Burge
1835 *Benjamin*

Burgess
1818 Dyer *m*

Burke
1833 *William C.*
1838 *Abel B.*
1850 William A. *h*
1852 Albert G.

Burleigh
1851 John A. *h*
1851 George G.
1851 William H.
1854 John A.
1871 Alvin
1872 Micajah C. *h*
1872 William R.

Burnap
1826 Sewall G. m
1863 Wilder L.

Burnell
1822 John m

Burnet
1798 Archibald
1824 Jonathan
1853 Clarence L.
1866 Edward E. h

Burnham
1795 Samuel
1804 *Abraham*
1807 John
1815 *Amos W.*
1829 Charles G.
1836 *Charles*
1840 William A. h
1840 Abel C. m
1848 Simeon C. S.
1852 *Abraham*
1864 William S.
1865 Caleb, 1869 m
1865 Henry E.
1869 Franklin J.

Burns
1826 Samuel A.
1826 William m
1841 William
1841 George G. m

Burnside
1805 Samuel M.
1807 Thomas m
1813 James

Burr
1863 Sanford S

Burroughs
1773 *Eden* h
1796 Richard
1811 *Charles* h

Burrows
1872 Joseph h

Burt
1778 Benjamin
1819 *Federal* h

Burton
1777 *Asa*
1790 Stephen
1815 *William*

1852 William P.
1853 *Horatio N.*
Bush
1789 John
1800 Alexander
1818 *George*
1821 Barzillai m

Bussey
1866 Mark T. m

Buswell
1821 Thomas G.
1854 Andrew J. H. m

Butler
1800 Caleb
1831 William m
1834 *Calvin*
1836 Horace
1842 Benjamin
1846 John H.
1848 Wentworth S.
1859 Lord J. s
1873 John H.

Butterfield
1792 Erasmus
1796 Abraham
1836 William
1839 Ralph
1861 John W.

Butters
1837 Charles H.

Buttrick
1852 John H.

Butts
1864 Augustus G. m

Buxton
1869 Edward B. m

Buzzell
1837 James M. m

Cabot
1797 *Sebastian*

Cahoon
1845 William W.
1853 George G.

Caldwell
1814 *Ebenezer B.*
1817 *Abel*

1860 David A.
1861 Henry M.
1864 Charles

Calef
1786 John
1787 *Jonathan*

Calkins
1868 Marshall m

Call
1790 Timothy
1823 Royal m
1854 Nathan m

Cameron
1863 John S. s

Camp
1805 Joshua S.
1860 Charles H.

Campbell
1801 *Daniel*
1812 Alexander S.
1849 Henry H. m
1876 Bartlett A. s
1868 Cassius S.
1873 James m

Canney
1865 Hanson C. m

Carbee
1866 Samuel P. m

Carey
1800 John F.
1815 *Maurice*

Cargill
1869 Charles G. m

Carleton
1857 Charles A.
1859 Isaac N.
1871 Robert M.
1872 Frank H.

Carlton
1803 Edmund
1822 Edmund
1822 Oliver
1826 Peter Coffin m
1831 John L.
1868 Charles A. m

Carpenter
1787 *Josiah*
1795 *Asa*
1824 Ephraim *m*
1830 Walter M. *m*
1839 Philander I.
1842 William S. *m*
1847 Charles M.

Carr
1839 Alonzo F. *m*
1839 John *h*
1850 Robert G.
1858 Artemas H. *m*

Carrigain
1794 Phillip

Carrington
1834 Albert

Carroll
1827 Charles C. *m*
1836 Henry H.
1859 Charles W.

Carson
1872 Charles A.

Carter
1797 Ezra
1811 Nathaniel H.
1813 *Abiel*
1816 *Lawson*
1821 William C.
1834 William F. *m*
1836 Horatio N. *m*
1841 John S.
1849 Joseph W. P.
1849 William H. *m*
1853 Nathan F.
1857 Daniel R.
1863 Mills O. *m*
1870 Sanborn B. *h*

Cartier
1834 Sylvester *h*

Cartland
1816 Samuel

Cassell
1857 Amos H.

Cate
1844 Asa P. *h*
1861 George W.
1867 Almond F.

Cavender
1857 John *h*

Caverly
1843 John L.

Caverno
1831 Sullivan
1854 *Charles*
1860 Daniel H.

Cavis
1846 Joseph M.

Cazier
1793 *Matthew h*

Chadbourne
1808 Ichabod R.
1813 Thomas *m*

Chaddock
1791 *Calvin*

Chadwick
1825 George, 1828 *m*
1830 William
1854 George H.
1858 Harrison E.
1867 Albert G. *m*

Chamberlain
1805 John C. *h*
1816 Mellen
1818 William
1823 John
1827 Levi *h*
1837 Oliver *m*
1844 Mellen
1845 William M., 1853 *m*
1855 *Joshua M.*

Chamberlin
1858 Harvey J. *s*
1860 George E.
1869 George H.
1872 Frank H. *s*

Chamberline
1855 John S.

Chandler
1779 John *h*
1805 John
1824 George B.
1826 Samuel A.
1828 Oliver P.
1829 Walcott C. *m*
1836 John O.

1857 James *s*
1860 George H.
1866 William E. *h*
1868 Charles H.

Chapin
1779 *Sewall*
1786 *Pelatiah h*
1790 Uriel
1791 *Joel*
1816 *William A.*
1845 Noah A.
1850 Charles H.
1850 *Henry M.*

Chapman
1784 *Benjamin*
1803 Luther
1804 *George T.*
1814 Thomas F.
1835 *Jacob*
1837 *William R.*
1865 Joseph S.
1866 James H.

Charles
1864 Albert P.

Charlton
1854 Edwin A.

Chase
1780 *Amos*
1785 Salmon
1786 Baruch
1791 Dudley
1791 Heber
1793 David H.
1796 *Philander*
1797 Moses
1811 Caleb
1814 Alexander R.
1814 Horace
1817 *Benjamin h*
1817 *Carlton*
1820 *Moses*
1823 Henry B. *h*
1826 Salmon P.
1827 *James M.*
1829 *Moody*
1831 Enoch *m*
1832 Stephen
1835 Henry B.
1838 Ebenezer B. *m*
1839 Charles C.
1841 George C., 1847 *m*
1842 Ira S. *m*
1843 Francis B.
1844 Albert, 1847 *m*
1844 Samuel B.
1845 Rufus D.
1846 *Benjamin C.*

1846 Lyman *m*
1847 Barton W.
1848 Dudley T.
1850 Henry
1850 Charles *m*
1852 Clinton S.
1853 Charles M.
1856 Leverett M.
1857 Warren P.
1858 William M. *s*
1859 Henry
1860 Frederick
1860 Moses R.
1861 Joseph V.
1862 Howard M.
1862 *Levi G.*
1862 Thomas N.
1864 Henry M. *m*
1864 Rodney G. *s*
1865 Albert A. *m*
1865 Charles A.
1865 Walter W.
1866 Adino B.
1869 Austin S.
1869 Charles P.
1871 Francis R. *h*

Chassell
1810 *David*

Chenault
1856 Billie

Cheney
1795 Alpheus
1796 Abner
1839 *Oren B.*
1848 Charles G.
1857 Augustus J. *s*
1870 James G.
1873 William H. *s*

Chickering
1864 Josiah B. *h*
1866 George E.
1869 Otis

Child
1821 *Eber*

Childs
1868 Curtis B. *s*

Chipman
1788 Daniel
1797 Nathaniel *h*
1832 *Richard M.*

Chittenden
1789 Martin
1791 Thomas *h*

Choate
1819 Rufus
1836 Frederick G.

Christie
1815 Daniel M.

Church
1784 *Nathan*
1791 *Selden h*
1796 Benjamin
1797 Daniel
1813 *John H. h*
1856 Walter S.
1856 Benjamin S. *s*

Churchill
1845 Carlos H.

Chute
1810 Daniel
1813 *James*
1835 Jonathan A. *m*

Cilley
1826 Horatio G.
1843 Bradbury P.
1859 Bartlett G.
1863 Horatio G. *s*
1868 Orren G. *m*

Claggett
1808 William
1826 *William*
1826 Rufus
1832 Clifton *m*
1837 Alonzo *m*
1845 Ichabod B.
1861 *Erastus B. h*

Clap
1805 Benjamin *m*

Clapp
1821 Zenas
1837 Sylvanus *m*
1841 Salmon

Clark
1785 Joseph
1786 Erastus
1791 *Timothy*
1800 Benjamin
1811 Samuel *m*
1812 *Samuel*
1820 Edward *h*
1822 *William*
1823 John *m*
1823 Samuel W.

1824 *Ephraim W.*
1826 *Ansel R.*
1829 Peter
1832 Daniel A.
1832 *William C.*
1832 John L.
1834 Benjamin
1834 Daniel
1834 James
1836 David J.
1837 Jeremiah
1838 *Nelson*
1839 Daniel
1839 *Jonas B.*
1842 *William*
1843 Francis B.
1844 Alonzo *h*
1844 *Edward W.*
1844 Peter *h*
1848 Sawyer B.
1850 Lewis W.
1852 Albert W. *m*
1852 Charles *h*
1854 Joseph
1855 Benjamin
1857 John H.
1858 Augustus B.
1858 John T.
1862 James A.
1865 Dexter T. *s*
1868 Henry S.
1871 Charles P. *h*
1873 James A. *m*
1873 Alanson
1873 Benjamin F.
1873 Frank E.
1873 Isaiah R.

Clarke
1832 William C.
1842 Ranslure W.
1843 John B.
1843 Moses *m*
1847 Ripley *m*
1848 Isaac L.
1851 Francis E.
1855 Greenleaf
1856 *Ambrose W.*
1862 Stephen W.
1873 Joseph B.

Clary
1841 *Timothy F.*
1852 George

Clay
1843 Lorenzo
1869 Charles M.

Cleaveland
1775 *Ebenezer h*

1827 Charles D.
1843 Charles H. *m*

Cleaves
1843 Nathan

Clement
1848 John P.
1862 Charles R.
1863 Nathaniel H.
1872 Charles H.

Clifford
1854 Nathan J.
1858 William H.
1862 Nathan *h*

Closson
1859 Henry H. *s*
1860 Josiah T.

Clough
1806 Nathan K.
1823 Henry
1834 Moses T.
1837 John *m*
1850 Lucien B.

Cobb
1807 Moses *m*
1811 Nomlas
1817 Elias
1819 Hosea P. *m*
1840 Gardner W. *m*
1854 *Levi H.*
1855 James T.
1857 William B. *m*
1861 Wendell H.

Coburn
1830 *Loammi S.*
1849 Samuel P.
1869 Edwin R.

Cochran
1798 Peter
1823 *Sylvester*
1840 Thomas H. *m*
1856 James R. *s*
1868 Frederick G.

Cochrane
1859 *Warren R.*

Coffeen
1785 Lake
1782 *John h*
1823 Parker

Coffin
1791 John
1799 Charles
1799 Nathaniel
1817 Joshua
1836 *Nehemiah C.*
1851 Isaac
1856 Abraham B.
1864 Charles W. *s*
1772 George C.

Coggin
1834 *William S.*
1836 *David*

Cogswell
1794 Nathaniel
1811 Francis
1811 *William*
1819 *Nathaniel*
1822 Francis
1826 Francis
1830 George *m*
1838 *Elliot C.*
1845 William *m*
1848 William S.
1850 John B. D.
1857 George B. *m*
1858 William L. *h*
1863 Thomas
1865 John R. *m*

Colburn
1779 Ezekiel
1808 *Samuel W.*
1832 Simeon D. *m*
1861 William W.
1865 Ziba A.

Colby
1777 *Zaccheus*
1817 Isaac *m*
1821 Moses F. *m*
1823 Elijah *m*
1827 Lewis *m*
1831 James *m*
1831 Jonas *m*
1836 Daniel E.
1836 Stoddard B.
1838 James K.
1842 Jeremiah H. W.
1845 Robert
1847 Charles C.
1850 Anthony *h*
1852 *John*
1857 Ira
1859 John F.
1863 Henry L.
1867 Gilman *m*
1872 James F.

Colcord
1867 Doane B. *s*

Cole
1861 David F.

Coleman
1796 William *h*

Colgate
1870 William H.

Collamer
1855 Jacob *h*

Collamore
1847 Francis *m*
1854 George A.
1856 Leander

Collins
1775 *Samuel*
1835 David H.

Colman
1805 *Henry*
1866 Nathaniel B. *m*

Colony
1843 George D.

Colver
1850 Nathaniel

Comegys
1870 John M. *h*

Comings
1842 *George P.*
1845 Samuel E.

Comley
1861 John B.

Conant
1780 *William h*
1815 *Abel*
1837 *Liba h*
1839 Marshall *h*
1857 Chester C.
1871 Charles H.

Condit
1868 Aaron D.

Conkey
1800 *Alexander*

Conlee
1873 Sebron T.

Conn
1856 Granville P. *m*

Conner
1835 Phineas S.
1840 John P.
1859 Phineas S.
1865 John S.
1871 Charles S.

Converse
1811 Joshua
1822 *Amasa*
1823 Frederick L. *m*
1827 *John K.*
1828 Shubael *m*
1830 Freeman
1833 William
1857 William A. C.
1863 Charles B.

Conway
1794 John
1871 Edmund L. *m*

Cony
1825 Daniel *h*

Cook
1791 John
1802 Amos J.
1841 Orel
1868 Asa B.
1869 Charles H.

Cooke
1807 Josiah P.
1832 George
1836 Henry H.
1841 Henry G.
1843 Phineas
1847 McLaurin F.
1869 Albert W.

Cooledge
1813 Augustus

Coolidge
1844 Valorous P. *m*
1856 Charles A. *m*

Cooper
1845 Orville M. *m*
1873 William P.

Copp
1811 Amasa
1826 Robert S. *m*
1841 Joseph M. *m*
1843 Timothy

Corbin
1857 David T.

Corey
1856 Charles *m*
1857 Charles G. *m*

Corliss
1831 Horatio G. F.

Cornelius
1829 *Elias h*

Corser
1818 *Enoch h*
1841 Samuel B. G.

Corwin
1864 Mark H. *m*

Cossit
1798 Ranna

Cotton
1860 Samuel C.
1872 William H.

Couch
1823 *Paul*

Cowan
1835 James W. *m*

Cowles
1792 Rufus
1859 Edwards, 1863 *m*
1871 James E.

Cox
1789 John W.
1866 William T. *m*

Cragin
1830 Francis W. *m*
1861 Aaron H. *h*

Craig
1798 William

Cram
1782 Jacob

1813 Daniel
1850 De Witt C.
1854 Charles H.

Cramer
1873 Thomas E.

Crane
1785 Calvin
1799 John H.
1849 Charles H.
1857 Royal S.
1862 Amos W.
1869 Henry C.

Crawford
1807 William

Crehore
1854 John D.

Cressy
1834 Oliver S. *m*

Crippen
1861 Henry J.

Cristy
1873 Austin P.

Crocker
1866 Newell W. *s*
1866 Uriel *h*

Crombie
1838 James H. *m*

Crooker
1871 Leander J. *m*

Crosby
1791 *Otis*
1810 Henry
1811 Asa *h*
1816 Josiah *m*
1820 Nathan
1824 Dixi *m*
1827 Alpheus
1833 David
1841 Thomas R., 1841 *m*
1848 Albert H., 1860 *m*
1849 Stephen M.
1852 George A., 1855 *m*
1853 Alpheus B., 1856 *m*
1854 Hiram B.
1857 Daniel A.

Cross
1821 *Abijah*

1824 Enoch *m*
1841 David
1862 Oliver L.

Crossett
1792 Samuel

Crowell
1811 *Robert*

Cummings
1808 Solomon, 1816 *m*
1819 *Jacob*
1827 Silas *m*
1839 Cyrus
1842 Charles
1844 *Seneca*
1853 Alvah R. *m*
1855 *Ebenezer E. h*
1858 Isaac *m*
1858 Ariel I. *h*
1862 Horace S.
1868 Oscar S. *m*
1869 George J.

Cummins
1806 David

Cunningham
1848 Rufus H. *m*

Currie
1827 Samuel *m*
1845 Thomas H. *m*

Currier
1796 Seth
1812 David *m*
1818 Amos
1834 Moody
1856 Amos N.
1858 John McN. *m*
1869 Edward H.

Curtis
1776 Abel
1788 Benjamin C.
1800 David
1811 *Jonathan*
1811 *Joseph W.*
1836 Benjamin W.
1844 Jonathan S. *m*
1844 Thomas W. T.
1868 Erskine C.

Cushing
1811 Ezekiel D. *m*
1813 Frederick
1817 Jonathan P.

1850 Edward H.
1857 Thomas A.
1868 Edward A.

Cushman
1791 Timothy A.
1794 Noah
1807 Hercules
1811 Bezaleel
1855 William A. *s*
1865 Henry I.

Cutcheon
1856 Sullivan M.

Cutler
1798 Nathan
1819 *Calvin*
1847 *Lyman*
1852 *Charles*
1856 *Calvin*

Cutter
1805 William P.
1811 Jonas
1832 Calvin *m*
1833 Daniel B.
1842 Charles
1844 Edward S.
1852 Isaac J.
1857 Joseph A.

Cutting
1802 *John R.*
1805 Samuel
1823 Jonas
1827 Flavel *m*
1870 Hiram A. *h*

Dakin
1797 Samuel

Dalpe
1855 Jacob

Dalton
1820 John *m*
1831 John E. *m*
1855 Elbridge G. *h*

Dame
1812 John *m*
1840 John T.
1848 Theodore S.

Dana
1788 *Daniel*
1788 Joseph
1794 William

1794 *Josiah h*
1795 Judah
1801 *Sylvester h*
1819 Hope L.
1821 James F. *h*
1828 *Charles B.*
1828 *William C.*
1835 John A. *m*
1837 Charles S.
1839 Sylvester
1845 Judah
1849 Henry S.
1854 Samuel W.
1871 William S.
1872 Charles L.

Dane
1800 John

Danforth
1800 Isaac *m*
1811 Josiah
1819 *Francis*
1832 Samuel P. *m*
1838 James *m*
1858 Edward *h*
1862 Isaac N. *m*
1870 Frederick *s*
1871 William B.

Daniels
1844 *Hiram C.*
1871 Edwin A.

Danielson
1786 William

Darbe
1782 *John h*

Darling
1794 Joshua
1811 Benjamin
1819 Elijah, 1825 *m*
1832 Lewis *m*
1860 William W. *m*
1862 George E. *s*, 1866 *m*

Dascomb
1833 James *m*
1858 *Alfred B.*
1858 Milton *s*

Davidson
1862 Milon

Davis
1773 Stephen
1793 Jonathan
1798 *James*

1802 John *h*
1815 John
1817 Henry W. F.
1819 Moses F.
1831 Daniel W. *m*
1833 Thomas
1838 *George A.*
1841 James
1842 Hosea
1845 Charles A.
1847 David W. *m*
1848 George J.
1850 Oliver
1852 Charles E. *m*
1856 Mark
1857 Wendell
1858 Albert A.
1859 John
1861 Eben H.
1861 Edmund
1862 David F.
1864 Silas W., 1867 *m*
1864 Orris O. *m*
1866 *Josiah G. h*
1867 Samuel A. *m*
1869 Nathaniel S. *m*
1871 George E.

Day
 1873 Asa
 1786 Elkanah
 1801 Sylvester *m*
 1814 *Warren*
 1842 Aaron
 1864 *Pliny B. h*
 1870 Addison L. *s*

Dayton
 1834 Daniel *h*

Dean
 1773 James
 1800 James
 1848 Benjamin W.
 1869 John W. *h*

Deane
 1864 Velie H. *h*
 1869 Francis A. *m*

Dearborn
 1821 Ebenezer *m*
 1839 Joseph F.
 1842 Charles E.
 1850 Sam G. *m*
 1855 *Sylvanus S.*
 1860 Samuel Q.
 1865 Thomas B. *m*
 1867 Josiah G.
 1870 *Josiah W.*
 1870 Reuben F.

De Forrest
 1864 Edward

Delano
 1823 *Samuel*
 1833 Barna L. *m*
 1846 Albourne C. *m*

DeMeritte
 1869 Edwin
 1870 Francis

Deming
 1779 William
 1842 Ebenezer S. *m*

Demond
 1816 *Elijah*

Dennison
 1845 Benjamin F.
 1848 Charles O. *m*
 1852 Lafayette *m*

Denny
 1857 Edward W.
 1859 James H.

DeNoyer
 1869 Joseph *m*

Denton
 1844 William P.

Desbrisay
 1883 Thomas B., *h*

Dewar
 1835 Henry A. *m*

Dewey
 1779 Elijah
 1794 Eldad
 1815 John *m*
 1819 Benjamin W.
 1837 Nathaniel W.

DeWinch
 1833 Albert *m*

Dewing
 1856 Elijah F.

DeWint
 1793 Christian

Dexter
 1805 Aaron *h*

Dibble
 1842 Augustus L.

Dickerman
 1857 John L. *h*

Dickey
 1818 David W.
 1835 David

Dickinson
 1785 *Timothy*
 1795 Samuel F.
 1797 John
 1798 *Pliny*
 1805 *David h*
 1813 *Austin*
 1813 William G. *m*
 1841 Frederick G.
 1843 William
 1850 Edward C.
 1859 Chase H.
 1860 Daniel A.

Dickson
 1853 *James M.*

Dillingham
 1873 Pitt

Dimick
 1871 Frank E.

Dimock
 1867 Daniel W. *m*

Dimond
 1842 *David*
 1868 Ezekiel W. *h*

Dingley
 1855 Nelson

Dinsmoor
 1789 Samuel
 1814 Samuel
 1841 James

Dinsmore
 1791 Silas
 1813 James

Dixwell
 1851 John J. *h*

Doane
1857 Henry

Dodge
1806 *Joshua*
1833 James M.
1834 Roderick L. *m*
1838 Franklin *m*
1843 William *m*
1844 Albert
1850 *George W.*
1860 Frederick B.
1863 Samuel D.
1864 Levi P. *m*

Doe
1825 John P.
1827 Daniel J. *m*
1849 Charles
1851 John *m*

Doolittle
1828 Willard *m*

Dore
1847 John C.

Dorr
1817 *Benjamin*
1852 James C. *m*

Dorrance
1786 *Gordon*

Doty
1855 Abner A. *m*

Douglas
1871 William B. *s*

Douglass
1843 James *h*

Dow
1785 Moses *h*
1796 *Moses*
1799 Joseph E.
1825 Jeremiah *m*
1828 Nathan T.
1833 Joseph
1835 Hiram *m*
1849 Moses F.
1854 Justin E.
1855 William D.
1861 *William W.*

Dowe
1828 Joseph *h*

Downer
1838 Jason

Drake
1813 Francis *h*
1865 Francis J.
1869 James McE.

Draper
1849 Gideon
1855 Edward G.

Dresser
1870 Simeon P. *m*

Drew
1820 Oliver W. *m*
1838 Leander *m*
1841 Elijah C. *m*
1842 David F.
1843 Stephen W. *m*
1844 Joseph G.
1848 *Stephen F.*
1870 Irving W.

Drown
1786 Solomon *h*
1844 Daniel A.

Dudley
1788 *Elias*
1839 Elbridge G.
1856 Daniel B.
1858 *Joseph F.*
1859 *Horace F.*
1862 Jason H.
1867 Arthur W. *s*
1873 Emilius C.

Dunbar
1783 Elijah
1838 Daniel C.
1853 Charles B. *m*
1865 Edward M. *s*

Duncan
1817 *Thomas W.*
1830 William H.
1852 Robert
1857 Robert H.
1858 Samuel A.
1861 DeWitte

Dunham
1789 Josiah
1794 Jacob
1862 George D. *m*

Duncklee
1832 William A.
1847 Mark F.

Dunklee
1817 *John*

Durant
1845 Mark
1852 James S., 1855 *m*

Durell
1794 Daniel M.

Durelle
1838 George O. J. *m*

Durgan
1852 Joseph F. *m*

Durkee
1822 Silas
1856 Samuel T. *s*

Dustan
1852 *George*

Dustin
1799 Alexander
1808 Oliver
1847 Daniel *m*
1872 Mirandus R.

Dutch
1800 John

Dutton
1801 *John*
1802 *Nathaniel*
1855 George
1873 John M.

Dwight
1790 Elihu
1797 Daniel

Dyer
1856 Azro
1873 Nathan T.

Dyke
1858 Horace M.

Eager
1794 Paul

Eastham
1841 Charles *m*

Eastman
1793 *Edmund*
1794 Moses
1795 *John*
1796 *Tilton*
1802 Samuel
1803 Jonathan
1812 Luke
1821 *Joseph B.*
1822 *Jacob W.* *h*
1824 Joel
1827 Joseph A.
1829 Ira A.
1836 *George B.*
1837 Josiah C. *m*
1839 George N.
1842 *William P.*
1845 George W. *m*
1850 Joseph
1862 John R. *s*

Eaton
1790 William
1823 Stephen *m*
1827 Leonard *m*
1833 Ephraim
1837 *William L.*
1839 *Horace*
1854 *John*
1859 Chester W. *s*
1859 Lucien B.
1860 Benjamin F. *m*
1865 Moses C. *m*

Edes
1817 Amasa
1844 Samuel H.

Edgell
1870 George S.

Edgerly
1859 Samuel J.
1864 David M.
1867 Joseph G.

Edgerton
1824 Edwin
1829 *Albert M.*

Edson
1794 *Jesse*

Edwards
1813 Thomas M.
1839 Abraham F.
1844 *Bela B.* *h*

Egery
1833 Edward A. *m*

Ela
1831 *Benjamin*
1860 Richard E. *s*

Elder
1813 Samuel *m*
1872 Augustus F. *s*

Eldredge
1866 Frederick A. *m*

Eldridge
1832 Frederick A.
1841 Micah *h*
1864 John D. *h*

Elkins
1817 Jeremiah
1856 Joseph L., 1860 *m*
1869 Jeremiah S. *m*

Elliot
1808 *Moses*
1813 Daniel
1826 William
1829 Charles F., 1834 *m*
1864 Daniel M.

Elliott
1825 John S. *m*

Ellis
1822 *John M.*
1858 William B. *m*

Ellsworth
1797 Oliver *h*

Ely
1782 *David* *h*

Emerson
1792 *William* *h*
1798 *Reuben*
1799 Luther
1802 *Brown*
1805 Abner
1805 Benjamin D.
1814 Samuel
1816 Benjamin
1825 John F.
1826 Charles M.
1826 *John S.*
1826 Isaac B. *m*
1830 Daniel H.

1832 *Edward B.*
1838 Benjamin F. C.
1852 *John D.*
1858 James *m*
1862 Luther W.
1868 Charles F.
1870 Charles E. *s*

Emery
1795 Nicholas
1808 Stephen
1830 James W.
1836 Stephen M., 1842 *m*
1842 Caleb
1845 James *m*
1858 George W.
1860 Samuel S. *m*
1873 Alfred W. *s*

Emmons
1786 *Nathaniel* *h*
1795 Eli
1830 Lewis *m*

Enos
1794 Pascal P.

Estabrook
1776 *Experience*
1815 Joseph
1861 George W.

Evans
1792 *Israel* *h*
1827 Ira *m*
1838 Enoch W.
1843 Moses *m*
1871 Shepley W. *s*
1872 Alfred R.
1872 William W.
1873 Clinton B.

Evarts
1829 James M.
1855 Martin G. *h*

Eveleth
1862 Frederick W.

Everett
1780 *Noble* *h*
1790 Richard C.
1795 David
1813 *Ebenezer*
1824 Oliver *m*
1836 Augustus
1836 Erastus
1845 William *m*
1849 *Edward* *h*
1861 James B. *m*

Ewer
1777 Gamaliel

Ewing
1840 Almon E. m

Fairbanks
1784 Rufus
1810 Joseph
1852 Lorenzo
1853 *Henry*
1871 Charles A. s

Fairbrother
1849 George G. m

Fairfield
1825 Josiah

Fales
1849 Philetus

Fanning
1803 Edmund h

Farley
1798 *Abel*
1803 *Stephen*
1843 Caleb E.

Farmer
1822 John h
1853 Moses G. h
1872 Lewis G.

Farnham
1837 *Luther*
1870 Schuyler C.

Farnsworth
1813 *Benjamin F.*
1813 Samuel, 1816 m
1822 *Seth*
1825 Ralph h
1853 Jonathan B.
1854 Simeon D.

Farr
1847 Asahel h
1862 George
1872 Evarts W. h

Farrar
1794 Humphrey
1794 Joseph
1800 George, 1803 m
1801 *William*
1807 Timothy

1844 William H.
1850 Charles S.

Fay
1828 *Warren* h
1847 *Solomon P.* h
1848 George W. m
1854 Erastus N.
1856 Osmer W.

Fellows
1838 John
1839 Jonathan S. h
1855 *Ebenezer F.*
1858 Joseph W.
1862 George M.
1862 Stark
1862 Charles M. s

Felt
1813 *Joseph B.*

Fenner
1850 Albert G. m

Fenton
1794 Ashbel
1799 Jacob

Ferris
1856 *Leonard Z.*
1862 Valentine P. s

Ferson
1797 William

Fessenden
1796 Thomas G.
1806 Samuel
1812 Thomas
1838 Hewitt C.
1838 Oliver G.
1842 Daniel W.

Field
1792 *Joseph*
1795 Bohan P.
1805 Martin h
1808 Warren A.
1822 *Joseph R.*
1824 Seth m
1833 Caleb C. m
1846 Andrew E.
1855 Walbridge A.

Fifield
1804 Ebenezer O.

Finn
1778 Nehemiah

Finney
1815 *Alfred*

Fish
1790 *Holloway*
1810 Henry m

Fisher
1818 Harvey m
1833 *Jabez P.* h
1848 Charles H. m
1858 Abial W.
1859 *Frederick S.*

Fisk
1798 John B.
1802 Moses M.
1814 Allen
1843 Francis S.
1852 Martin H.
1860 George A. m
1870 Cyrus W. h

Fiske
1786 Moses
1791 *John*
1817 *Nathan W.*
1861 Charles A. s

Fitch
1807 Luther
1831 Francis P. m
1837 Charles L.

Fitts
1831 Moses H.
1867 John F. m
1873 George H.

Fitz
1818 *Daniel*
1822 George
1865 John M. m
1872 Arthur G.

Flagg
1806 Edmund
1841 Samuel
1863 William L.

Flanders
1831 Walter P.
1832 Thomas m
1841 Jonathan L. m
1842 Benjamin F.
1847 Charles h

1856 Henry *h*
1871 Charles N.

Fletcher
1806 Richard
1808 Isaac
1810 Samuel
1814 Oliver
1815 John
1817 *Horace*
1824 Thomas G.
1825 Mark W.
1843 James
1847 Dempsey R. *m*
1858 Francis H.
1860 William K.
1869 Ryland *h*
1871 Fred *m*
1871 Robert *h*
1872 George H.

Fling
1872 Louis W. *h*

Flint
1798 *Ebenezer*
1821 Abner
1842 Lyman T.
1871 William W.

Fogg
1839 George G.
1846 D. Sylvester *m*
1872 Albra

Follansbee
1826 William *m*

Follett
1858 John *s*
1873 Charles H. *s*

Follette
1857 John A.

Folsom
1796 Peter L.
1820 Charles L.
1828 *Nathaniel S.*
1848 Ira F.
1850 James D. *m*
1851 Samuel H.
1854 Joseph P.
1862 David
1869 *Omar W.*
1871 Henry A.

Foord
1823 Alvin *m*
1826 Sylvester *m*

1833 James W.

Foot
1778 *David*
1798 Alvan
1799 Lorenzo

Forbes
1790 David

Ford
1839 John D.

Forsaith
1807 Josiah
1847 Francis F.
1857 William J.

Fosdick
1803 John M.

Foss
1841 Betton W. *m*

Foster
1773 *Emerson*
1774 *Dan h*
1777 *Daniel*
1777 *Joel*
1778 *Isaac h*
1783 *John*
1786 Theodore *h*
1821 *Stephen*
1821 John H. *m*
1822 *Aaron*
1822 *Amos*
1822 Asa E.
1823 Abiel
1828 Isaac
1834 Nahum P. *m*
1837 *Eden B.*
1838 Stephen S.
1840 Charles
1840 *Frederick*
1841 *William C.*
1841 Moses
1841 *Daniel*
1849 *Davis*
1849 *Roswell*
1851 Richard B.
1858 John
1860 Charles L.
1860 William L. *h*
1861 Herman *h*
1863 Addison H.
1864 John L.
1865 Frederick F.
1873 Clarence M.

Fowle
1811 Jonathan

Fowler
1833 Asa
1835 Stephen
1851 Hadley B. *m*
1872 William P.

Fox
1807 Abraham S.
1813 Charles
1818 Joseph
1831 Charles J.
1836 John *m*
1852 William C.

Francis
1809 John
1851 James B. *h*

Frary
1866 *Lucien H.*

Freelon
1843 Thomas G.

Freeman
1785 Jonathan *h*
1796 Peyton R.
1797 James O.
1810 Asa
1813 Samuel *m*
1822 *George*
1834 Nathaniel *m*
1841 Francis A.
1843 Edward
1843 Samuel H.
1851 Chandler
1854 Andrew W.
1864 Willard W.
1872 Joseph A.

French
1812 Benjamin F.
1824 Ebenezer
1827 Eli
1829 John *m*
1835 William *m*
1836 Henry
1839 Nathan *m*
1841 Samuel P.
1843 Leonard, 1846 *m*
1844 John O. *m*
1847 John *h*
1851 *Jonathan h*
1851 David B., 1854 *m*
1856 Theodore
1852 Benjamin B. *h*
1852 Henry F. *h*
1854 George A. *m*
1854 William M. *m*
1855 Isaac S. *m*
1859 Scott

1860 Samuel F.
1862 James
1863 George H.
1872 Asa M.
1872 George B.
1873 Leonard M. *m*

Frink
1802 John

Frisbie
1771 *Levi*

Frost
1845 Edward D.
1852 Carlton P., 1857 *m*
1857 *Henry M.*
1858 Edwin B.
1858 Charles C. *h*
1872 Albert E.

Frye
1846 Peter Y. *m*
1859 John F.

Fuller
1775 *John h*
1786 *Stephen*
1791 *Samuel*
1801 Henry
1820 James M. *m*
1857 Henry G.
1864 *Homer T.*
1869 Myron H.

Fullerton
1796 *Walter*
1821 Thomas S.

Fullonton
1840 *John*

Funkhouser
1871 Robert M.
1871 Tilden S.

Furber
1843 *Daniel L.*

Gage
1798 Samuel
1858 Eliphalet B. *s*
1859 Alfred P.
1862 Nathaniel P.
1864 William T.
1873 Edward L.

Galbraith
1857 William J.

1862 George H. *m*
1872 George T.
1872 William H.

Gale
1822 *Wakefield*
1830 Amos G. *m*
1830 Israel N. *m*
1833 Jacob
1837 Jonathan G. *m*
1843 Ezra W.
1844 Lucian
1868 Eugene B.

Gallup
1787 Oliver
1798 Joseph A. *m*
1804 Elias
1828 George C.
1834 William *m*
1847 Benjamin E.

Galusha
1794 Gershom

Gambell
1866 Orin

Gannett
1826 *Allen*

Gardner
1811 Thomas C.
1852 *George W.*
1864 *Asa B. h*

Garland
1828 *Edmund*

Garwin
1803 *Isaac*

Gates
1823 Samuel *m*
1840 Jeremiah *m*
1844 Amphion
1858 James W.
1873 George A.

Gaylord
1867 *William L.*

Gendron
1871 Joseph S. *m*

George
1819 Austin *m*
1838 Franklin
1838 John

1849 *Asa h*
1859 John H. *h*
1867 Ira P. *m*

Gerould
1858 *Samuel L.*

Gerrish
1793 Samuel
1797 Joseph
1815 Francis *m*

Gerry
1865 John T. *s*
1869 Edwin P.

Getchell
1862 Francis H. *m*

Gibbs
1838 *David*
1852 *Jonathan C.*

Gibson
1858 Walter
1862 Francis N. *m*
1864 John T.

Gilbert
1775 Sylvester
1794 Benjamin J. *h*
1796 Daniel
1801 Charles

Gilchrist
1852 John James *h*
1871 Oscar J.

Gile
1804 *Samuel*
1841 Daniel, 1845 *m*
1857 Joseph

Giles
1839 Warren A.
1842 John

Gilfillan
1844 John A.

Gill
1862 George F.

Gillet
1787 *Daniel O.*
1791 *Eliphalet*
1802 James
1820 Jasper *m*

Gillette
1847 Herman H. *m*

Gillette
1872 Rufus W. *m*

Gilliam
1841 George T. *m*

Gillis
1854 John F.

Gilman
1791 Allen
1794 John T. *h*, 1796 *h*
1796 John T.
1800 Tristram
1833 Sumner *m*
1836 Zeeb *m*
1837 Orville P. *m*
1838 Joseph J.
1845 Woodbury *m*
1861 James P.
1863 Oliver L. *m*
1863 Zeeb
1865 Charles J. *h*
1867 Henry A. *m*
1868 Albert O. *m*

Gilmore
1774 *George h*
1845 Quincy A.

Gilpatrick
1834 Rufus *m*

Gleason
1856 Carlisle J.
1858 Samuel M.
1861 *George L.*

Glidden
1815 Elisha
1829 Joseph M.

Glines
1853 Thomas J. *m*

Goddard
1780 Nathan *h*
1786 Calvin
1856 *Edward N.*
1857 Merritt E.

Godding
1854 William W.

Godfrey
1857 Wilson *s*

Goffe
1791 *Joseph*

Gooch
1843 Daniel W.

Goodale
1852 James L.

Goodall
1777 *David*
1844 Samuel H.
1857 Edward B. *s*
1857 Frederick H. *s*

Goodell
1817 *William*
1850 *Edwin*

Goodelle
1863 William P.

Goodenow
1828 John M. *h*

Goodhue
1792 Samuel B.
1800 Josiah *m*
1839 Timothy A.
1841 *George F.*
1845 Amos B.
1848 *Joseph A.*
1857 *Henry A.*
1867 Horatio

Gooding
1849 Gustavus A.

Goodman
1816 *Epaphras*
1837 James W.

Goodrich
1806 *Sewall*
1822 Charles B.
1857 John B.

Goodsoe
1873 George W.

Goodwillie
1820 *David*
1820 *Thomas*
1863 Thomas, 1866 *m*

Goodwin
1811 Dominicus
1811 James S., 1814 *m*

Goff
1835 *Daniel*
1844 John N.
1857 David M. *m*
1857 Ichabod *h*
1860 Ichabod 2d *h*
1862 Octavius B.

Gookin
1830 Warren D.

Gordon
1786 Daniel
1811 William
1817 Adams
1841 Nathaniel
1846 George A.
1859 William C. *m*
1867 Charles O. *m*
1871 Ephraim *s*

Goss
1820 *Jacob C.*
1846 Oliver *m*
1856 *Zenas*
1857 Norman S. *m*
1861 Andrew J.
1873 Nathan R.

Gould
1830 Abraham *m*
1852 Oliver H.
1855 True M. *m*
1864 Linus A.
1866 Charles R. *m*
1872 Fred H.
1873 Albert N. *m*

Goulding
1863 Frank P.

Govan
1839 William

Gove
1793 John
1817 Charles F.
1856 Elijah A.
1859 Sullivan G. *m*

Graham
1851 Thomas *m*

Grant
1800 Stephen
1812 John *m*
1851 William C.
1860 William H. *m*
1861 Jasper S.

Graves
1791 Rufus
1842 Joseph L. *m*
1854 Galen A.
1856 Milan *m*

Gray
1771 Samuel
1773 Ebenezer *h*
1830 Henry C. *m*
1848 Henry *m*
1856 Joseph B. M. *h*
1859 Henry M. *s*
1861 Judson A. *m*

Graydon
1842 Robert G.

Greele
1813 Augustus

Greeley
1845 *Edward H.*

Greely
1804 *Allen*
1835 *Stephen S. N.*

Green
1781 *Zachariah*
1791 *William*
1806 Benjamin *h*
1811 Charles
1823 Charles G.
1830 William H.
1855 Thomas A. *h*
1861 Henry B. *s*
1861 Joseph F. *h*
1863 Edwin

Greene
1807 Oliver
1836 Moses C. *m*
1854 Ranney
1859 Roger S.
1864 Daniel C.
1864 Richard H. *m*
1865 William B.
1867 John B.
1868 Charles W. *m*

Greenleaf
1813 Benjamin
1823 Henry
1832 Charles H.
1834 James
1838 Alfred *h*

Greenlay
1873 Thomas S. *e*

Greenough
1828 Elbridge F.
1828 Jeremiah J.
1855 Elbridge G.

Greenwood
1806 Ethan A.

Gregg
1787 *William*
1811 David A.
1824 Daniel H.
1825 Samuel *m*
1826 Ezra M. *m*
1828 *Jarvis*
1841 James A. De W.
1867 James W. *m*

Grennell
1808 George

Gridley
1812 Timothy J. *m*

Griffin
1853 Samuel O. *m*
1854 William A. *m*
1868 Simon G. *h*
1869 John W.

Griffing
1873 Douglass C.

Griffiths
1790 Ralph *h*

Grimes
1836 James W.

Griswold
1789 *John*
1794 William A.
1837 *Benjamin*
1860 John B.

Gross
1784 *Thomas*

Grosvenor
1792 *Daniel h*
1818 *Cyrus P.*
1822 *Moses G.*
1835 David A. *m*
1859 Joseph W.
1864 John M. *m*

Grouard
1855 John H. *m*

Grout

1787 Jonathan
1793 Paul
1795 George
1845 *Admatha*
1873 Albert P.

Groux
1860 *Eugene A. h*

Grover
1773 *Joseph*
1786 *Stephen*
1832 *Nathaniel*

Grow
1851 Milo W.

Guarnsay
1789 James K.

Guild
1873 Harvey M. *m*

Guppey
1843 Joshua J.

Guptill
1839 Calvin H. *m*

Gurley
1772 *Ebenezer*
1793 James B.
1794 Royal

Gustine
1860 Walter *m*

Guthrie
1873 William

Hackett
1858 William H. Y, *h*

Haddock
1816 *Charles B.*
1844 Charles, 1847 *m*

Hadduck
1846 Lorenzo K. *h*

Hadley
1809 James
1840 George P.
1844 Amos

Hahn
1865 Ammi R.

Haile
1856 William H.
1857 William *h*

Haines
1803 Samuel
1831 William P.
1869 Ferguson
1871 George B. *m*

Hale
1791 David
1796 Samuel
1810 Nathan *h*
1827 Thomas C.
1827 *Benjamin h*
1829 Ebenezer *m*
1833 Syene *m*
1835 Ezekiel J. M.
1841 Safford E. *m*
1849 Salma *h*
1857 John C.
1860 Oscar A.
1861 John P. *h*
1865 Edwin B.
1868 Charles G.

Haley
1858 Francis *m*
1860 *John G.*
1860 Samuel G.
1868 Timothy A. *m*
1869 William D.

Hall
1777 *David h*
1788 *Aaron h*
1790 *Nathaniel*
1793 Ira
1798 Horace
1798 *William h*
1803 Frederick
1805 Daniel *h*
1814 Moses
1821 Charles *m*
1823 *Thomas*
1826 William *h*
1828 *Sherman*
1832 Nathaniel *m*
1833 Joseph P. *m*
1833 Lyman *m*
1836 Camillus *m*
1836 Robert H.
1839 Robert B. *h*
1839 *Samuel R. h*
1839 Horace
1841 Edwin *m*
1844 Alvah C. *m*
1846 Adino B. *m*
1847 *Richard*
1851 O. J. *m*
1851 Joshua G.

1853 Albert C. *m*
1854 Daniel
1860 King S. *h*
1861 Lycortas B. *s*
1865 Charles C.
1870 Charles E.
1873 Alfred S.

Ham
1797 John

Hamilton
1790 Alexander *h*
1819 Cyrus B. *m*
1859 Samuel K. *s*
1863 Alfred K.

Hammond
1802 Elisha
1824 George W. *m*

Handerson
1820 Phineas *h*

Hanks
1849 Byron M.

Hanna
1854 Alexander B. *m*

Hanson
1839 Jacob C. *m*
1858 Caleb W. *m*
1859 John
1864 Nathaniel L.
1868 Lester W. *m*

Hapgood
1813 Hutchins

Harding
1805 *Alpheus*

Hardy
1789 Daniel
1794 Aaron
1803 Nehemiah
1807 Thomas
1808 *Nathaniel K.*
1812 Noah
1812 Thomas
1822 Aaron
1842 Rufus C.
1855 Silas
1857 Ephraim J.
1860 *George*
1867 Hiram T. *m*
1870 John H.
1870 *Anthony C. h*

Harlow
1853 Roscoe L. *m*
1857 Lewis D. *m*

Harman
1793 Martin

Harper
1838 Charles A.

Harriman
1847 Hubbard C. *m*
1861 Oscar B. *m*
1867 Walter *h*
1869 Hiram P.

Harris
1787 *Walter*
1804 Joel
1815 James H.
1826 David *m*
1826 Edward P.
1845 Broughton D.
1855 Sidney S.
1864 George D. *m*

Harrison
1871 Henry C.

Hart
1784 *Levi h*
1786 *William S.*

Hartness
1859 James A.

Hartshorn
1813 *Levi*
1860 *Vaola J.*

Hartwell
1787 *Jonas*
1806 Cyrus, 1810 *m*
1809 Jonathan

Harvey
1794 Joseph
1806 Matthew
1854 Daniel B.
1859 Frederick R. *h*
1864 William F.
1865 Matthew

Haseltine
1777 *Ebenezer*
1854 George
1855 *Nathan S.*

INDEX.

Haselton
1857 Moses K.
1858 William A.

Haskell
1795 John
1827 George *m*
1840 Abraham S. *m*
1843 John C.
1854 Franklin A.

Haskins
1862 Leander M. *s*

Hastings
1870 Lemuel S.

Hatch
1797 Ashur
1814 Horace, 1817 *m*
1824 Elisha *m*
1830 Joseph D.
1869 John E.

Hathaway
1858 William F.
1868 Fernando C.

Haven
1773 Samuel *h*
1828 George W.

Hawkes
1810 James

Hayes
1805 William A.
1831 John L.
1839 *Alonzo*
1839 Henry *m*
1846 Augustus A. *h*
1849 Charles C.
1850 Richard
1851 Francis B. *h*
1851 John M.
1858 Charles W. *s*
1859 Benjamin F.
1860 John G.
1862 John A. *m*
1865 Charles *m*
1873 Justin G.

Haynes
1818 Joseph
1858 Edgar K. *s*

Hayward
1853 *Sylvanus*
1873 Charles J.

Haywood
1867 Cassius R.
1869 George W.

Hazeltine
1787 David
1810 Richard *h*
1829 Moses G.
1835 William
1839 Henry H.

Hazen
1807 *Austin*
1812 Asa
1839 Thomas G. *m*
1840 *Norman*
1842 *Allen*
1854 *Henry A.*
1863 *Azel W.*
1863 Noah B. *s*
1866 Marsh W.
1870 Lucius R.
1871 Henry A.
1871 William O.
1873 George

Heald
1793 David
1794 Thomas

Healy
1835 John P.

Heard
1838 John *m*

Heath
1825 Robert R.
1826 *William*
1826 Solyman
1829 Horace W. *m*
1835 Simeon B. *m*
1858 Willard S.
1865 Isaac L.

Heaton
1829 Charles *m*
1832 George *m*
1840 *Austin C.*

Hebard
1854 *George D. A.*

Hedge
1788 Lemuel *h*
1799 Abraham *m*

Heilge
1862 Charles C. *s*

Heilman
1873 George P. *s*

Helme
1852 Timothy H. *m*

Hemmenway
1792 *Moses h*
1842 Joel W.
1843 George B.
1870 Edmund P. *s*

Henderson
1867 Henry C.

Henry
1806 John *h*
1825 *Caleb S.*
1833 Hugh H.
1834 John C. *m*

Herbert
1800 George
1822 Richard *m*
1871 John

Herrick
1822 Israel *m*
1826 *Osgood*
1834 *Horace*
1837 William B. *m*
1854 Stephen S.
1854 William A.
1860 William S.
1873 Albert S. *m*
1873 Daniel R.
1873 James D.

Hersey
1856 Charles H.
1859 Albert J.

Hett
1852 Alexander *h*

Heydock
1819 William T.
1852 Mills O. *m*

Heywood
1795 *Joshua*
1808 Levi
1812 Benjamin F.
1845 Frederick
1855 Henry *s*

Hibbard
1772 *Augustus*
1824 Moses *m*

1835 Henry *h*
1863 Ellery A. *h*

Hichborn
1856 Alexander *m*

Hidden
1791 *Samuel*
1836 *Ephraim N.*
1847 John S. *m*

Higgins
1846 Calvin K. *m*
1868 Milton *s*
1872 William *s*

Hiland
1862 Thomas *m*
1869 Frank

Hildreth
1817 *Hosea h*
1856 Thaddeus *m*
1868 William H. *m*
1868 John L. *m*

Hill
1816 Thomas P. *m*
1818 George S.
1831 Moses *m*
1832 Silas H.
1838 Levi G. *m*
1839 William P.
1841 Otis F., 1846 *m*
1842 *Timothy*
1850 James M.
1867 Howard F.
1868 Benjamin M.
1871 Charles E.

Hilliard
1800 Abraham

Hills
1814 John *m*
1816 Rufus *m*
1841 Nathaniel

Hinckley
1819 *Orramel S.*
1823 Bushrod W.
1856 Lyman G.

Hinkley
1827 Israel *m*

Hinman
1842 *Clark T. h*

Hitchcock
1838 Alfred *m*
1851 Charles
1851 Homer O.
1872 Hiram *h*

Hixon
1857 Lloyd W.

Hoar
1858 Samuel E.

Hobart
1794 *James*
1815 *Caleb*
1842 Harrison C.
1851 Timothy D.

Hobbs
1856 Josiah H.
1859 Isaac W.
1859 Josiah H.
1862 George E.
1863 Benjamin *m*
1864 Ichabod G.
1865 Victory *m*

Hobson
1814 Humphrey

Hodgdon
1842 Albert E.
1861 George F.

Hodges
1849 Emerson

Hodgman
1843 *Edwin R.*
1869 Edwin R. H.

Hogan
1872 William E.

Hogge
1828 Robert.

Hoit
1829 Albert G.
1831 *William H.*
1832 David D. *m*
1835 Moses F.

Hoitt
1860 Ira G.
1871 Charles W.

Holbrook

1807 Amos
1862 Frederick *h*

Holden
1852 Isaac

Holland
1779 Abraham
1858 Joseph B. 1866 *m*

Hollenbush
1853 Calvin G.

Hollister
1869 J. Burton *h*

Holman
1872 William A.
1873 George H. *m*

Holmes
1782 Hugh
1832 Azel *m*
1835 Artemas L.
1835 Cyrus *h*
1838 *James*
1871 Lewis W.

Holt
1803 *Jacob*
1814 Joshua
1870 Hermon

Holton
1804 Alexander
1805 John
1873 George D. *s*

Holyoke
1791 Samuel *h*

Homer
1788 *Jonathan h*

Hood
1841 Joseph E.
1844 *Jacob A.*
1851 Gilbert E.
1855 Wendell P

Hooke
1851 Enoch G.

Hooper
1792 Thomas W. *h*

Hopkins
1806 Abiathar

INDEX.

1809 Daniel h
1827 Charles
1827 Samuel
1830 Erastus
1837 Mark h
1862 John s

Hopkinson
1851 Alanson G.

Horne
1857 George E.

Hosford
1826 Isaac
1838 Benjamin F.
1838 Willard m
1859 Charles
1866 Schiller

Hoskins
1820 Nathan
1841 John C. C.
1842 Dexter E.

Hosmer
1831 Elbridge
1838 William H. m

Hotchkiss
1773 John h
1801 Elisha

Hough
1803 Dan m
1812 Daniel
1846 Daniel S.

Houghton
1837 James C.
1847 John N. m

Houston
1847 Hiram

Hovey
1798 Aaron
1828 Edmuud O.
1842 Amos W.
1844 Alvah
1847 Daniel h
1852 Charles E.

How
1854 Milton G. s
1860 Lyman B., 1863 m

Howard
1829 Roger S.

1835 Hiram W. m
1846 Levi m
1853 William W.
1858 Augustine S.
1861 Abel T.

Howe
1777 Solomon
1783 Tilly
1790 Perley
1794 William
1798 Phineas
1800 Estes
1801 Abner, 1803 m
1809 Zadock m
1811 Luke, 1818 m
1812 Adonijah m
1817 James
1824 Jonas m
1827 George h
1832 Josiah
1838 William A.
1845 Asa m
1851 Adonijah W. m
1855 Richerand
1859 Edward
1864 Elias W.
1864 Joseph W. h
1866 Jabez C. h
1868 Charles M.

Howell
1791 Jeremiah B. h
1863 Humphrey E. s

Hoyt
1821 Enos m
1822 Aaron B.
1824 Epaphras h
1825 Hiram m
1838 Otis
1838 Peter L. m
1840 John m
1847 George A.
1859 Joseph G. h
1859 Lewis C. s
1861 Edmund S.
1864 Alpheus E. m
1870 Joseph G.
1871 Martin W.

Hubbard
1785 John
1803 Henry
1811 Oliver m
1813 Jonathan H. h
1814 John W.
1816 John
1820 Benjamin T. m
1825 Benjamin T. m
1839 Denison G. m
1841 Gardner G.
1841 John

1843 Solon
1843 Stephen G. m
1852 Benjamin P. m
1862 Grosvenor S.
1865 Charles L.
1865 George F. m
1868 George H. h
1869 William F. s

Huckins
1843 David T. m

Hudnut
1849 Joseph O.

Hudson
1858 John G.

Hughes
1868 James A. D.
1870 Aaron P. s

Hulbert
1853 Calvin B.

Humphrey
1830 John P.

Humphreys
1864 David h

Hunawill
1858 Richard

Hunkins
1808 Benjamin m
1846 Seth C. m

Hunt
1800 Frederick
1804 Samuel h
1806 Jacob m
1807 Jonathan
1822 Ebenezer m
1832 Caleb S.
1842 James L.
1847 Horace
1847 Peter T.
1852 George A.
1857 Charles H. m
1861 Franklin L. m
1862 Simeon, 1865 m
1866 Nathan P.
1868 George W. h
1870 Eben

Hunter
1806 Daniel h
1824 Galen m

Huntington
1773 *David*
1780 *Joseph* h
1782 *Benjamin* h
1783 Henry
1785 Samuel h
1786 *Asahel*
1803 Nehemiah
1815 Elisha
1845 Sylvanus C.
1846 Henry S. m
1848 Eliphalet m

Hunton
1859 Augustus P. h

Huntoon
1808 Nathaniel
1817 *Benjamin*
1846 Ariel h
1854 Andrew J. m

Huntress
1844 Joseph m

Hurd
1773 John h
1818 *Carlton*
1822 *Samuel*
1846 *William C.*
1848 John W.
1854 *Isaac* m
1854 Yorick G. m
1855 William H. m

Hurt
1855 Wilson N. m
1866 Wilson A. m

Huse
1788 *Jonathan*
1802 *Nathaniel*
1865 Hiram h

Hussey
1852 Elijah M.

Hutchins
1804 Otis
1827 Hamilton
1835 Horace G.
1840 Henry C.
1845 William W.
1857 Arthur E.
1863 George S.
1866 Warren G.
1871 Frederick m
1872 Frank D.

Hutchinson
1775 *Elisha*
1775 James
1780 *Aaron* h
1790 Aaron h
1800 Timothy
1804 Henry
1806 James
1828 William H. m
1828 Levi m
1845 William A.
1848 *Charles*
1853 John
1863 Jonas

Hyde
1788 *Alvan*
1852 Melvin J. m

Ide
1852 Mark m
1865 George H.
1866 Henry C.

Imlay
1849 Frederick C.

Ingalls
1790 Charles
1792 *Calvin*
1823 John
1829 Charles C.
1870 Lucien H. m

Ingersoll
1813 Henry m

Ingraham
1837 Nathaniel m
1862 Andrew

Ingram
1858 Alexander

Irish
1848 Henry D. m
1868 John C. h

Irwin
1867 John N.

Jackman
1860 Samuel H.

Jackson
1790 *William*
1792 *John*
1799 Levi
1807 Joseph H.

1831 *William C.*
1833 *Charles D.*
1840 A. H. W. m
1841 *James*
1844 James C.
1859 James T.
1873 Amos M. m

Jacob
1803 Stephen h
1809 Nathaniel m

Jacobs
1787 Daniel

Jaffrey
1779 George h

Jameson
1797 Thomas
1818 *Thomas*
1821 John
1855 *Ephraim O.*

Janes
1801 Ebenezer

Jarvis
1810 Russell
1848 John F.
1872 William
1873 Leonard s

Jenkins
1862 Alvin m

Jenks
1839 Otis h
1863 Isaac N.

Jenne
1873 Roswell C. m

Jenness
1859 *Reuben V.*
1861 Benjamin F.
1870 Samuel G. m
1871 Gilman H.

Jenney
1827 *Elisha*

Jennison
1797 John F.
1827 *Edwin*
1843 John m

Jewell
  1844 Harvey
  1856 William E.
  1872 Charles A.

Jewett
  1776 *Caleb*
  1795 *Luther*, 1810 *m*
  1801 *David*
  1810 *Leonard*
  1820 Hibbard *m*
  1821 Calvin *m*
  1823 *Merrick A.*
  1826 *Spofford D.*
  1827 Adams
  1828 *Milo P.*
  1835 Jeremiah P. *m*
  1843 *John E. B.*
  1850 Charles C.

Johnson
  1778 Ebenezer
  1785 *Alfred*
  1799 Kendall
  1822 *Haynes*
  1828 Osgood
  1832 Peter *m*
  1834 Moses
  1835 *Gideon S.*
  1835 Joshua J. *m*
  1836 George W. *h*
  1837 Alexander G.
  1840 Edward C.
  1847 Luther
  1849 Samuel W. *m*
  1852 Osgood
  1856 Albion W.
  1856 James E.
  1862 William E.
  1863 Jesse
  1864 Edward F.
  1864 William M.
  1865 Edward F. *s*
  1866 John E.
  1870 Franklin P. *s*
  1870 John H. *s*
  1871 Edward
  1871 Charles G. *s*

Johnston
  1813 *Charles*
  1825 Hale A.
  1863 Edward P.

Jones
  1778 Abraham
  1779 John
  1788 *Abiel*
  1799 Thomas
  1804 Anson
  1834 *John*
  1835 *Henry*

1835 *Willard*
1835 Daniel *m*
1840 Samuel W. *m*
1841 John W.
1841 Luther, 1846 *m*
1841 Henry N. *m*
1841 Joseph P. *m*
1842 Jeremiah P.
1844 *Amos*
1852 *Charles*
1857 Norman
1859 Charles G.
1859 Frederick *m*
1861 Amos B.
1869 Frederick G.
1872 Eli G. *m*
1872 Stephen A.
1873 Emory H.

Jordan
  1832 Cyrus *m*
  1859 Charles *m*

Joy
  1833 James F.
  1863 Joseph F.

Joyslin
  1856 *William R.*

Judd
  1787 Jehiel

Judkins
  1853 Emery G. *m*

Judson
  1775 *Andrew*
  1823 Elnathan *h*

Kellam
  1869 Charles R. J. *m*

Kelley
  1822 Albert L.
  1825 Webster
  1829 Samuel *m*
  1866 Edward A.
  1869 Seth W.

Kellogg
  1775 *David*
  1785 *Elijah*
  1833 Joseph *m*
  1858 Silas
  1873 Henry M.

Kelly
  1791 *John*
  1804 John

1813 Ebenezer S.
1819 *Henry T.*
1841 Stephen L.
1844 Samuel B. *m*
1867 Cyrus K. *h*

Kemp
  1852 Alba E. *m*

Kempton
  1867 Zenas M. *m*
  1872 Willard C. *m*

Kendall
  1774 *Thomas*
  1811 Amos
  1853 John
  1866 Henry A.
  1871 Peleg R.

Kendrick
  1826 John
  1839 Asahel *m*
  1841 Charles E.
  1844 Henry L. *h*
  1853 Caleb C.

Keniston
  1845 Cyrus

Kenney
  1864 Stephen B. *m*

Kenrick
  1871 Timothy F.

Kent
  1814 George
  1819 James *h*
  1841 Alexander H.

Kerr
  1873 Robert

Ketcham
  1867 William A.
  1873 Edwin H. *s*

Kettell
  1860 George A. *h*

Keyes
  1790 Elnathan
  1800 Washington
  1803 *John*
  1809 John
  1810 Asa
  1835 *Nathaniel S.*
  1872 Adson D.

1872 Anson L

Keyser
1826 John *m*

Kibbe
1843 William H. *m*

Kidder
1791 Reuben
1832 Frederick T. *m*
1850 James H.
1860 Samuel B.

Kilburn
1778 *Josiah*

Kimball
1801 Joseph
1803 Benjamin
1806 Samuel A.
1807 John W., 1816 *m*
1809 George
1810 Richard
1819 Jesse
1821 John H.
1822 John
1824 *James L.*
1826 *Caleb*
1826 *Moses*
1827 Gilman *m*
1834 Richard B.
1841 Walter H., 1844 *m*
1845 Charles W.
1847 James S.
1849 John M.
1852 Edward H.
1854 Benjamin A. *s*
1855 Henry M.
1855 John R.
1856 *John*
1858 William F. D.
1859 Enoch S. *s*
1860 Henry H.
1860 Sullivan C.
1861 Nathaniel T.
1865 Richard
1873 Arthur H.

Kimlin
1844 William T. *m*

King
1802 Rufus *h*
1817 Samuel D. *m*
1867 Charles F.
1873 Hiram U.
1873 Herbert G. *s*

Kingman
1864 Hosea

Kingsbury
1797 Ephraim
1801 Sanford
1801 Sanford *h*
1808 Lawson
1856 Charles F. *m*
1862 *Josiah W.*
1871 Joseph B. *m*

Kingsley
1866 Eugene P.
1866 Thomas P. *s*

Kinne
1837 Amasa, 1841 *m*

Kinney
1850 Charles *m*

Kinsman
1787 Aaron
1799 Nathan
1822 Henry W.
1832 Jonathan B. *m*
1837 Isaac
1845 John D. *h*
1852 Edward C.

Kirkland
1773 *Samuel h*
1792 George W.
1792 *John T. h*

Kittredge
1806 Joseph
1813 Jonathan
1827 Alfred
1828 *Charles B.*
1828 Aaron *m*
1832 Josiah *h*
1833 Thomas
1834 *Charles*
1847 Rufus J.
1849 Rufus *h*
1854 Edmund W.
1855 Stephen *m*
1857 Edward C. D.
1863 Charles F.

Knapp
1804 Samuel L.
1841 Philip C.
1855 William D.

Knight
1835 Luther M. *m*
1861 Edward B.
1862 Ephraim *h*
1873 Carl E.

Knowlton
1783 Calvin
1823 John S. C.
1822 Charles *m*

Knox
1793 Henry *h*

Labaree
1828 *Benjamin*

Ladd
1820 Laban *m*
1825 Nathaniel G. *m*
1829 Haven
1835 John S.
1852 John J.
1855 William S.
1858 *Enoch P.*
1860 John G. *m*
1867 Joseph H.
1873 Nathaniel W.

Laine
1838 *Lewis F.*

Laing
1854 Daniel *m*

Lake
1862 Arthur S.
1872 Albert E.

Lakeman
1790 Nathan

Lambert
1798 William
1825 Roger N.

Lamprey
1851 Morris
1862 Henry P.
1863 Maitland C.

Lamson
1790 Joseph
1853 John A.

Lancaster
1821 *Daniel*

Lane
1794 Jedediah
1815 Robert *m*
1824 Timothy L. *m*
1841 James B.
1841 Richard E.
1845 James

1849 Marquis de L.
1856 Emory G.
1863 Daniel N.
1866 Charles E.
1867 George B. s

Lang
1815 John S.
1854 David R.
1871 Valorous

Langdon
1783 *Joseph*
1794 William
1805 John *h*
1828 Charles F. *m*

Latham
1813 Allen
1836 William
1845 Charles F.

Lawrence
1828 Luke *m*
1833 Alexander H.
1834 *Edward A.*
1837 Alfred L.
1843 Edward A.
1873 Amos O.
1873 Henry D.

Laws
1836 *Solomon*
1858 Alfred

Lazarus
1853 Edward *h*

Leach
1870 John H.
1871 Edward G.

Learned
1820 Ebenezer *h*
1838 Ebenezer T. *m*

Leavitt
1828 Nathaniel *m*
1829 Dudley *m*
1839 Dudley
1843 Edward S.
1856 Almond O.
1859 Dearborn D.

LeBarron
1815 Francis *h*

Lecky
1867 Thomas

Leeds
1870 *Samuel P. h*

Lee
1827 George H. *m*
1852 Leonard H.

Leffingwell
1827 Elisha *m*
1868 Hiram S. *h*

Legge
1805 *Edward h*
1860 William G. *h*

Leonard
1805 *George*
1813 Benjamin G.
1856 William S., 1860 *m*
1859 George F.
1859 Leverett
1859 Reeves
1870 Abiel
1872 Nathaniel W.
1872 William H.

Leverett
1814 Charles J.
1822 Samuel S.

Lewis
1797 Daniel
1804 Enos, 1810 *m*
1807 Amzi
1807 James
1810 Lyman *m*
1811 Charles
1840 *John*
1842 Charles D. *m*
1853 Ephraim S. *m*
1860 Rufus G. *h*
1864 Eugene
1866 Francis W.
1869 Arthur G.
1870 Calvin W.
1872 Henry E.
1873 John N. *m*

Libby
1843 Alvan *m*

Lincoln
1839 *Allen*
1850 Nathan S.
1866 Frederick W. *h*

Linnell
1845 Jonathan E. *m*

Linsley
1869 Rollins O.

Little
1776 Silas
1792 Michael
1797 Edward
1811 *Valentine*
1822 *Jacob*
1823 Jonathan K.
1826 *Henry*
1827 Charles H.
1827 Daniel *m*
1828 Jesse *m*
1829 Samuel *m*
1845 John W. *m*
1846 John *m*
1851 John S. *m*
1854 *Levi*
1859 William
1860 *Arthur*
1860 Charles 1864 *m*

Littlefield
1843 Daniel
1869 Nathan W.

Livermore
1792 Samuel *h*
1800 Edward St. L. *h*
1802 Arthur
1810 John F.
1829 Arthur
1830 George
1833 *Edward*

Livingston
1858 Lucian O. *s*

Locke
1797 Joseph
1870 Eugene O.

Lockerby
1844 Charles A. *m*

Logan
1791 Sheldon

Lomax
1809 William

Lombard
1860 Lyman *h*

Long
1798 *David*
1809 Stephen H.
1853 Lawson *m*

1824 Samuel, 1829 m
1828 *Clement*
1831 Benjamin F. m
1832 Moses h
1841 Henry C.
1858 Alanson B.

Longfellow
1780 Edward

Longley
1811 Rufus m

Lord
1799 *John*
1821 Eleazar h
1821 *Nathan* h
1832 *William H.*
1833 John
1836 *John K.*
1838 *Charles E.*
1839 Joseph L.
1842 Frederick R.
1843 *Amasa C.*
1843 *William H.*
1843 Henry C.
1843 Samuel A., 1847 m
1844 *Samuel J. M.*
1850 Samuel D.
1851 Nathan
1856 Francis B.
1868 John K.
1869 William A.

Lothrop
1844 Joshua R.
1871 George E. m

Lougee
1844 Isaac W. m

Lovejoy
1857 Samuel W.
1872 Daniel W.

Loveland
1801 Aaron
1848 William H.

Lovell
1803 Vryling
1813 *Alexander*
1822 Michael

Lovering
1853 John D.

Low
1809 Nathaniel, 1813 m
1836 *Henry L.*

1842 Charles F.
1857 George A.

Lowe
1816 Abraham T. m
1864 Lewis G. m

Lufkin
1843 Amos D.

Lund
1855 Charles C.

Luzerne
1782 Cæsar A. de la h

Lyford
1829 Stephan C. h
1833 Jeremiah H. m
1848 Byley m

Lyman
1787 *Elijah*
1801 Simeon
1803 Elihu
1803 Eliphalet m
1804 Job
1805 Joseph S.
1810 Theodore
1830 Joseph W. m
1843 Ira m
1869 John D. h

Lynde
1810 James

Lynn
1872 Charles W. m

Lyon
1777 *Walter*
1790 *Asa*
1858 George A.
1867 John E. h

MacAffe
1866 William m

McAllister
1838 Asa m

McClintock
1864 Warren
1871 James H.

McClure
1773 *David* h
1846 Milon C.

MacCollom
1835 *James T.*

McConihe
1812 Isaac

McCurdy
1845 Witter S.
1852 Jesse
1873 Matthew S.

McDavitt
1867 John J.

McDuffee
1853 Franklin
1857 John R. s
1861 Horatio G. s

McEwen
1823 *James F.*
1829 Archibald m

McFarland
1793 *Asa*
1840 Andrew m
1856 Daniel
1860 Asa h

McGaffe
1844 Joseph

McGaw
1797 Jacob
1807 Isaac
1820 Thornton

McGill
1839 Samuel F. m

McGregore
1774 *David*
1799 *David*

McGregory
1829 John B. h

McIntire
1809 Rufus

Mack
1808 Andrew
1844 William A. 1847 m

McKean
1782 Thomas h

INDEX.

McKeen
1774 *Joseph*
1822 *Silas h*
1846 George W.

McKie
1805 John *m*

McKowen
1866 John C.

McLearan
1862 Benjamin

McMillan
1872 Andrew L. *s*

McMurphy
1867 Henry J.
1868 Jesse G. *s*

McNabb
1824 John *m*

McNiece
1841 Isaac *m*
1867 Robert G.

McNutt
1869 Hiram E., 1872 *m*
1871 Randolph

McQuesten
1821 William
1844 Calvin *h*
1864 Calvin B. *m*
1864 Charles A. *m*

McWhorter
1805 David *h*

Magee
1870 Daniel *m*
1872 Hugh *m*

Mahan
1867 Dennis R. *h*

Maillet
1868 Jeanni B. E. *m*

Maine
1871 Charles O. *m*

Makepeace
1836 George W.

Malone
1868 John D. *m*

Manchester
1844 Moses R. *m*
1867 Darwin L. *m*

Mann
1779 Nathaniel
1806 *Cyrus*
1810 *Joel*
1829 *Royal*
1832 *Lewis*
1867 Charles H.

Manning
1830 *Stephen N.*

Manser
1825 *George B.*

Mansfield
1790 *Isaac h*

Marble
1834 *Newton E.*
1838 Burton O.

March
1776 Stephen
1797 John, 1801 *m*

Marcy
1852 Frederick V.
1856 Henry S. *s*

Marden
1856 *Augustus L.*
1861 George A.
1862 *Henry*

Marion
1866 Horace E. *s*, 1870 *m*
1873 Otis H.

Marsh
1773 *Elisha h*
1786 Charles
1789 Amos A.
1813 Charles
1817 *James*
1819 Lyndon A.
1820 *Christopher*
1820 George P.
1821 *Samuel*
1824 *Joseph*
1825 *Abraham*
1826 *Cutting*

1827 Leonard, 1832 *m*
1828 Charles C.
1830 Joseph *m*
1834 Delavan D. *m*
1835 Nathaniel
1835 Austin *m*
1841 John J.
1845 Moses C.
1849 *Caleb S.*
1852 Benjamin S.
1856 James E. *m*
1857 Ivory W. R.
1858 Joseph E. *s*
1859 Charles *h*
1861 George H.
1865 *David D.*

Marshall
1790 Ichabod
1803 Joseph A.
1835 Thomas H. *m*
1846 Arthur W.
1848 Anson S.
1850 *Elbridge*
1850 *Lyman*
1854 Jonathan
1857 *Thomas*
1858 Andrew J.
1859 William P.
1863 John C. *m*

Marston
1811 Stephan W.
1837 Gilman
1843 Jeremiah
1855 Simon R. *s*

Martin
1810 John R. *m*
1815 Lyman *m*
1822 Eleazar *m*
1824 Charles L.
1824 Noah *m*
1851 William H. *m*
1868 Joseph H. *s*
1871 Henry J. *m*
1871 Edwin C.
1871 Thomas

Martyn
1822 Michael *m*
1827 David *m*

Marvin
1866 Elihu P. *h*

Maryatt
1871 Thomas P.

Mason
1804 Abraham *m*
1808 *Elihu*
1813 Peleg S. *m*
1814 Jonathan
1823 Jeremiah *h*
1834 Ward B. *m*
1839 Lyman
1841 David H.
1843 William H. H. *m.*
1849 Samuel G.
1854 Rufus O.
1871 James B.
1872 Edward D.

Masta
1850 John B. *m*

Mather
1834 Samuel H.
1862 Rockwood G. *m*
1867 Frederick G.

Mathes
1834 George P.
1854 Edwin N.

Matthews
1845 *Caleb W.*

Matthewson
1863 Harley P. *m*

Mattocks
1793 William
1838 Edward S. *m*

Mattoon
1776 Ebenezer
1803 Noah D.

Maxwell
1873 Warren B.

May
1775 William
1847 Alpha C.

Maynard
1867 Elisha B.

Mayo
1873 Hamilton

Mead
1818 *Asa*
1838 Larkin G. *h*

Meads
1872 Marcus A. *s*

Means
1869 James

Mee
1871 Joseph

Melbourn
1842 Thomas W. *m*

Melcher
1851 Samuel H. *m*

Melvin
1856 *Charles T.*

Meriam
1844 Rufus N.
1864 Ephraim C.

Merriam
1808 Royal A., 1811 *m*
1840 Abner H.
1840 Nathaniel W.
1844 Silas
1861 Sidney A.

Merrick
1857 Elliott T.
1873 Joshua T.

Merrill
1789 *Daniel*
1801 *Thomas A.*
1806 Jesse
1806 *Joseph*
1808 Caleb
1809 *Nathaniel*
1810 Moses
1812 James
1814 *Joseph*
1819 Jesse *m*
1821 *David*
1824 William *m*
1832 George A.
1834 *James H.*
1836 Daniel F.
1836 Robert E. *m*
1839 Abel
1839 James A. E.
1840 George L.
1840 *Horatio*
1841 *Josiah*
1850 William T. *m*
1856 John L.
1856 Albert L. *m*
1857 Paul M.
1858 George F.

1858 Benjamin *s*
1858 John K. *s*
1866 Chester W.
1867 *Charles H.*
1869 Charles E. *s*
1870 James L.
1872 Gyles, Jr. *s*
1872 Edward D. *s*
1872 George A.
1873 Benjamin N.

Merriman
1834 Lewis *m*

Merrow
1859 James M. *m*

Meserve
1841 Curtis C.

Metcalf
1823 Ralph
1829 *Kendrick*

Middleton
1860 Ralph I.

Mighill
1809 David
1823 Jesse W. *m*
1851 Stephen *m*

Miles
1780 *Noah*
1787 Asa
1828 John M. *m*
1868 John F. *h*

Miller
1804 Jacob
1805 Jedediah
1839 Jedediah *m*
1843 Dana
1848 Oliver
1863 George A.
1872 Charles R.
1872 Grenville A. *s*

Milligan
1862 John W.
1862 Joseph R.

Milliken
1857 *Charles E.*

Mills
1828 *Caleb*
1872 John B.

Miltimore
1774 *James*
1798 *William*

Minot
1828 George
1837 Josiah

Mitchell
1828 *Edward*
1840 *Thomas G.*
1867 Ezra *m*

Modica
1865 Francis B.

Moffat
1793 Joseph

Molony
1838 Richard S. *m*

Monroe
1817 James *h*
1849 Dana E. *m*
1858 Hiram H., 1860 *m*

Montague
1784 *William*
1788 Joseph

Monteith
1869 Henry R.

Mooar
1848 Charles H.
1862 Jacob W. *m*

Moody
1779 Samuel *h*
1790 Samuel
1793 *Christopher L. h*
1794 Stephen *h*
1795 Nathan
1798 William
1803 Azor
1810 Moses
1816 Stephen
1821 William J.
1835 Benjamin *m*
1850 William B. *m*
1859 Charles D.
1863 George O. *m*

Moor
1793 Henry
1841 George W.

Moore
1787 *Thomas*
1789 *Abraham*
1793 *Zephaniah S.*
1804 William W.
1805 *Richard C. h*
1822 Adams, 1827 *m*
1829 Ebenezer G. *m*
1834 Jesse *m*
1837 William D.
1853 Henry W.
1857 Isaac
1860 James M. *m*
1861 Henry K.
1864 *Albert W.*
1866 George
1867 Frank *h*
1872 James W. *m*

Morey
1789 Moulton
1849 Nathan E. *m*

Morgan
1835 David
1840 Arnold *m*
1850 Benjamin

Morland
1838 William W.

Morril
1808 *David L. h*
1826 Samuel *h*
1847 David L.

Morrill
1799 Elisha
1829 Calvin
1832 Alpheus *m*
1835 Samuel
1835 Edward G. *m*
1855 *Stephen S.*
1857 Justin S. *h*
1860 Henry A.
1862 George W.
1863 Charles W.
1865 Luther S.
1872 *Alva H.*

Morris
1786 Lewis R. *h*
1798 John C.
1830 Gouverneur
1861 George S.

Morrison
1790 *Simon G.*
1801 *William h*
1806 William F.
1808 James

1824 Moses F. *m*
1850 George W. *h*
1853 *Nathan J.*

Morse
1787 Caleb
1803 Ebenezer B.
1810 Ebenezer, 1813 *m*
1811 Samuel
1821 *Stephen*
1823 Horace B.
1830 Peabody A.
1845 Verranus
1848 *Joseph B.*
1850 James E. *m*
1853 Charles O.
1853 John H.
1854 *Grosvenor C.*
1857 Isaac S. *h*
1860 Luther C.
1861 *Francis R.*
1864 LaRoy F. *m*
1865 Arthur C. *s*
1868 Charles W. *s*

Morton
1799 Abner

Moseley
1799 *Elisha*
1823 *Samuel h*

Moses
1847 Benjamin F.

Mosher
1867 George A.

Mottey
1778 Joseph

Moulton
1802 *Josiah*
1842 Chase *m*
1850 Albert A. *m*
1863 Clarence F.
1873 Joseph S.

Mowe
1819 Daniel *m*
1868 A. M. *h*

Mower
1837 Horace

Mugridge
1867 John Y. *h*

Mulliken
1802 Joseph
1821 Isaac G. *m*

Munsell
1794 *Jabez*

Munson
1871 Francis M.

Murch
1854 Ephraim

Murdock
1781 Jasper
1812 *Thomas J.*
1823 Charles

Murdough
1843 Robert T.

Murphy
1871 Frank *m*

Murray
1792 John W.
1854 Harding S. *s*

Mussey
1803 Reuben D., 1806 *m*
1837 John
1840 Francis B.
1848 *Charles F.*
1854 Reuben D.
1869 William H. *h*

Muzzey
1786 Nathan

Muzzy
1842 *Francis H.*

Myrick
1814 Joseph
1815 Lot *m*

Nash
1789 *Jonathan*
1842 Stephen G.

Nayson
1849 George LaF. *m*

Neal
1858 Elias C.
1866 Joseph

Nelson
1790 Jeremiah

1803 John
1822 George, 1828 *m*
1831 Robert *h*
1837 William G. *m*

Nesmith
1820 George W.

Newcomb
1798 Richard E.
1807 Henry S.
1810 Levi
1852 Homer S.
1872 Federick W.

Newell
1849 John P.
1860 Henry C., 1864 *m*

Newhall
1843 *Charles*

Newman
1793 Mark
1851 Albert *m*

Newton
1804 Hubbard
1805 *Roger h*
1807 Rejoice
1808 George
1815 Enos W.
1820 Jasper
1840 Austin *m*
1843 *Ezra*
1859 James H.

Nichols
1813 *John*
1816 *David L.*
1829 Adams *m*
1837 *Henry M.*
1864 George B.
1867 Samuel R. *m*
1867 James R. *h*
1872 Charles B. *m*

Nicholson
1869 *Isaac L.*

Niles
1791 Nathaniel *h*
1796 William
1811 *Benjamin*
1820 *William W.*
1830 John B.
1835 Henry H. *m*
1838 George W.
1845 William W.
1847 Henry T.
1859 William

1859 Samuel *h*
1872 William P. A. *m*

Nims
1823 Reuben *m*

Noble
1773 *Obadiah h*

Norcross
1862 Amasa *h*

Norris
1828 Moses
1840 Timothy O.
1845 Arthur F. L. L.
1866 John O. *s*
1868 Nelson H. *m*

Northend
1848 William D. *h*

Norton
1861 *Edward*

Norwood
1818 *Francis*

Noyes
1793 Levi
1792 John
1796 Nathan, 1799 *m*
1796 Parker
1799 *Jeremiah*
1801 Josiah, 1806 *m*
1824 Bradley *m*
1825 Josiah *m*
1830 *Gilman*
1830 John H.
1832 *Daniel J.*
1840 Francis C.
1857 David P.
1857 Edward F.
1859 Samuel A.
1860 Edwin M. *m*
1861 Daniel J.
1867 Bainbridge C.
1868 Raymond

Nute
1850 Timothy R. *m*
1854 Leander M. *s*

Nutter
1865 David R.

Nutting
1807 William
1814 *Rufus*

1847 George B.

Nye
1801 John
1803 Salmon
1855 Chauncey

Oak
1865 Henry L.

Oakes
1844 Sylvester *m*
1853 Valentine B.

Ober
1873 Charles F.

Odell
1852 Joseph W.

Odiorne
1791 Thomas

Odlin
1870 Charles C. *m*

O'Donnell
1857 James S. *m*
1865 Edward J. *m*
1867 William T. *m*

Olcott
1773 Simeon *h*
1786 *Bulkley h*
1789 Roswell
1790 Mills
1790 Peter *h*
1800 Theophilus
1825 Edward R.
1827 William
1839 Charles H. *m*

Oliver
1785 *Daniel*
1818 Henry K.
1821 Daniel *h*
1824 Benjamin L. *h*
1839 Fitch E.

Olney
1861 John P.

Orcutt
1842 Hiram
1846 Hiram C. *m*
1771 William B.

Ordronaux
1850 John

Ordway
1844 John M.
1852 Daniel H.

Orne
1812 Henry H.
1831 Albert W. *m*

Orr
1798 Benjamin
1815 William

Orton
1787 James

Osborn
1775 *Benjamin*
1779 Isaac
1779 Jeremiah
1784 *Ethan*
1784 *Jacob*

Osborne
1845 William M. *m*
1845 Moses C. *m*
1856 James P. *m*

Osgood
1799 Daniel, 1802 *m*
1803 *Thaddeus*
1805 *Samuel*
1808 Samuel
1823 Jonat'n G. D., 1826 *m*
1861 Alfred G.
1871 Albert A.

Otis
1866 Waldemar
1872 Joseph P.

Packard
1777 *Winslow*
1796 *Theophilus*
1864 William A. *h*

Paddock
1815 William *m*

Page
1817 *David*
1826 John C. *m*
1827 David *m*
1831 *Jesse*
1846 David P. *h*
1853 George B. *m*
1861 Benjamin G.
1861 Harlan W.
1861 *Henry P.*
1868 John W.
1868 Samuel B. *h*

1869 Arthur C. *s*
1871 Samuel T.

Paige
1784 *Christopher*
1786 *Reed*
1861 Nomus *m*

Paine
1786 Elijah *h*
1802 Joseph
1827 George
1851 Ezra *m*
1863 Bernard

Palmer
1787 Elihu
1797 *David*
1831 Benjamin R.
1837 Horace A. *m*
1840 Henry W.
1845 George H.
1853 *William S.*
1858 Albert
1860 Alanson
1860 Wilson
1862 *Charles M.*
1862 Edwin F.
1865 Harris O. *m*
1867 James W.

Parish
1785 *Elijah*
1788 *Ariel*

Park
1791 John

Parker
1801 Daniel
1803 Edmund
1806 Elijah
1807 *Edward L.*
1808 Leonard M.
1811 Joel
1812 Benjamin *h*
1820 James U.
1824 Bradley *m*
1824 Cyrus
1824 Gilman
1827 William
1828 Frederick
1833 Hiram *m*
1834 Charles E.
1834 Milton *m*
1836 Edward P.
1836 Caleb S. *m*
1838 William T.
1841 *Henry E.*
1842 Moses, 1846 *m*
1843 *Henry S.*
1844 Horatio G.

1846 Edward H.
1847 Daniel H.
1850 Horatio
1852 John G. *m*
1853 Isaac A.
1856 Isaac *h*
1856 Henry L.
1857 Ezra K.
1860 Charles E.
1860 George
1866 Henry R. *m*
1867 *Leonard S. h*
1868 Gilman L. *s*
1868 Walter S. *s*
1869 Edward E.
1869 Joseph B.
1871 Walter M.

Parkhurst
1805 Phineas
1813 Timothy
1819 Curtis *m*

Parkinson
1842 *Royal*
1870 Robert H.

Parks
1795 Nathan
1808 Beaumont

Parm
1871 John A. *m*

Parmelee
1833 Ezra *m*

Parnell
1843 John H.

Parris
1806 Albion K.

Parsons
1791 John U.
1807 Theophilus *h*
1821 Usher *h*
1829 Charles G.
1853 Chase P.
1856 William B.

Partridge
1809 Ira A.
1812 Alden *h*
1844 Charles E.
1846 Edward A.

Pasco
1870 Miles H. *m*

Patch
1799 Jacob
1862 George B.

Pattee
1858 Asa F. *m*

Patten
1780 *William*
1790 Stephen
1803 Hutchins
1827 *Abel*
1832 Joseph H. *h*
1843 *William A.*
1850 *Moses*
1855 Daniel D.
1861 William R.
1871 William C. *h*

Patterson
1850 William *h*
1812 Isaac
1825 John K.
1848 George W.
1848 James W.
1860 Joab N.
1864 Charles H.
1865 *Webster*
1867 John H.
1868 William W. *m*

Paul
1793 Silas
1841 Thomas
1847 John
1864 James H. *s*
1865 Webster
1873 Henry M.

Payne
1779 Elisha *h*
1784 Elisha
1787 Hiram
1790 Zenas
1792 *Joshua h*
1815 John *m*

Payson
1793 Moses P.
1809 *Seth h*
1829 Moses P.
1840 Aurin M.

Peables
1864 Andrew M. *m*

Peabody
1791 Nathaniel *h*
1792 *Stephen h*
1800 Nathaniel

1803 Augustus
1803 Samuel
1825 *Josiah*
1826 William H. *m*
1828 *David*
1833 Ira *m*
1836 *Josiah*
1839 *Charles*
1842 Owen G.
1848 Dean
1856 William L.
1859 Daniel W.
1859 Henry C.
1867 Leonard W. *h*

Pearsall
1860 Luther B.

Pearson
1779 Abiel
1803 Samuel A.
1812 Silas *m*
1827 Eliphalet
1834 William *m*
1841 Benjamin H.
1863 Charles C.

Pease
1845 Clark G.
1859 Benjamin L.

Peaslee
1824 Charles H.
1836 Edmund R.
1863 John B.

Peavey
1862 George W. *m*
1870 George C. *h*

Peck
1800 Joseph
1807 Jabez
1862 William H.
1864 Leander V. N.
1867 John H. *m*
1870 Marshall R.

Pecker
1858 Jonathan E. *s*

Peirce
1780 George

Pember
1829 Jacob R. *m*
1862 Jay R.

Pemberton
1782 Ebenezer *h*

INDEX.

Peppard
1866 John L. m

Perkins
1800 Cyrus, 1802 m
1813 Elisha B.
1814 *Ebenezer*
1819 Jared m
1840 John B.
1848 Benjamin C.
1855 Henry W.
1857 Edwin R.
1859 Albert C.
1859 *Benjamin F.*
1861 Francis G.
1864 James W. s
1871 Lewis a

Perley
1791 *Humphrey C.*
1791 Nathaniel
1803 Jeremiah
1822 Ira
1828 Daniel, 1831 m
1863 Martin V. B.

Perrin
1817 *Truman*
1853 Daniel
1866 William B.

Perry
1811 Joseph
1824 *David*
1831 Asahel m
1842 William G.
1844 *John P.*
1867 Charles H. m

Peters
1780 Absalom
1816 *Absalom*

Petit
1840 Frederick H. m

Pettee
1873 James H.

Pettengill
1804 Thomas H.
1812 Benjamin h

Peverly
1818 Thomas

Phelps
1775 *Davenport*
1794 Ralph

1803 Samuel W.
1853 Elijah m
1862 Rollin H. m
1870 Edwin A.
1873 Olney W. s

Phetteplace
1866 Henry S.

Philbrick
1842 John D.

Philes
1868 George P. h

Phillip
1852 *Robert h*

Phillips
1774 Samuel h
1777 John h
1849 Burroughs
1849 Harvey T.
1869 Sidney A.

Phipps
1838 Abner J.

Pickering
1792 John h
1859 Charles W.

Pidgin
1794 *William*

Pierce
1795 Benjamin F.
1796 Proctor
1799 *Warren*
1811 David
1825 Charles
1835 *Samuel*
1840 Maris B.
1841 Winslow S. m
1845 *Epaminondas J.*
1852 John S.
1852 Edwin
1854 Claudius B.
1860 *George*
1860 Franklin h
1863 Gardner C.
1872 Caleb h
1872 Henry D.

Pierrepont
1817 James H. h

Pierson
1813 William S. m

Pike
1803 John
1815 Alfred W.
1855 *Alpheus J.*
1858 *Gustavus D.*
1858 Austin F. h
1870 John E.
1872 Robert G. s

Pillsbury
1798 *Levi*
1811 Moses
1823 Harlin, 1826 m
1827 David
1833 Jesse E.
1840 Josiah W.
1841 Gilbert
1842 Levi m
1858 Mark M. s
1859 Luther B.
1863 Charles A.
1866 George H.

Pingree
1840 Solomon M.
1857 Samuel E.

Pingry
1836 *John F.*
1860 William M. h

Pinkerton
1841 *David*

Pinkham
1843 Daniel C.
1863 George E. m

Pinneo
1791 *Bezaleel*

Piper
1832 Sherburne B.
1838 *Caleb W.*
1840 Richard U. m
1867 William W. m

Pitkin
1847 Ozias C.

Pitman
1841 Joshua M.
1871 George W. M. h

Pixley
1852 William R.

Plastridge
1820 Charles m

Plumer
1840 Daniel T.
1840 Horace
1850 *Alexander R.*

Plumley
1866 Alexander R. *h*

Plummer
1870 Albert L.

Pohquonnoppeet
1780 Peter

Poland
1843 Joseph *m*

Pollard
1839 John B. *m*
1857 Henry M. *s*
1873 Julian A.

Pomeroy
1774 *Benjamin h*
1786 Ralph *h*

Pomroy
1822 George K.
1856 Walter H.

Pond
1813 Benjamin *m*
1835 *Enoch h*

Poole
1817 John *m*

Poor
1811 *Daniel*
1818 *Ebenezer*

Pope
1798 Joseph

Poplin
1835 William P. *m*

Porter
1774 Elisha
1781 James B.
1784 *Ambrose*
1784 *David*
1786 *Asa h*
1787 John
1790 Samuel
1792 *Ebenezer*
1798 Moses
1799 John D.
1803 *Experience*
1803 John
1808 *Stephen*

1813 Henry A. *m*
1814 Isaac *m*
1814 *Nathaniel h*
1818 Arthur L. *m*
1820 John *m*
1820 Joseph
1822 Timothy O., 1832 *m*
1824 Ebenezer *m*
1828 *Noah h*
1831 George
1840 *William*
1841 Hannibal
1854 Edward *m*
1855 John F.
1856 Burrill
1863 Winslow B. *m*
1871 Albert H., 1873 *e*

Potter
1780 *Isaiah h*
1780 *Lyman h*
1796 Barrett
1799 Lyman
1802 Elderkin
1806 John
1831 Chandler E.
1839 Lewis

Potwine
1814 Benjamin *m*

Powell
1866 *James*

Powers
1782 *Peter h*
1793 *Jonathan*
1810 *Grant*
1818 *Uriah*
1827 Thomas E. *m*
1865 Erastus B.
1866 Hiram *h*

Pratt
1798 Thomas
1825 William *m*
1833 Calvin B. *m*
1841 Edward H.
1871 John F. *s*

Pray
1870 Isaiah F.

Prentice
1795 *Josiah*

Prentiss
1809 Joseph
1832 Charles G.
1832 Samuel *h*
1852 John *h*

Presbury
1833 *Willard*

Prescott
1795 George W.
1810 Josiah *m*
1815 William *m*
1820 Oliver *m*
1821 Jonathan C. *m*
1825 Benjamin F. *m*
1826 William *h*
1850 David S. *m*
1856 Benjamin F.
1867 Charles D. *m*
1867 Samuel P.

Preston
1791 John
1847 Abram G. *m*
1863 William H.

Price
1793 *Ebenezer*
1862 Reuben W. *m*

Pride
1832 John B. *m*

Prince
1807 Benjamin L.

Pritchard
1799 Perley

Proctor
1791 Joseph
1818 *David C.*
1833 William W. *m*
1851 Redfield
1863 John M.
1864 John C.

Prouty
1837 Ira F. *m*

Pulsifer
1849 Nathan G. H. *m*

Punchard
1826 *George*

Purrington
1862 Andrew M. *m*

Putnam
1809 *Israel W.*
1819 Archelaus F., 1829 *m*
1830 Charles L.
1838 Charles I. 1843 *m*
1840 *Edward W.*

1843 John N.
1843 Joseph W. m
1851 Daniel
1870 George F. h

Putney
1835 James M.
1856 John A.
1861 Henry M.
1865 William h
1870 Charles E.
1873 Freeman

Quigg
1855 David

Quimby
1829 Jacob H.
1851 Elihu T.
1859 George W.

Quint
1846 Alonzo H.

Rackliff
1873 Havilah M. m

Ramsay
1816 John m

Ramsdell
1871 George A. h

Rand
1806 Asa
1841 Joseph m
1858 Joseph B. m
1859 John M. m
1869 Henry F. s

Randall
1870 Adoniram J. R.

Rankin
1839 Andrew h

Ranney
1838 Darwin H. h
1842 Lafayette, 1846 m
1844 Ambrose A
1868 Ambrose L.

Ransom
1839 David m

Rawlinson
1857 Henry C. h

Ray
1821 Kingsley m
1843 John W.
1851 Benjamin F.
1869 Ossian S. h

Raymond
1834 John
1834 Edward T. m

Rea
1860 Alonzo

Read
1798 Seth h
1787 Nathan h
1808 Alexander, 1811 m
1839 William
1850 William A.
1864 Robert L. s

Redfield
1825 Isaac F.
1836 Timothy P.

Redington
1861 Edward D.

Redman
1831 Tristram m

Reed
1782 Timothy
1812 Edward C.
1835 Charles
1841 Edward
1853 Andrew
1854 Jedediah H.
1867 Charles M.
1870 Hubbard W. s
1871 Andrew F.

Reid
1797 George

Remick
1853 Charles F.

Reynolds
1844 Alfred
1852 William B. m
1852 Benjamin M.
1863 Azro H. m

Rice
1806 Asaph m
1830 Erasmus D.
1845 Edwin T.
1866 Charles H. m

1869 George

Rich
1799 Thomas
1799 Thomas W.

Richards
1782 John h
1799 Elijah
1809 John
1815 Josiah m
1835 Cyrus S.
1836 Jonas De F.
1845 John h
1851 John
1855 Chandler
1860 Austin h

Richardson
1778 Salmon
1802 Joseph
1804 Israel P.
1816 John P.
1819 John A.
1820 George
1827 William M. h
1828 John B.
1831 Daniel F.
1832 Solon O. m
1867 Amos
1841 Horace
1841 Moses C.
1843 Emore D.
1845 Joel m
1850 Elias H.
1852 Wentworth R. m
1857 James B.
1861 Charles T.
1862 George L.
1864 Cyrus
1864 William
1865 Abel P. m
1868 Andrew H. m
1871 Charles F.
1873 Chauncey J.
1873 Erving L.
1873 Lucian H.

Richmond
1830 William
1857 Warren E.
1870 Lorenzo

Rickard
1842 Truman, 1847 m

Ricker
1845 George H.

Riddel
1793 William

40 DARTMOUTH TRIENNIAL. [1873.

Ripley
1771 *Sylvanus*
1791 John P.
1796 *Lincoln*
1800 Eleazar W.
1809 Franklin
1827 James W. *h*
1835 Charles

Ritchie
1804 *William*
1848 Thomas W.

Rix
1827 Lyman L.

Robbins
1786 Chandler *h*
1792 *Chandler h*
1814 Artemas *m*
1865 William S. *m*
1873 Willis A.

Roberts
1807 Alpheus
1838 Amasa
1850 Samuel W., 1853 *m*
1851 Stephen
1861 Alexander *m*
1861 F. A. *m*

Robinson
1790 Jonathan *h*
1790 Moses *h*
1793 Nathan
1812 Samuel *m*
1813 Peter
1825 Joseph
1832 *Edward h*
1838 *Isaac h*
1853 Levi
1854 *William C.*
1855 Francis M.
1855 John A. *s*
1864 Walter S. *m*
1869 Oscar D.
1872 Samuel Q. *s*

Rockwell
1789 *Lathrop*
1863 George P. *s*

Rockwood
1802 *Elisha*
1811 Daniel
1837 *Joseph M.*
1839 *Lubin B.*

Rodimon
1852 Henry L. *m*

Rodgers
1866 *Levi*
1871 Michael C.

Rogers
1779 Nathaniel *h*
1816 John, 1819 *m*
1816 Nathaniel P.
1820 William S.
1822 *Isaac*
1827 Luther *m*
1842 Edward
1845 *Nathan B.*
1851 James

Rogiers
1793 Warner

Rolfe
1799 *William*
1824 Horace H.
1848 Henry P.

Rollins
1836 John R.
1845 James W.
1846 Samuel W.
1851 Edward A.
1860 Daniel G.
1861 Edward H. *h*

Rolphe
1780 *John*

Rood
1817 Zebulon *m*

Root
1793 Erastus
1817 Erastus *m*
1822 Royal B. *m*
1825 *David h*

Roots
1784 *Benaiah h*
1789 *Peter P.*

Ross
1843 Jonathan S.
1851 Jonathan
1859 George E.

Roudanez
1857 Charles L. *m*

Rounds
1857 Charles C *s*

Row
1822 Thomas *m*

Rowe
1840 *Elihu T.*
1864 George H. M.

Rowell
1794 *Joseph*
1843 Enoch P.
1846 Charles H. *m*
1850 Isaac *m*
1853 Elijah *m*
1855 William K.
1861 Edward T.
1869 James E.

Rowland
1773 *David S. h*
1784 *William F.*
1785 *Henry A.*

Royce
1820 Phineas *m*

Rugg
1843 Lemuel N. *m*

Ruggles
1845 *Henry E.*
1859 Edward R.

Rundlet
1831 Alfred

Runnels
1853 *Moses T.*
1855 Cyrus *s*

Russell
1813 Richard *m*
1821 *Samuel*
1826 Jeremiah
1841 Ira
1850 Alfred
1864 Daniel B. *s*
1864 Moses W. *m*
1865 Horace
1870 Joseph S. *m*

Ryther
1790 Gideon

Sabin
1798 Levi *m*
1803 Silas H.
1828 Charles
1856 *Levi P.*

INDEX.

Safford
1817 *Henry*
1827 *Charles G.*, 1840
1835 Nathaniel F.
1852 George M.

Sage
1809 John S.

Sampson
1844 Arch m

Samuel
1856 *Robert*

Sanborn
1786 *Peter*
1819 John T. m
1827 Benjamin m
1829 Benjamin F. m
1832 Edwin D.
1834 Nathan h
1841 Dyer H. h
1841 Thomas m
1842 Jesse A. m
1842 John S.
1846 George W. m
1850 George m
1855 Edward B. S.
1855 John J. h
1857 Joseph H. m
1858 Thomas L.
1860 Daniel W.
1862 Noah m
1863 Solon S.
1864 Jacob O.
1867 Walter H.
1869 John P.
1872 Charles W.
1873 Samuel B.

Sanders
1864 Laban M. m
1871 Charles H. a

Sanderson
1859 *James A.*

Sanford
1869 Austin

Sanger
1849 Eugene F. m

Sargent
1783 *Samuel*
1784 *Nahum*
1792 Erastus
1812 Jabez
1817 Ichabod
1817 Michael B.
1827 Samuel m
1838 Hiram m
1839 Seneca m
1840 Jonathan E.
1842 Winthrop
1843 Edward E.
1846 *Roger M.*
1852 John H.
1852 Thomas P.
1852 James F. m
1853 *David J. B.*
1856 *George W.*
1857 Abiel C.
1860 Caleb C.
1865 Charles H. s
1866 Fernando C. m
1866 John J.

Sartwell
1840 William L.

Saunders
1791 John h
1837 William S. m
1836 Horace m
1861 Henry H. s

Saunderson
1873 Henry P. s

Savage
1860 Edward
1863 Francis
1868 *William T.* h
1871 Albert R.
1871 Charles A.
1872 James F.

Saville
1865 John F. m

Savory
1836 Charles A. m

Sawin
1855 William J. m

Sawyer
1785 *John*
1799 *Moses*
1804 Aaron F.
1805 Nathaniel
1805 Thomas
1808 *Benjamin*
1833 Samuel L.
1835 Moody C. m
1839 George S.
1847 *Artemas W.*
1848 Jabez A.
1851 Henry E.

1852 Charles P.
1854 Levi P. m
1863 Aaron W. h
1864 Ira C. m
1867 Langdon h
1872 Charles H.

Scales
1817 *Jacob*
1855 Edward P.
1863 John

Scammell
1837 Lucius L.

Schenck
1849 Washington LaF. m

Scobey
1839 David C.

Scott
1810 John
1817 John W. m
1855 George W. m
1868 Albert S. h
1871 Harry H.

Scribner
1834 Isaac W. m
1864 *John W.*

Scripture
1860 *James O.*

Seaman
1861 Galen B.

Searl
1784 David

Searle
1780 *Jonathan* h
1812 *Thomas C.*
1815 *Joseph*
1816 *Addison*

Sears
1792 Joseph

Seaton
1825 Ambrose m

Seaver
1804 Josiah W.

Seavey
1856 Oscar F. m

42 DARTMOUTH TRIENNIAL. [1873.

1861 Manson

Seccombe
1847 *Charles*

Selden
1803 Calvin
1805 Samuel

Selfridge
1805 Edward A.

Sellew
1866 Walter A.

Sellon
1815 William F. *m*

Senter
1848 *Oramel S.*

Sessions
1822 *John*
1853 Gilman L.

Sewall
1844 Samuel G.

Shannon
1849 Nathaniel *m*

Sharp
1856 Jacob *s*

Shattuck
1794 Caleb
1801 Nathaniel
1803 George C., 1806 *m*
1840 Cortland W.
1842 Jonathan C.

Shaw
1790 *Naphtali*
1794 Darius
1837 *Benjamin F.*
1857 Lucius S.

Sheafe
1835 Nathaniel T.

Shedd
1817 *Marshall*
1819. *William*
1823 Josiah *m*
1826 *Charles*
1826 *Henry*
1839 George

Shenk
1858 Rudolph W.

Shepard
1785 *Mase*
1791 Daniel
1833 Benjamin F.
1836 Charles U. *h*
1844 Thomas B.
1851 Luther E.
1869 Lewis G. *s*

Shepherd
1827 Forrest

Shepherdson
1859 William O. *m*

Shepley
1811 Ether
1837 George F.

Sherbourne
1776 John S.
1776 Jonathan
1842 John G.

Sherman
1843 Edward F.
1859 Daniel H. *s*
1866 Henry S.
1866 William T. *h*
1870 Frank A. *s*

Sherwin
1866 Orlando W. *m*

Shirley
1818 James
1865 John M. *h*

Shores
1851 Joseph A.

Shorey
1851 Daniel L.

Shortt
1849 Azro A. *m*

Shurtleff
1799 *Roswell*
1818 Asahel D. *m*

Shute
1840 Henry A.

Silsby

1785 Ozias
1814 Jonathan, 1815 *m*
1846 Horace

Silver
1872 Henry M.

Simmons
1810 Abel *m*
1816 George A.
1824 David A. *h*

Simonds
1801 Ephraim

Simons
1777 *Daniel*

Simpkins
1856 Nathaniel S.

Simpson
1825 Benjamin F. *m*
1856 Timothy G. *m*

Sinclair
1858 John E. *s*

Skinner
1820 Daniel H. *h*
1821 Josiah K. *m*
1826 Jonathan F. *m*
1835 Albert G. *m*
1841 Calvin *m*
1852 Francis R.
1861 Benjamin R.

Slack
1811 John H.
1872 Henry L.

Slade
1812 Henry

Slafter
1840 *Edmund F.*
1849 *Charles*

Sleeper
1786 Jonathan F.
1831 Francis O. *m*
1857 Hiram L.
1860 Hubert *m*

Sloan
1806 David
1836 David S.
1841 William

INDEX.

Small
 1838 Harrison *m*
 1845 Simeon N.
 1863 Horace N. *m*
 1865 Augustus H.
 1865 William B. *h*
 1868 Elmer

Smalley
 1831 Adoniram *m*

Smart
 1870 William R.

Smiley
 1798 *Robinson*
 1834 James R. *m*

Smith
 1773 *John*
 1778 Nathaniel
 1779 Elisha
 1785 *Isaac h*
 1788 Cephas
 1789 Josiah
 1790 *Ethan*
 1790 Jacob
 1793 Enos
 1794 *John*
 1794 *John*
 1798 Nathan *h*
 1801 *Elihu*
 1801 William C.
 1804 John W.
 1804 Jeremiah *h*
 1805 Denison
 1808 Charles
 1808 Nathaniel R.
 1809 *Eli*
 1813 David
 1813 Samuel M.
 1814 Jesse
 1816 *Francis P.*
 1816 Zebina
 1817 Henry
 1817 John W.
 1817 Lemuel
 1817 Lyndon A., 1823 *m*
 1818 *Noah*
 1820 Samuel *m*
 1821 Levi
 1822 Simeon
 1822 Jeremiah *m*
 1823 *David P.*
 1824 Cyrus P.
 1825 Albert, 1833 *m*
 1825 *Bezaleel*
 1825 Dudley *m*
 1826 Frederick
 1827 Samuel
 1829 Hamilton
 1830 *Asa D.*
 1830 Oliver M.
 1831 Chandler *m*
 1832 Aaron B. *m*
 1833 A. G. *h*
 1835 James
 1835 Alonzo *m*
 1836 John B.
 1839 John S. *m*
 1840 William B.
 1840 Horace S.
 1842 *Socrates*
 1843 Joshua B. *m*
 1843 Leander *m*
 1844 Denison K.
 1845 William A. *m*
 1845 *Ambrose*
 1845 William H. L.
 1846 Isaac G.
 1846 Moody B.
 1847 Charles P.
 1849 Robert
 1849 James A. *m*
 1850 *David h*
 1852 Frederick A., 1855 *m*
 1852 Thomas J.
 1853 Charles C. *m*
 1854 Baxter P.
 1854 Charles F.
 1854 John B.
 1855 Sidney L. *s*
 1855 Jerome V. C. *h*
 1858 Samuel M.
 1859 Henry H. *m*
 1863 *Isaac h*
 1863 Isaac *m*
 1866 *William B. T.*
 1866 Thomas A. *h*
 1866 William H. *m*
 1867 Andrew R. G. *m*
 1867 Hermon J. *m*
 1868 Edwin E.
 1869 Henry L.
 1869 Albert *m*
 1870 Ballard
 1871 Jonathan

Smyth
 1865 Frederick *h*

Snell
 1795 *Thomas*

Snow
 1818 Eleazar W. *m*
 1833 Lewis *m*

Somers
 1872 Albert G.

Soper
 1825 Horace U.

Southard
 1820 *Marshall*

Souther
 1838 *Thomas*
 1842 *Samuel*

Southworth
 1840 *Alden*

Spalding
 1785 *Solomon*
 1786 *Joshua h*
 1798 *Lyman h*
 1800 Noah *m*
 1808 Amos
 1817 Matthew *h*
 1832 Reuben
 1833 Edward
 1842 *Samuel J.*
 1843 Alfred *m*
 1863 Charles W. *s*
 1866 Isaac *h*
 1866 James A.

Sparhawk
 1791 Thomas S.
 1793 Oliver S.
 1796 John S.
 1798 Nathaniel
 1802 Jonathan H. *m*
 1815 Thomas
 1819 Samuel *h*
 1828 Thomas

Sparks
 1841 *Jared h*

Spaulding
 1814 James *m*
 1815 *Levi*
 1822 Adin *m*
 1823 Phineas *m*
 1828 Jason C. *m*
 1841 Jacob S.
 1847 Justin W.

Speare
 1854 Stephen L. B.

Spencer
 1837 Loren
 1846 George E. *m*
 1863 Frank A.

Spofford
 1843 *Lemuel C.*
 1865 Parker *s*

44 DARTMOUTH TRIENNIAL. [1873.

Sprague
  1783 Peleg
  1823 *Nathaniel h*
  1825 Alden *m*
  1826 Alden S. *m*

Spring
  1785 Alpheus *h*
  1789 *Samuel h*
  1856 Charles H.

Stacpole
  1872 George F.

Stackpole
  1842 Paul A. *m*

Stacy
  1838 Horace *m*

Staniford
  1792 Daniel *h*

Stanley
  1845 George W. *m*
  1849 Clinton W.
  1858 Richard C.
  1859 Charles H.
  1869 John L.

Stanton
  1853 Henry E.

Stanyan
  1840 John E.

Stephens
  1872 James M.

Staples
  1862 John A. *s*

Stark
  1799 William
  1807 James *m*
  1827 Stephen
  1871 John F. *s*

Starrett
  1798 David

Statham
  1853 *Francis C.*

Stearns
  1781 Luther *h*
  1807 William *m*

  1840 *Josiah H.*
  1855 Daniel
  1857 Onslow *h*
  1861 Joseph O.
  1869 Moses T. *h*

Stebbins
  1775 *Samuel*
  1848 John M.

Steele
  1812 Jason
  1815 David
  1815 Richard, 1825 *m*
  1844 *John McC.*
  1845 George H.
  1847 Thomas L.
  1857 Benjamin H.
  1870 Sanford H.

Stephenson
  1845 Reuben H.

Steere
  1872 David R. *m*

Stetson
  1851 John *m*

Stevens
  1798 Solon
  1804 Boswell
  1810 Moses
  1814 Thaddeus
  1823 Edwin B.
  1824 Joel S. *m*
  1827 William F. *m*
  1830 Samuel H.
  1834 John P. *m*
  1835 Bradford N.
  1835 Charles E.
  1838 *William B. m*
  1839 *Alfred*
  1840 Charles G.
  1842 Ivan
  1842 Samuel J.
  1842 Norman C. *m*
  1843 Lyman D.
  1849 George
  1850 Samuel G.
  1851 Algernon
  1853 William B. *m*
  1854 Bela N., 1859 *m*
  1862 John S.
  1865 William B.
  1865 Aaron F. *h*
  1868 George W. *h*
  1869 Winthrop F.
  1869 Josiah *h*
  1869 Moses T. *h*
  1873 Frank H.

Steward
  1780 Joseph

Stewart
  1853 Levi M.
  1855 Charles J. *s*
  1873 John C.

Stickney
  1791 Silas
  1823 William W.
  1839 Peter LeB.
  1856 William W.

Stiles
  1779 Ezra *h*
  1780 *Ezra h*
  1839 Joseph N. *m*

Stillings
  1871 Ferdinand A. *m*

Stimpson
  1819 Elam *m*

Stinson
  1798 Jeremiah
  1848 Stephen B.

Stockbridge
  1822 John *h*

Stoddard
  1868 Samuel F. *m*

Stone
  1801 *Asahel*
  1802 Luther
  1822 *Cyrus*
  1826 Jeremiah *m*
  1829 Hannibal
  1829 Moses
  1835 William P. *m*
  1836 Frederick H.
  1839 *Samuel M.*
  1844 Thomas N. *m*
  1844 William A.
  1845 James W.
  1860 Richard H.
  1869 George R.
  1870 Mellen D.

Storey
  1780 *Daniel*
  1803 Jonathan B.

Storrow
  1821 Samuel A. *h*

Storrs
1788 William
1792 John h
1793 Hiram
1795 David
1796 Nathaniel
1803 Luther
1807 Constant
1812 Augustus
1813 Experience P.
1851 Sylvester D.

Story
1817 Asa m
1824 Joseph h

Stoughton
1862 Edwin H. h

Stow
1822 Jeremiah

Stowe
1839 Calvin E. h

Stowell
1796 Benjamin
1829 David

Straw
1826 Samuel B. m
1838 Isaiah C. m
1860 Ezekiel A. h
1870 Daniel m

Strong
1786 Jonathan
1797 Cyprian h
1829 Moses McC.
1845 William C.
1849 Charles H.
1852 Elnathan E.
1859 George H. s

Strout
1873 Albion K. P. m

Stuart
1809 Alphonso C.
1809 Charles J.
1843 Robert

Sturgis
1866 James G. m

Sturoc
1867 William C. h

Sturtevant
1846 John M.

Sullivan
1789 John h
1829 James
1849 John h

Sumner
1786 Samuel
1792 Joseph h
1833 Kaled E.
1834 Nathaniel

Sutherland
1816 David h

Swain
1834 Mark m
1841 Leonard
1850 William F.

Swallow
1843 Joseph E.

Swasey
1828 Samuel

Swayne
1863 Noah H. h

Swazey
1873 Albert C. s

Sweetland
1774 Eleazar

Sweetser
1835 Henry W.

Swett
1864 Charles E.
1864 Atwell G. m

Swift
1790 Job h
1791 Sereno
1792 Zephaniah
1800 Samuel

Sylvester
1808 Ruggles, 1811 m
1809 Joseph J.

Symmes
1830 John H.

Symonds
1841 George W. m

Taft
1806 Horace W.
1811 Charles m
1843 Levi B.

Taggart
1774 Samuel
1832 William

Talbot
1870 Ethelbert
1872 Ralph

Talcott
1812 Hart

Tappan
1786 David h
1811 Weare
1852 Edmund M.
1860 Mason W. h

Tarbell
1852 Horace R.

Tarleton
1842 Joseph W.

Taylor
1801 Matthew
1809 Oliver S., 1813 m
1832 Samuel H.
1834 Homer
1838 Benjamin H.
1842 Cephas R. m
1847 Stephen G.
1849 Alfred m
1852 William M.
1855 Jacob E.
1856 Edwin H.
1859 Samuel S.
1862 George H.

Tebbets
1845 Charles C. m

Tebbetts
1867 Hiram W. m
1871 John C.

Temple
1792 Samuel
1794 James
1817 Daniel

Tenney
1801 Caleb J.
1803 Paul
1808 William
1819 Barnabas G.
1819 Ira *m*
1822 *Roswell*
1823 *Samuel G.*
1824 John
1825 *Thomas*
1827 *Sewall*
1832 Richard P. J. *m*
1835 *Charles*
1839 Walter H.
1840 *Leonard*
1841 *Daniel*
1843 Jonathan
1847 George
1855 Charles A.
1856 Daniel W. *s*
1856 Homer H. *m*
1859 Asa W.
1859 Charles H. *m*
1860 *Asa P. h*

Terry
1786 *Nathaniel h*

Tewksbury
1858 Malcom W.
1870 Henry W.

Thatcher
1810 James *h*
1823 *Orlando G.*
1824 Ralph *m*
1827 Enoch *m*
1844 *Seth T.*

Thayer
1800 *Nathaniel h*
1807 Sylvanus
1807 *Elihu h*
1810 Willard
1812 Alexander *m*
1817 Zebina
1840 *Loren*
1860 *William W. h*
1866 Samuel W. *h*
1873 Fred A.

Thom
1805 James

Thomas
1792 Alexander
1814 Isaiah *h*
1855 Edwin A.
1856 Ernest *s*
1864 Charles G. *m*
1867 Alfred A.

Thompson
1786 *Lathrop*
1789 John W.
1801 *Ignatius h*
1802 Thomas W. *h*
1805 David
1806 *James h*
1807 Arad
1815 Abraham R. *h*
1820 William C.
1827 Jonathan R., 1832 *m*
1828 Charles E.
1853 William C.
1853 *William S.*
1858 Ai B.
1858 Charles O.
1858 William L.
1859 Thomas W.
1860 William A.
1867 John L. *h*
1869 Dwinel F. *s*
1871 Frank E.

Thomson
1856 James D.

Thorndike
1786 Larkin *h*
1809 Henry
1857 Thomas H.

Thornton
1797 Matthew

Thrasher
1864 Charles W. *h*

Throop
1824 Chauncey L.

Thurber
1813 James *m*

Thurston
1787 *Pierson*
1792 William
1797 John P.
1804 *David*
1818 John *m*

Tibbetts
1815 Thomas J. *m*
1825 Nathan C. *m*
1846 Henry B. *m*
1862 Benjamin L. *m*

Tichenor
1789 Isaac *h*

Ticknor
1783 Elisha
1807 George
1847 George

Tiffany
1786 George
1786 Oliver
1793 Isaac H.

Tilden
1819 Josiah T.
1842 Titus W.

Tillotson
1796 John M.

Tilton
1803 Enoch E.
1842 James A. *m*
1846 John L. W.
1865 John R. *h*

Tingley
1871 Benjamin W. *m*

Tirrell
1866 Charles Q.

Tisdale
1809 Barna

Tobey
1861 Edward S. *h*
1867 *Alvan h*

Todd
1775 Dudley
1842 Paul P.
1844 William C.

Tolles
1831 Nathaniel *m*

Tolman
1806 *Samuel H.*, 1812 *m*
1848 *Samuel H.*
1850 Moody C. *m*

Tompson
1796 Caleb

Topliff
1852 Elijah M.
1859 Charles C. *m*
1866 Francis *m*
1868 Albion P. *m*

INDEX.

Torrey
1801 Augustus *m*
1805 Erastus *m*
1816 *Joseph*
1827 Erastus C.
1844 Noah

Torricelli
1857 John B. *h*

Totman
1872 Everett

Towle
1838 Simon
1839 George S.
1856 Benjamin N. *m*
1864 Charles A.

Town
1862 Chauncey W.

Towne
1815 *Josiah h*
1836 Henry D.
1856 Francis L. *s*, 1860 *m*
1864 Charles O. *m*
1875 William B. *h*
1872 Solon R.

Townsend
1839 *Luther*
1859 *Luther T.*

Tozier
1819 Joseph *m*

Tracy
1792 *Stephen h*
1814 *Joseph*
1819 Ebenezer C.
1829 *Ira*
1832 Calvin
1834 Levi N.
1836 Stephen *m*
1852 Andrew *h*
1858 William C. *s*
1864 John J.
1870 James M. *m*

Trask
1815 Benjamin *m*
1872 Frederick M.

Treat
1865 Charles H. *s*

Tredick
1858 Benjamin F. *h*

1860 John

Trevitt
1830 William *m*

Trimble
1777 George

Trow
1837 Benjamin

True
1796 *Henry*
1806 John
1835 Benjamin K.
1840 Daniel F. *m*
1845 Mark
1863 George S.
1866 *Benjamin O.*

Trull
1856 David N. *m*

Tuck
1835 Amos
1862 Edward

Tucke
1843 Eben F.

Tucker
1825 *Josiah h*
1835 *Edward Richard*
1835 William W.
1861 Gilman H.
1861 *William J.*

Tudor
1790 Elihu *h*
1803 Edward *m*

Tufts
1870 Charles A. *h* 1872 *m*

Tuller
1798 *Martin h*

Turner
1841 David

Tuttle
1866 Horace O. *h*
1868 Charles M. *h*
1872 George T.

Tuxbury
1845 George W.

Twiss
1859 George H.

Twitchell
1802 Amos, 1805 *m*
1842 Samuel B.
1869 George B. *h*

Twombly
1842 Benjamin H.
1854 Horatio N.
1868 John H.

Tyler
1788 *Royal*
1831 *John E.*
1832 Latimer *m*
1842 John E., 1846 *m*
1849 Cyril C. *m*
1851 Joseph H.

Tyng
1794 Dudley A. *h*

Underhill
1847 George R.
1873 Ellis J.

Underwood
1824 Abel
1836 Kingsley *m*
1865 Levi *h*

Upham
1801 Samuel
1818 *Thomas C.*
1820 Nathaniel G.
1834 Alfred *m*
1842 Jabez B.
1850 James P.
1853 *Nathaniel L.*
1871 Warren

Upton
1855 Edward A.

Urwich
1832 *William h*

Utley
1804 Horace

Vaill
1778 *Joseph*

Valentine
1855 John K.

| 48 | DARTMOUTH TRIENNIAL. | [1873 |

Van Ness
1825 Cornelius P. *h*

Vanderpoel
1868 George B.

Varney
1824 Isaac *m*
1827 Ezekiel *m*
1843 John R.

Vaughn
1866 Orsino A. J. *h*

Veasey
1859 Wheelock G.

Verback
1841 Lewis F.

Very
1837 *Edward D.*
1840 Loren *m*

Vincent
1781 Lewis

Vinton
1828 *John A.*

Vittum
1845 David S.

Volk
1860 Carl A. *m*

Vose
1795 John
1817 Francis
1858 Thomas W. *s*

Wade
1873 Smith H. *m*

Wadleigh
1847 Gilbert

Wadsworth
1792 Jeremiah *h*
1848 Thomas W., 1851 *m*
1859 Peleg

Waite
1811 *Calvin*
1865 Albert S. *h*

Wakefield
1837 Horace P. *m*
1838 John H.
1843 Thomas L.
1870 Thomas H.

Walbridge
1791 John
1806 Levi

Walcott
1839 *Jeremiah W.*

Waldo
1785 Calvin
1803 *Nathan h*

Waldron
1833 *Edmund Q. S.*

Wales
1779 Eleazar *h*
1823 George E. *h*
1872 Frederick H.

Walker
1794 Lovell
1802 *Samuel*
1804 James
1808 *John*
1821 William L.
1823 *Charles*
1823 Cornelius
1825 *Charles h*
1829 Silas C.
1831 Moses W.
1837 *Aldace*
1842 Clement A.
1842 George
1842 Silas *h*
1847 Joseph P. *m*
1859 Darius B.
1863 Isaac
1865 William D.
1870 Alexander T. *m*
1870 Charles J.

Wallace
1808 John
1811 Elisha F.
1824 *Cranmore*
1834 Franklin *m*
1848 Thomas *h*
1848 *Cyrus W. h*
1855 Robert
1857 Charles H.
1867 Robert M.

Wallis
1791 *Hugh*

1841 William F.

Walton
1822 Benjamin *m*

Walworth
1835 Charles B. *m*

Ward
1791 *Nathan h*
1792 William
1792 *Jonathan*
1822 *Jonathan*
1825 *Milton,* 1829 *m*
1826 *James W.*
1847 John
1847 La F. G. M.
1872 Arthur N.

Wardwell
1813 Joseph
1848 *Granville*
1866 Henry
1870 John H.

Warner
1792 Samuel
1842 Abner S., 1848 *m*
1852 Clinton *m*

Warren
1800 *William*
1820 John P. *m*
1842 *Sylvanus*
1846 Edward J.
1862 John S.

Washburn
1786 *Azel*
1808 Reuben
1821 Joseph S.
1833 Nahum *m*
1835 Peter T.
1842 Charles P.
1842 Reuben H.
1853 John S.

Wason
1842 Milton
1873 Eugene *m*

Waterbury
1850 *Julius H.*

Waterman
1792 Silas
1826 Thomas B.
1857 *John H.*

INDEX.

Waters
1774 *Cornelius*
1793 *Isaiah*
1871 Asa W.

Watkins
1850 Eustace V. *m*

Watrous
1789 Charles

Watson
1867 Henry P. *m*

Way
1866 Osmon B. M.

Wead
1872 Chester H.
1872 Leslie C. *s*

Weaver
1827 Noel *m*
1863 George A.

Webber
1792 *John*

Webster
1778 John
1798 *Josiah*
1801 Daniel
1804 Ezekiel
1808 Samuel C.
1822 William G.
1830 Charles C.
1831 John H.
1832 *John C.*
1832 Joseph D.
1836 Claudius B.
1837 Eliphalet K. *m*
1838 William P.
1841 Edward
1841 Francis B.
1841 John
1844 William
1844 Humphrey
1845 Franklin
1847 *George W.*
1848 Edward
1849 Horace
1864 John C.

Wedgewood.
1862 John T. *m*

Weeks
1795 *Holland*
1806 William

1826 William P.
1830 Charles M.
1843 Lorraine T. *m*
1844 Albert G.
1846 Asa
1858 Franklin C. *m*
1861 William B.
1861 Joseph D.

Welch
1795 *Moses C. h*
1861 Henry C.
1868 Alvan C. *h*
1872 Robert W.

Weld
1809 Elias
1859 Allen P.

Welles
1862 Samuel *s*

Wellington
1811 Edmund
1856 John W. *s*
1858 Isaac M.

Wellman
1834 John *m*
1846 *Joshua W.*
1856 James R. *m*

Welman
1792 *James h*

Wells
1795 *Nathaniel*
1803 Henry *h*
1810 Daniel
1813 Samuel
1814 Samuel I.
1817 Thomas *m*
1834 Phineas P. *m*
1839 *Moses H.*
1845 William H. *h*
1857 John S. *h*
1857 Henry M.
1867 Leonard E. *h*

Wendell
1773 John *h*

Wentworth
1773 John *h*
1789 Paul *h*
1836 John
1836 Zenas P.
1850 Tappan *h*
1863 Samuel S. *m*

West
1782 Benjamin *h*
1789 *Joel*
1792 *Stephen h*
1798 *Samuel h*
1833 Benjamin
1833 Samuel
1844 Edward B.
1845 Joseph T. O.
1858 Edward L. *s*

Westgate
1860 Earl W.
1863 Hollis S.

Weston
1783 *Hercules*
1803 Nathan
1806 John, 1809 *m*
1842 James C., 1845 *m*
1847 Ira *h*
1858 George W. *s*
1864 Bartlett H.
1871 James A. *h*

Weymouth
1870 Henry A. *h*

Wheat
1860 Asa *m*

Wheaton
1869 Daniel T.

Wheeler.
1807 George
1811 *Hosea*
1813 Joseph *m*
1816 *John*
1817 Artemas
1817 John *m*
1827 David E.
1836 Griswold W. *m*
1840 Alexander S.
1840 George C. *m*
1843 Daniel S.
1850 William P. *h*
1850 John
1860 Charles
1861 Everett P. *h*
1861 Paul J. *h*
1865 William A. *h*
1865 Phineas W. *m*
1865 Samuel M. *h*

Wheelock
1771 John
1773 Ralph *h*
1776 Eleazar
1776 James
1789 Jotham

1807 *James R.*

Whidden
1836 Parsons *m*
1840 Benjamin F.

Whipple
1773 Oliver *h*
1811 Solomon S.
1812 John
1814 Thomas *m*
1832 Alonzo A. *m*
1864 Elliot
1867 Ezekiel W.

Whittaker
1780 *Nathaniel h*
1801 Jabez B.
1861 James M., 1864 *m*
1869 J. S. *h*

Whitcomb
1785 Chapman
1853 George P.
1854 William W.
1873 Arthur K.

White
1790 William P.
1796 *Levi*
1797 *Broughton*
1797 Phineas
1800 Benjamin
1806 William
1807 *Benjamin*
1812 Edwin A.
1812 *Samuel*
1813 William
1816 Allen
1816 Charles
1818 James
1818 *Seneca*
1821 *Charles*
1828 *Morris E.*
1830 Horace *m*
1842 Moses H.
1846 Omar La R. *m*
1846 *Lyman*
1860 George T.
1862 Randall H.
1865 Alphonso E.
1868 Carlos
1872 Frank A. *a*

Whitehouse
1866 Lewis H. *m*

Whittemore
1841 John *m*
1847 Jacob P. *m*
1849 Luther B.

1862 James H. *m*
1866 Henry

Whiting
1799 Samuel
1805 *Francis L.*
1839 *Charles*

Whitman
1809 Noah *m*
1873 Alden C. *m*

Whitmore
1802 Samuel
1838 Joseph *m*

Whitney
1796 Richard *h*
1797 John
1817 Moses
1833 Jonas

Whiton
1796 Tower
1815 *Otis C.*
1872 Francis H. *m*

Whittier
1848 Daniel B.

Whittle
1823 James

Wiggin
1838 *Henry B.*
1842 Chase *m*
1848 Edwin R.
1859 George T. *s*
1862 Augustus W.

Wight
1842 Otis C.
1853 John F.
1866 Eli M. *m*
1873 Harry C. *s*

Wilberforce
1800 William *h*

Wilbur
1812 *Harvey h*
1864 Nelson

Wilcox
1804 Uriah
1816 John
1817 Leonard
1847 Samuel M.
1860 George

1865 Leonard

Wild
1857 Daniel G.

Wilde
1789 Samuel S.
1810 John

Wilder
1784 *John*
1817 Charles W. *m*
1818 *Silas*
1828 Abel H. *m*
1861 Abbott P. *s*

Wildes
1809 Asa W.

Wilkins
1779 Jonathan
1812 James McK.
1842 Alanson

Willard
1776 Levi
1802 Roswell
1809 David
1811 Justice
1819 John D.
1824 Augustus *m*
1831 William C.
1835 Moses T. *m*
1851 Charles W.
1851 *Henry*
1867 James R.

Willey
1822 *Isaac*
1845 *Samuel H.*
1872 George A.

Williams
1773 Elijah *h*
1773 *Stephen h*
1782 *Henry h*
1784 *Gilbert T.*
1785 *Simon F.*
1798 John
1804 *Avery*
1812 Henry J.
1815 Thomas, 1818 *m*
1816 Norman *h*
1820 Hezekiah
1830 Richard *m*
1834 Jared W. *h*
1843 Charles
1844 George C.
1846 John M. *m*
1858 Gustavus B. *s*
1865 George R.

INDEX.

Willis
1847 Lemuel M. *m*

Williston
1791 *Seth*
1793 *David H. h*

Willoughby
1873 James H.

Wilson
1797 William
1804 Job *m*
1805 James *h*
1811 Theophilus, 1814 *m*
1821 James *m*
1829 Nathaniel
1834 Joseph W. *m*
1844 *Thomas*
1847 William P.
1850 James O.
1864 Arthur H. *m*
1867 Albert G.
1867 Adams B. *m*

Winchester
1835 Josiah

Wines
1794 *Abijah*

Wing
1866 George W.

Wingate
1832 Charles

Winn
1846 Alexander M. *m*

Winslow
1843 *Luther O.*

Winthrop
1787 James *h*

Wise
1868 Colin R.
1868 Henry A.

Wiswall
1873 Alexander

Walcott
1776 *Solomon*

Wollage
1791 *Elijah*

Womersley
1847 Henry *m*

Wood
1778 *Jacob*
1779 *Samuel*
1793 *Benjamin*
1793 Thaddeus M.
1802 *Nathan*
1803 *Luke*
1813 Frederick
1815 Amos
1818 Jesse *m*
1822 *Henry*
1832 *George W.*
1834 Alphonso
1841 Bartholomew
1841 Franklin
1842 *William*
1843 *Abel*
1844 *Harvey C.*
1849 Stillman G. *m*
1850 William
1853 Edward J.
1856 Albert *s*
1860 Hiram D.
1866 Lewis L.
1868 *Franklin P.*
1869 Samuel E.

Woodbridge
1792 Joseph
1795 *Benjamin R.*
1871 Frank *s*
1873 Henrie D.

Woodhouse
1867 Nathaniel W. *m*

Woodbury
1809 Levi
1809 Phineas *m*
1811 *Samuel*
1817 *Benjamin*
1820 Luke
1832 Mark R. *m*
1839 Peter T.
1843 William R.
1846 Peter P. *h*
1860 George E. *m*
1863 Eri D.
1865 Peter
1870 Charles E.
1872 James T.

Woodman
1789 *Joseph h*
1794 *Jeremiah H.*
1803 *Jabez*
1813 Charles
1829 Charles G.
1830 Benjamin *m*

1835 Theodore C.
1842 John S.
1867 Charles C.
1868 William C. *s*

Woods
1810 *Leonard h*
1816 *John h*
1823 Joseph W.
1825 Andrew S.
1839 John
1850 *Enoch C. A.*
1856 Edward

Woodward
1773 Bezaleel *h*
1791 Ebenezer
1792 William H.
1793 George
1798 *James W.*
1815 *Henry*
1817 Ebenezer
1826 *James W.*
1828 William G.
1831 *George H.*
1831 *George W.*
1847 Joshua A.

Woodworth
1788 *Ezra*
1854 *Horace B.*

Wooley
1866 Mylon G. *s*

Worcester
1791 *Noah h*
1795 *Samuel*
1806 *Thomas h*
1825 Leonard
1827 Jonathan F.
1827 *Leonard h*
1830 *Evarts*
1832 *Isaac R. m*
1833 *John H.*
1838 Ezra C. *m*
1838 Noah *m*
1841 Benjamin P.
1856 Joseph E. *h*
1869 William L.
1870 Franklin

Wortham
1873 Francis M. *m*

Worth
1871 Sidney

Worthen
1872 Thomas W. D.
1873 Joseph H.

Wright
 1809 George T.
 1809 *Joel*
 1811 Nathaniel
 1812 Dan *m*
 1830 *Austin H.*
 1837 *Royal N.*
 1845 Kendall *m*
 1846 Elijah H. *m*
 1850 Moses E.
 1855 Nathaniel *s*
 1857 *William B.*
 1857 Cyrus S. *s*
 1867 Amos W.
 1871 Walter M.

1873 Fred S. *s*
 1873 John H.

Wyatt
 1871 Henry D., 1867 *m*

Wyman
 1842 Jonathan

Yeaton
 1848 Ebenezer G. *h*

Young

1821 *John K.*
 1828 Ira
 1841 Ammi B. *h*
 1853 Charles A.
 1856 *Albert A.*
 1862 Edward B. *s*

Youngman
 1832 Nathan *m*
 1839 David, 1849 *m*

Ziegler
 1811 William

Printed in Dunstable, United Kingdom